区域经济发展数学模型手册：

北部湾城市群的算例

曾　鹏　李　贞　魏　旭　著

中国财经出版传媒集团

经济科学出版社
Economic Science Press

图书在版编目（CIP）数据

区域经济发展数学模型手册：北部湾城市群的算例/
曾鹏，李贞，魏旭著 . —北京：经济科学出版社，
2021. 8

ISBN 978 - 7 - 5218 - 2732 - 3

Ⅰ. ①区… Ⅱ. ①曾…②李…③魏… Ⅲ. ①北部湾 -
城市群 - 区域经济发展 - 经济模型 - 手册 Ⅳ.
①F127. 67 - 62

中国版本图书馆 CIP 数据核字（2021）第 150461 号

责任编辑：李晓杰
责任校对：郑淑艳
责任印制：范 艳 张佳裕

区域经济发展数学模型手册：

北部湾城市群的算例

曾 鹏 李 贞 魏 旭 著

经济科学出版社出版、发行 新华书店经销

社址：北京市海淀区阜成路甲 28 号 邮编：100142

教材分社电话：010 - 88191645 发行部电话：010 - 88191522

网址：www. esp. com. cn

电子邮箱：lxj8623160@ 163. com

天猫网店：经济科学出版社旗舰店

网址：http：//jjkxcbs. tmall. com

北京季蜂印刷有限公司印装

787 × 1092 16 开 23 印张 550000 字

2021 年 12 月第 1 版 2021 年 12 月第 1 次印刷

ISBN 978 - 7 - 5218 - 2732 - 3 定价：78. 00 元

（图书出现印装问题，本社负责调换。电话：010 - 88191510）

（版权所有 侵权必究 打击盗版 举报热线：010 - 88191661

QQ：2242791300 营销中心电话：010 - 88191537

电子邮箱：dbts@ esp. com. cn）

本书获得广西与东南亚民族研究人才小高地、民族学一流学科、中国南方与东南亚民族研究基地支持

作者简介

曾鹏，男，1981年7月生，汉族，广西桂林人，中共党员。哈尔滨工业大学管理学博士，中国社会科学院研究生院经济学博士（第二博士），中央财经大学经济学博士后，经济学二级教授，现任广西民族大学研究生院院长，重庆大学、广西民族大学博士生导师。国家社会科学基金重大项目首席专家、教育部哲学社会科学研究重大项目首席专家、"广西五一劳动奖章""广西青年五四奖章"获得者，入选国家民委"民族问题研究优秀中青年专家"，国家旅游局"旅游业青年专家"，民政部"行政区划调整论证专家""全国基层政权建设和社区治理专家"，广西区党委、政府"八桂青年学者"，广西区政府"广西'十百千'人才工程第二层次人选"，广西区党委宣传部"广西文化名家暨'四个一批'人才"，广西教育厅"广西高等学校高水平创新团队及卓越学者"，广西区教育工委、广西教育厅"广西高校思想政治教育杰出人才支持计划"卓越人才，广西知识产权局"广西知识产权（专利）领军人才"等专家人才称号。

曾鹏教授主要从事城市群与区域经济可持续发展方面的教学与科研工作。主持国家社会科学基金项目5项（含重大项目1项、重点项目1项、一般项目1项、西部项目2项）、教育部哲学社会科学研究后期资助重大项目1项、中国博士后科学基金项目1项、省部级项目20项。出版《珠江－西江经济带城市发展研究（2010－2015）（10卷本）》《中国－东盟自由贸易区带动下的西部民族地区城镇化布局研究——基于广西和云南的比较》《中西部地区城市群培育与人口就近城镇化研究》《西南民族地区高速公路与特色旅游小城镇协同研究（中、英、日、朝鲜四种语言版本）》等著作8部（套）；在《科研管理》《自然辩证法研究》《社会科学》《国际贸易问题》《农业经济问题》等中文核心期刊、CSSCI源期刊、EI源期刊上发表论文103篇，在省级期刊上发表论文25篇，在《中国人口报》《中国城市报》《中国经济时报》《广西日报》的理论版上发表论文40篇，在CSSCI源辑刊、国际年会和论文集上发表论文26篇。论文中有9篇被EI检索，有4篇被ISTP/ISSHP检索，有88篇被CSSCI检索，有3篇被《人大复印资料》《社会科学文摘》全文转载。学术成果获省部级优秀成果奖26项，其中广西社会科学优秀成果奖一等奖1项、二等奖4项、三等奖7项；国家民委社会科学优秀成果奖二等奖1项、三等奖1项；商务部商务发展研究成果奖三等奖1项、优秀奖1项；团中央全国基层团建创新理论成果奖二等奖1项；民政部民政政策理论研究一等奖1项、二等奖4项、三等奖3项、优秀奖1项。

李贞，女，1996年1月生，汉族，河南开封人，中共党员。郑州大学经济学学士，广西民族大学区域经济硕士研究生，主要从事城市群与区域经济可持续发展方面的研究。曾获得郑州大学三好学生、郑州大学优秀学生干部、郑州大学社会服务先进个人等奖项。于2016年7月至9月赴美国加利福尼亚大学长滩分校（California State University, Long

Beach）参加访学。

魏旭，男，1994年4月生，汉族，河北黄骅人。桂林理工大学商学院经济学硕士，广西民族大学民族经济博士研究生，主要从事城市群与区域经济可持续发展方面的研究。参与完成或在研的国家社会科学基金项目4项（含重大项目1项、重点项目1项）、省部级项目3项。参与出版专著《珠江－西江经济带城市发展研究（2010－2015）（10卷本）》《知识产权特色小镇：知识产权链条与小城镇建设的协同创新模式研究》2部（套）；在中文核心期刊、CSSCI源期刊上发表论文1篇，在省级期刊上发表论文3篇，在《广西民族报》的理论版上发表论文1篇；研究成果获广西壮族自治区人民政府颁发的广西社会科学优秀成果奖一等奖1项；中华人民共和国民政部颁发的民政部民政政策理论研究二等奖1项；获国家知识产权局办公室颁发的全国知识产权优秀调查研究报告暨优秀软课题研究成果三等奖1项；硕士期间获"华为杯"第15届中国研究生数学建模竞赛三等奖、第四届中国"互联网＋"大学生创新创业大赛广西赛区银奖等学习奖励。

前　言

区域经济学是以经济学观点为基础，研究国内不同区域经济的发展变化、空间组织及相互关系的综合性的应用科学。目前，区域经济学从传统的单个厂商的区位选择理论，逐渐演变为各级政府区域经济决策提供理论依据的完整科学体系。当前随着我国地区经济活力的不断增强，区域间的竞争态势日渐激烈，各种区域经济现象不断涌现，现象的解释与研究、问题的系统分析与决策，以及实践都需要数学模型作为分析工具或者结论支撑。模型是人类的数学思维方式之一，正因为有了数学模型，人们辛勤获取的大量观测数据，就能显示出本质性的规律，从中提取有效的信息，升华为科学知识。

然而，目前对于大多想要运用数学模型作为区域经济研究工具的学子而言，需要花费大量的时间去学习和了解模型的应用，这对于其使用数学模型工具将花费较大的精力。为了使数学模型更好地在区域经济中发挥研究支撑工具的作用，使其更好地为广大学子的学习和研究服务。在作者深厚的区域经济研究经验与积累的基础上，经过多方淘选、查证，汇编整理出这本《区域经济发展数学模型手册：北部湾城市群的算例》，希望能够打造一个区域经济社会发展研究的"数学模型工具箱"，减少研究过程中低级重复的劳动，尤其是节约广大青年学子宝贵的时间。

本书经过查证、整理和总结，对 100 个区域经济研究常用数学模型进行汇编和整理，将数学模型的应用价值、数据说明、公式详解以及所得结果的相关结论与解释做出系统的梳理，力求将数学模型的通式以最简单明了的方式向读者做出说明，同时以北部湾城市群数据作为算例，代入各个模型，以实际操作运算向广大读者和本书使用者做出演示，便于读者理解和实际应用。本书所使用的数据及操作步骤均可发送邮件至 weixufast@163.com 来获取。

本书内容共分为六类，将 100 个区域经济社会发展研究相关数学模型分为区域空间类、区域发展动态变化联系类、区域经济测算类、区域经济评估类以及区域产业类，每个模型分为通式和算例两个部分，分别进行讲解和展示，力求在公式含义和应用两方面进行简洁清晰的阐述，适合广大学子作为研究工具书，也适合广大区域经济研究教育工作者作为配套教材手册。

本书最大的特点就是将晦涩难懂的数学模型进行系统整理，将计算过程流程化，采用最简单的 Excel 表格的形式进行操作，让模型使用者能够通过最简单的工具进行操作，运算者只要按照相关说明和算例演示步骤进行操作运算，就能在最短的时间内得出相应的数据结果，并对结果含义进行简单分析，从而省去了大量冗杂的不必要工作。

本书编写的初衷不是为了对区域经济社会发展研究所用到的模型进行深入和系统的介绍，而是根据模型研究内容进行分类后，对每一个模型进行重点梳理，略去模型推导过程，注重实际应用性。目的在于将本书打造成为"工具手册"，使广大读者和学子能够通过本书将各类数学模型变作进行区域经济社会发展研究的实用工具，希望能够通过此书为读者提供最为便捷的数学模型应用指南，帮助广大学子更好地进行相关研究。

曾鹏

2021 年 5 月

目　录

区域空间类

区域发展动态变化联系类

区域经济测算类

区域经济评估类

区域旅游类

区域产业类

区域空间类

001　全局莫兰指数

一、通式

1. 应用价值

通过运用"全局莫兰指数"度量空间的相关程度，从而获取所研究区域相关变量的观测数据之间潜在的相互依赖程度。该指数引入了空间权重矩阵，为分析区域发展过程中城市空间扩张特征、变化过程及分析原因等问题提供支撑。

2. 数据说明

（1）所需数据：可以选取人口密度、国内生产总值（GDP）增长率、国际贸易总额（进口、出口总额）、人均耕地资源、城镇化率、夜间灯光指数等数据，根据不同研究对象选取不同属性值进行分析。

（2）数据获取途径：通过各区域相关年份的统计年鉴。

3. 模型详解

全局莫兰指数可以用于衡量全局空间自相关程度，判断空间要素的分布状态是聚集还是离散，其计算公式为：

$$I = \sum_{i}^{n} \sum_{j \neq i}^{n} w_{ij}(X_i - \bar{X})(X_j - \bar{X}) \Big/ S^2 \sum_{i}^{n} \sum_{j \neq i}^{n} w_{ij}$$

其中，n 为样本区域数；$S^2 = \sum_{i=1}^{n}(x_i - \bar{x})^2 / n$；$X_i$ 为第 i 区域的属性值；$\bar{X}$ 为所有属性值的平均；w_{ij} 为空间权重矩阵。

4. 相关结论

读者可以根据全局莫兰指数 I 的值介于 $-1 \sim 1$ 得出以下判断，当 I 值大于 0 时，为正相关，且越接近 1，正相关性越强，即邻接空间单元之间具有很强的相似性；当 I 值小于 0 时，为负相关，且越接近 -1，负相关性越强，即邻接空间单元之间具有很强的差异性；当 I 值接近 0 时，则表示邻接空间单元不相关，并以此结合实际研究目标进行进一步分析。

二、算例

1. 应用价值

在此，选取 2018 年北部湾城市群中南宁市、北海市等 10 个城市的 GDP 数据作为算例计算全局莫兰指数，研究北部湾城市群中各城市的经济发展水平在空间上有无相关关系，其属性值大多采用人均 GDP 来反映地区经济发展。

2. 数据说明

（1）所需数据：选取 2018 年北部湾城市群相关城市的 GDP 数据。

（2）数据获取途径：2019 年的中国城市统计年鉴。

3. 在 Excel 表中的具体步骤

（1）录入二维原始数据，即 2018 年北部湾城市群中 10 个相关城市的城市名称和 GDP 数据，见图 1 - 1。

	D	E
3	2018年GDP	城市
4	40269053	南宁市
5	12133010	北海市
6	12919647	钦州市
7	6968185	防城港市
8	16154571	玉林市
9	10164916	崇左市
10	30083928	湛江市
11	30921768	茂名市
12	13503149	阳江市
13	15105130	海口市

图 1 - 1

（2）计算 10 个城市的一阶相邻空间权重矩阵 W_n，若区域 i 与区域 j 空间上邻接（两个城市空间上相邻时），则 $W_{ij} = 1$，否则 $W_{ij} = 0$，其中 $W_{ii} = 0$，见图 1 - 2。

	E	F	G	H	I	J	K	L	M	N	O
3	城市	南宁市	北海市	钦州市	防城港市	玉林市	崇左市	湛江市	茂名市	阳江市	海口市
4	南宁市	0	0	1	1	0	1	0	0	0	0
5	北海市	0	0	1	0	1	0	1	0	0	0
6	钦州市	1	1	0	1	0	0	0	0	0	0
7	防城港市	1	0	1	0	0	1	0	0	0	0
8	玉林市	0	1	1	0	0	0	1	1	0	0
9	崇左市	1	0	0	1	0	0	0	0	0	0
10	湛江市	0	1	0	0	0	0	0	1	0	0
11	茂名市	0	0	0	0	1	0	1	0	1	0
12	阳江市	0	0	0	0	0	0	0	1	0	0
13	海口市	0	0	0	0	0	0	0	0	0	0

图 1 - 2

（3）使用公式 B16 = SUM(F4 : O13)，计算矩阵元素之和 A，见图 1 - 3。

（4）使用公式 D14 = AVERAGE(D4 : D13)，计算数据均值 E，见图 1 - 4。

（5）使用公式 C4 = POWER((D4 - D\$14), 2)，计算各区域的偏差平方序列，即各区域与均值的偏差的平方，见图 1 - 5。

图 1 - 3 の表:

	A	B	C	D	E	F
3			偏差平方	2018年GDP	城市	南宁市
4			459961682946119.00	40269053	南宁市	0
5			44747078320680.50	12133010	北海市	0
6			34841733889107.70	12919647	钦州市	1
7			140520888818310.00	6968185	防城港市	1
8			7116968494566.09	16154571	玉林市	0
9			74950915861948.10	10164916	崇左市	1
10			126823461131419.00	30083928	湛江市	0
11			146396261982283.00	30921768	茂名市	0
12			28293747149456.90	13503149	阳江市	0
13			13817618216112.50	15105130	海口市	0
14			数据均值E=	18822335.7		
15	样本个数n=	10	数据标准差G=	10380126.96		0
16	A=	=SUM(F4:O13)	矩阵元素和			0

图 1 - 3

	C	D
3	偏差平方	2018年GDP
4	459961682946119.00	40269053
5	44747078320680.50	12133010
6	34841733889107.70	12919647
7	140520888818310.00	6968185
8	7116968494566.09	16154571
9	74950915861948.10	10164916
10	126823461131419.00	30083928
11	146396261982283.00	30921768
12	28293747149456.90	13503149
13	13817618216112.50	15105130
14	数据均值E=	=AVERAGE(D4:D13)

图 1 - 4

	C	D
3	偏差平方	2018年GDP
4	=POWER((D4-D$14),2)	
5	44747078320680.50	12133010
6	34841733889107.70	12919647
7	140520888818310.00	6968185
8	7116968494566.09	16154571
9	74950915861948.10	10164916
10	126823461131419.00	30083928
11	146396261982283.00	30921768
12	28293747149456.90	13503149
13	13817618216112.50	15105130
14	数据均值E=	18822335.7

POWER（数，幂）

图 1 - 5

（6）使用公式 B17 = SUM(C4: C13)，计算原始数的偏差平方和 B，即各区域的偏差平方序列求和，见图 1 - 6。

▲	A	B	C
1			
2			
3			偏差平方
4			459961682946119.00
5			44747078320680.50
6			34841733889107.70
7			140520888818310.00
8			7116968494566.09
9			74950915861948.10
10			126823461131419.00
11			146396261982283.00
12			28293747149456.90
13			13817618216112.50
14			数据均值E=
15	样本个数n=	10	数据标准差G=
16	A=	26	矩阵元素和
17	B=	=SUM(C4:C13)	偏差平方和
18	C=	SUM(**number1**, [number2], ...)	若邻接矩阵
19	D=	-773156662018356	矩阵元素和

图 1-6

（7）使用公式 F15 = F4 * ($D4 - $D$14) * (F$2 - $D$14)，计算 10 × 10 数值差异邻接矩阵 Un，见图 1-7。

▲	D	E	F	G
3	2018年GDP	城市	南宁市	北海市
4	40269053	南宁市	0	
5	12133010	北海市	0	
6	12919647	钦州市	1	
7	6968185	防城港市	1	
8	16154571	玉林市	0	
9	10164916	崇左市	1	
10	30083928	湛江市	0	
11	30921768	茂名市	0	
12	13503149	阳江市	0	
13	15105130	海口市	0	
14	18822335.7			
15	10380126.96		= F4 * ($D4 - $D$14) * (F$2 - $D$14)	

图 1-7

（8）使用公式 B19 = SUM(F15: O24)，计算矩阵 Un 的元素和 D，见图 1-8。

	A	B	C	D	E	F
15	样本个数n=	10	数据标准差G=	10380126.96		0
16	A=	26	矩阵元素和			0
17	B=	1077470356810000	偏差平方和			-126593295858804
18	C=	右侧矩阵计算	产量差异邻接矩阵			-254232618894497
19	D=	=SUM(F15:O24)	矩阵元素和			
20	莫兰指数I=	SUM(**number1**, [number2], ...) 3)				-185673232853351
21						0
22						0

图 1 - 8

（9）使用公式 B20 = B15 * B19/(B16 * B17)，计算全局莫兰指数 I，即 I = n × D/(A × B)，见图 1 - 9。

	A	B
15	样本个数n=	10
16	A=	26
17	B=	1077470356810000
18	C=	右侧矩阵计算
19	D=	-773156662018356
20	莫兰指数I=	-0.275987126

图 1 - 9

4. 结论

从图 1 - 9 中可以看出，2018 年北部湾城市群中 10 个城市 GDP 水平的全局莫兰指数为 - 0.275987126，存在负相关关系，即 GDP 水平越高，北部湾城市群中城市的空间差异性越大。反之，GDP 水平越低，北部湾城市群中城市的空间差异性就越小。

002　局部莫兰指数

一、通式

1. 应用价值

通过运用"局部莫兰指数公式"，可以获取所研究城市的发展特征，如"城市空间的分布类型地理分布特征""空间集聚特征""时空演变特征"等。由于空间要素存在异质性，除了全局统计层面的度量外，还需要分析局部统计层面的空间自相关特征，使用局部莫兰指数来识别空间要素聚集或离散的位置和程度。

2. 数据说明

（1）所需数据：可以选取人口密度、GDP 增长率、国际贸易总额（进口、出口总额）、人均耕地资源、城镇化率、夜间灯光指数等数据，根据不同研究对象选取不同属性值进行分析。

（2）数据获取途径：各区域相关年份的统计年鉴。

3. 模型详解

$$I = \frac{(x_i - \bar{x})}{s^2} \sum_j (x_j - \bar{x})$$

其中，n 为样本区域数量；$s^2 = \sum_{i=1}^{n} (x_i - \bar{x})^2 / n$；$x_i$ 为要素 i 的属性；x_j 为要素 j 的属性；$\bar{x}$ 为对应属性的平均值。

4. 相关结论

在计算过程中能够通过与邻近区域数据的比较，计算出空间要素的聚集/异常值类型，分别以标准化的观测值和空间滞后值为 x 轴和 y 轴划分为 4 个象限：高值聚集区（HH）、高值包围低值异常（LH）、低值聚集区（LL）和低值包围高值异常（HL），并以此结合实际研究目标进行进一步分析。

二、算例

1. 应用价值

在此，选取 2018 年北部湾城市群中南宁市等 10 个城市的 GDP 数据计算局部莫兰指数，研究北部湾城市群中各城市的经济发展水平在空间上的相关关系，其属性值大多采用 GDP 来反映地区经济发展。

2. 数据说明

（1）所需数据：选取 2018 年北部湾城市群中相关城市的 GDP 数据。

（2）数据获取途径：2019 年中国城市统计年鉴。

3. 在 Excel 表中的具体步骤

（1）录入二维原始数据，即录入 2018 年北部湾城市群中 10 个相关城市的 CDP 数据，见图 2-1。

	D	E
3	2018年GDP	城市
4	40269053	南宁市
5	12133010	北海市
6	12919647	钦州市
7	6968185	防城港市
8	16154571	玉林市
9	10164916	崇左市
10	30083928	湛江市
11	30921768	茂名市
12	13503149	阳江市
13	15105130	海口市

图 2-1

（2）计算 10 个城市的一阶相邻空间权重矩阵 W_n，若区域 i 与区域 j 空间上邻接（两个城市空间上相邻时），则 $W_{ij} = 1$，否则 $W_{ij} = 0$，其中 $W_{ii} = 0$，见图 2-2。

城市	南宁市	北海市	钦州市	防城港市	玉林市	崇左市	湛江市	茂名市	阳江市	海口市
南宁市	0	0	1	1	0	1	0	0	0	0
北海市	0	0	1	0	1	0	1	0	0	0
钦州市	1	1	0	1	1	0	0	0	0	0
防城港市	1	0	1	0	0	1	0	0	0	0
玉林市	0	1	1	0	0	0	1	1	0	0
崇左市	1	0	0	1	0	0	0	0	0	0
湛江市	0	1	0	0	1	0	0	1	0	0
茂名市	0	0	0	0	1	0	1	0	1	0
阳江市	0	0	0	0	0	0	0	1	0	0
海口市	0	0	0	0	0	0	0	0	0	0

图 2 - 2

（3）使用公式 B16 = SUM(F4: O13)，计算矩阵元素和 A，见图 2 - 3。

图 2 - 3

（4）使用公式 D14 = AVERAGE(D4: D13)，计算数据均值 E，见图 2 - 4。

图 2 - 4

（5）使用公式 C4 = POWER((D4 - D\$14), 2)，计算各区域的偏差平方序列，即各区域与均值的偏差的平方，见图 2 - 5。

图 2 - 5

（6）使用公式 B17 = SUM(C4: C13)，计算原始数的偏差平方和 B，即各区域的偏差平方序列求和，见图 2 - 6。

图 2 - 6

（7）使用公式 F15 = F4 * (\$D4 - \$D\$14) * (F\$2 - \$D\$14)，计算 10 × 10 数值差异邻接矩阵 Un，见图 2 - 7。

图 2 - 7

（8）使用公式 B19 = SUM(F15: O24)，计算矩阵 Un 的元素和 D，见图 2-8。

	A	B	C	D	E	F	G
15	样本个数n=	10	数据标准差G=	10380126.96		0	0
16	A=	26	矩阵元素和				
17	B=	1077470356810000	偏差平方和			-126593295858804	39485007220010
18	C=	右侧矩阵计算	产量差异邻接矩阵			-254232618894497	
19	D=	=SUM(F15:O24)	矩阵元素和			0	17845546969263
20	莫兰指数I=	SUM(**number1**, [number2], ...) 3)				-185673232853351	0
21						0	-75332458795312
22						0	0
23						0	0
24						0	0

图 2-8

（9）使用公式 B20 = B15 * B19/(B16 * B17)，计算全局莫兰指数 I，即 I = n × D/(A × B)，见图 2-9。

	A	B
15	样本个数n=	10
16	A=	26
17	B=	1077470356810000
18	C=	右侧矩阵计算
19	D=	-773156662018356
20	莫兰指数I=	=B15*B19/(B16*B17)

图 2-9

（10）使用公式 F27 = F4 * (F$2 - $D$14)，计算 10 × 10 单向差异邻接矩阵 Vn，见图 2-10。

	C	D	E	F
1			X-横坐标	2.066132465
2			2018年GDP	40269053
3	偏差平方	2018年GDP	城市	南宁市
4	459961682946119.00	40269053	南宁市	0
5	44747078320680.50	12133010	北海市	0
6	34841733889107.70	12919647	钦州市	1
7	140520888818310.00	6968185	防城港市	1
8	7116968494566.09	16154571	玉林市	0
9	74950915861948.10	10164916	崇左市	1
10	126823461131419.00	30083928	湛江市	0
11	146396261982283.00	30921768	茂名市	0
12	28293747149456.90	13503149	阳江市	0
13	13817618216112.50	15105130	海口市	0
14	数据均值E=	18822335.7		
15	数据标准差G=	10380126.96		0
16	矩阵元素和			
17	偏差平方和			-126593295858804
18	产量差异邻接矩阵			-254232618894497
19	矩阵元素和			
20	n*D/(A*B)			-185673232853351
21				0
22				0
23				0
24				0
25				
26	n*n*(X-E)*F/（A*B)	中间值Fi		
27	-2.022183591	-26414259.1	南宁市	=F4*(F$2-$D$14)

图 2-10

（11）使用公式 C27 = 100 * (D4 - $D$14) * D27/($B$16 * $B$17)，计算南宁市局部莫兰指数 I_i，见图 2 - 11。

	A	B	C	D
1				
2				
3			偏差平方	2018年GDP
4			459961682946119.00	40269053
5			44747078320680.50	12133010
6			34841733889107.70	12919647
7			140520888818310.00	6968185
8			7116968494566.09	16154571
9			74950915861948.10	10164916
10			126823461131419.00	30083928
11			146396261982283.00	30921768
12			28293747149456.90	13503149
13			13817618216112.50	15105130
14			数据均值E=	18822335.7
15	样本个数n=	10	数据标准差G=	10380126.96
16	A=	26	矩阵元素和	
17	B=	10774703568100000	偏差平方和	
18	C=	右侧矩阵计算	产量差异邻接矩阵	
19	D=	-773156662018356	矩阵元素和	
20	莫兰指数I=	-0.275987126	n*D/(A*B)	
21				
22				
23				
24				
25				
26		局部莫兰指数I_i	n*n*(X_i-E)*F_i/ (A*B)	中间值Fi
27		I_1	=100*(D4-$D$14)*D27/($B$16*$B$17)	

图 2 - 11

（12）使用公式 D27 = SUM(F27:O27)，计算中间值 F_i，见图 2 - 12。

	B	C	D	E	F	G
26	局部莫兰指数I_i	n*n*(X_i-E)*F_i/ (A*B)	中间值Fi			
27	I_1	-2.022183591	=SUM(F27:O27)	南宁市	0	0
28	I_2	-0.06425986	SUM(**number1**, [number2], ...)		0	0
29	I_3	-0.00496156	235476.2 钦州市		21446717.3	-6689325.7
30	I_4	-0.291405125	6886608.9 防城港市		21446717.3	0

图 2 - 12

（13）使用公式 C26 = 10 * 10 * (X_i - E) * F_i/(A * B)，计算局部莫兰指数 I_i，见图 2 - 13。

	D	E	F
3	2018年GDP	城市	南宁市
4	40269053	南宁市	0
5	12133010	北海市	0
6	12919647	钦州市	1
7	6968185	防城港市	1
8	16154571	玉林市	0
9	10164916	崇左市	1
10	30083928	湛江市	0
11	30921768	茂名市	0
12	13503149	阳江市	0
13	15105130	海口市	0
14	18822335.7		
15	=STDEVP(D4:D13)		0
16	STDEVP(**number1**, [number2], ...)		0
17			-126593295858804

图 2 – 13

（14）通过公式 $I \times 10 - (I_1 + I_2 + \cdots + I_{10})$，进行全局与局部检验，即 C38 = SUM(C27:C36) − 10 * B20，计算出结果，见图 2 – 14。

	B	C	D
26	局部莫兰指数 I_i	n*n*(Xi-E)*Fi/ (A*B)	中间值 Fi
27	I_1	-2.022183591	-26414259.1
28	I_2	-0.06425986	2691138.9
29	I_3	-0.00496156	235476.2
30	I_4	-0.291405125	6886608.9
31	I_5	-0.102552117	10769010.2
32	I_6	-0.296445332	9592566.6
33	I_7	0.110240893	2742341.9
34	I_8	0.141432754	3274640.9
35	I_9	-0.229737319	12099432.3
36	I_{10}	0	0
37	全局与局部检验	I*10-(I₁+I₂+…+I₁₀)	
38	结果	=SUM(C27:C36)-10*B20	
39		SUM(**number1**, [number2], ...)	

图 2 – 14

（15）使用公式 F40 =（D4 − $D$14）/$D$15，计算 X – 横坐标，见图 2 – 15。

	A	B		D	E	F
4			459961682946119.00		40269053	南宁市	0
5			44747078320680.50		12133010	北海市	0
6			34841733889107.70		12919647	钦州市	1
7			140520888818310.00		6968185	防城港市	1
8			7116968494566.09		16154571	玉林市	0
9			74950915861948.10		10164916	崇左市	1
10			126823461131419.00		30083928	湛江市	0
11			146396261982283.00		30921768	茂名市	0
12			28293747149456.90		13503149	阳江市	0
13			13817618216112.50		15105130	海口市	0
14			数据均值G=		18822335.7		0
15	样本个数n=	10	数据标准差G=		10380126.96		0
16	A=	26	矩阵元素和				0
17	B=	1077470356810000	偏差平方和				-126593295858804
18	C=	右侧矩阵计算	产量差异邻接矩阵				-254232618894497
19	D=	-7731566620183356	矩阵元素和				-185673232853351
20	莫兰指数I=	-0.275987126	n*D/(A*B)				0
21							-185673232853351
22							0
23							0
24							0
25							0
26		局部莫兰指数I₁	n*n*(X−E)*F₁ /（A*B）	中间值Fi			0
27		I₁	-2.022183591	-26414259.1	南宁市		0
28		I₂	-0.06425986	2691138.9	北海市		0
29		I₃	-0.00496156	235476.2	钦州市	21446717.3
30		I₄	-0.291405125	6886608.9	防城港市	21446717.3
31		I₅	-0.102552117	107769010.2	玉林市	0
32		I₆	-0.296445332	9592566.6	崇左市	21446717.3
33		I₇	0.110240893	2742341.9	湛江市	0
34		I₈	0.141432754	3274640.9	茂名市	0
35		I₉	-0.229737319	12099432.3	阳江市	0
36		I₁₀	0	0	海口市	0
37		全局与局部检验	I*10−(I₁+I₂+…+I₁₀)				
38		结果	0				
39					城市	X-横坐标	
40					南宁市	=(D4-$D$14)/$D$15

图 2 – 15

（16）使用公式 G40 = ROUND（SUMPRODUCT（$F$1: $O$1, $F4: $O4）/ SUM（$F4: $O4），2），计算 Y – 空间滞后因子，见图 2 – 16。

	E	F	G	H	I
1	X-横坐标	2.066132465	-0.644435827	-0.568652842	-1.142004404
2	2018年GDP	40269053	12133010	12919647	6968185
3	城市	南宁市	北海市	钦州市	防城港市
4	南宁市	0	0	1	1
5	北海市	0	0	0	0
6	钦州市	1	1	0	1
7	防城港市	1	0	1	0
8	玉林市	1	1	1	0
9	崇左市	1	0	0	1
10	湛江市	0	1	0	0
11	茂名市	0	0	0	0
12	阳江市	0	0	0	0
13	海口市	0	0	0	0
14					
15		0	0	-126593295858804	-254232618894497
16		0	0	39485007220010	
17		-126593295858804	39485007220010	0	69971361384087
18		-254232618894497		69971361384087	
19			178455469692263	15746984548949	
20		-185673232853351			102626357796949
21			-75332458795312		
22		0	0	0	0
23		0	0	0	0
24					
25					
26					
27	南宁市	0	0	-5902688.7	-11854150.7
28	北海市	0	0	-5902688.7	
29	钦州市	21446717.3	-6689325.7	0	-11854150.7
30	防城港市	21446717.3	0	-5902688.7	
31	玉林市	0	-6689325.7	-5902688.7	
32	崇左市	21446717.3	0	0	-11854150.7
33	湛江市	0	-6689325.7	0	
34	茂名市	0	0	0	0
35	阳江市	0	0	0	0
36	海口市	0	0	0	0
37					
39	城市	X-横坐标	Y-空间滞后因子	所在象限	
40	南宁市	2.066132465	=ROUND(SUMPRODUCT($F$1:$O$1,$F4:$O4)/SUM($F4:$O4),2)	
41	北海市	-0.644435827	ROUND(number, **num_digits**)	

图 2 – 16

（17）使用公式 H40 = IF(AND(F40 > 0, G40 > 0)，"一 HH"，IF(AND(F40 < 0, G40 > 0)，"二 LH"，IF(AND(F40 < 0, G40 < 0)，"三 LL"，"四 HL")))，计算 10 个城市所在的象限，见图 2 – 17。

	E	F	G	H	I	J	K	L
39	城市	x-横坐标	Y-空间滞后因子	所在象限				
40	南宁市	2.066132465	-0.85	=IF(AND(F40>0,G40>0),"一 HH",IF(AND(F40<0,G40>0),"二 LH",IF(AND(F40<0,G40<0),"三 LL","四 HL")))				
41	北海市	-0.644435827	0.09	IF(logical_test, [value_if_true], [value_if_false])				
42	钦州市	-0.568652842	0.01	二 LH				
43	防城港市	-1.142004404	0.22	二 LH				

图 2 – 17

4. 结论

从图 2 – 17 中可以看出 2018 年北部湾城市群中 10 个城市的 GDP 水平的局部莫兰指数，在计算过程中能够通过与邻近区域数据的比较，计算出空间要素的聚集/异常值类型，以标准化的观测值和空间滞后值为 x 轴和 y 轴划分为 4 个象限：南宁市处于第四象限 HL（低值包围高值异常）；北海市、钦州市、防城港市、玉林市、崇左市、阳江市与海口市为第二象限 LH（高值包围低值异常）；湛江市与茂名市为第一象限 HH（高值聚集区）。并以此结合实际研究目标进行进一步分析。

003 人口密度公式

一、通式

1. 应用价值

通过运用"人口密度公式"可以获取所研究城市的"人口类型""主要人口分布""特殊人口分布"等方面的人口密度特征。人流量作为影响区域财富积累的重要因素，为分析所研究区域城市发展过程中城市人口密度等方面问题提供支撑。

2. 数据说明

（1）所需数据：选取我国各省、自治区、直辖市统计年鉴中相关年份的 GDP 和人均收入等数据表征全国各区域的财富。

（2）数据获取途径：所研究区域相关年份的统计年鉴。

（3）数据预处理：区域财富空间化是对全国各区域单元的财富属性数据（GDP、人口数量与人均 GDP）进行 GIS 空间化。

3. 模型详解

以某区域人口数量与该区域面积为指标研究人口密度对相关区域财富的影响，其计算方法为：

$$DE = Len/S$$

其中，Len 为某区域人口数量；S 为某区域面积；DE 为区域人口密度。

4. 相关结论

读者可通过"人口密度公式"计算获得结果，判断人口对相关区域财富的影响。通过深入探讨不同地形条件下城市群的空间分布特征，挖掘地形对相关地区财富空间分布的制约作用，并以此结合实际研究目标进行进一步分析。

二、算例

1. 应用价值

在此，选取北部湾城市群中的相关数据，将南宁市在内的 10 个城市作为研究对象，以这些城市 2018 年的人口总数和该城市的建成面积为指标，得出人口对相关区域财富的影响。

2. 数据说明

（1）所需数据：选取 2018 年北部湾城市群中相关城市的人口数量、城市建筑面积数据。

（2）数据获取途径：2019 年中国城市统计年鉴。

3. 在 Excel 表中的具体步骤

（1）录入二维原始数据，即录入南宁市、防城港市等 10 个城市的年末人口总数和该区域的城市建成面积，见图 3 – 1。

	A	B	C
1	城市	年末总人口（万人）	行政区域土地面积（平方千米）
2	南宁市	707.37	22112
3	北海市	166.84	3337
4	防城港市	91.24	6222
5	钦州市	387.65	10843
6	玉林市	674.59	12838
7	崇左市	243.35	17386
8	湛江市	777.77	13225
9	茂名市	747.17	11458
10	阳江市	282.81	7946
11	海口市	160.43	2305

图 3 – 1

（2）使用公式 D2 = B2/C2 或者 D2 = PRODUCT(B2, 1/C2)，计算南宁市的人口密度，见图 3 – 2。

	A	B	C	D
1	城市	年末总人口（万人）	行政区域土地面积（平方千米）	人口密度（万人/平方千米）
2	南宁市	707.37	22112	=B2/C2

图 3 – 2

（3）同理可计算北海市、防城港市等的人口密度，见图 3 – 3。

	A	B	C	D
1	城市	年末总人口（万人）	行政区域土地面积（平方千米）	人口密度（万人/平方千米）
2	南宁市	707.37	22112	0.031990322
3	北海市	166.84	3337	0.049997003
4	防城港市	91.24	6222	0.014664095
5	钦州市	387.65	10843	0.035751176
6	玉林市	674.59	12838	0.052546347
7	崇左市	243.35	17386	0.013996894
8	湛江市	777.77	13225	0.058810586
9	茂名市	747.17	11458	0.065209461
10	阳江市	282.81	7946	0.035591493
11	海口市	160.43	2305	0.069600868

图 3 - 3

4. 结论

通过对北部湾城市群中城市人口密度进行计算，得到北部湾城市群中各城市的人口密度情况。其中，海口市的人口密度最大，约为 0.0696；崇左市的人口密度最小，约为 0.01340，根据该指数判断人口数量在不同行政区域条件下城市群的空间分布特征，有利于根据各城市人口分布状况进行相关政策的制定。

004　平均距离公式

一、通式

1. 应用价值

通过运用"平均距离公式"可以获取所研究城市群相关因素的市场份额。把每一区域该因素的人数占总人数的比例作为权重，将各个地区到该地的公路里程作为距离，得出所研究城市群的"相关因素市场分布特点"，进而研究城市该因素影响下的市场空间结构对城市发展的影响。

2. 数据说明

（1）所需数据：可以选取所研究因素的市场份额、到所研究区域的市场平均距离、该地区相关因素的人流量、人流总数等数据。

（2）数据获取途径：通过抽样调查、相关地区的相关因素的抽样调查资料、所研究区域相关年份的统计年鉴、百度地图。

3. 模型详解

假设所研究区域对国内所有的市场吸引力均等，且其他区域影响客流流动的经济等因素都均衡，用该区域相关因素的人流量份额作权重，将各个地区到该区的公路里程作为其研究的距离，便可推导出其他区域到目的地的市场平均距离，用 AD_{od} 表示，计算公式为：

$$AD_{od} = \sum_{i=1}^{n} \left(\frac{x_i}{T} \right) d_i$$

其中，AD_{od} 为其他区域到目的地的市场平均距离；T 为目的地相关因素造成的人流总量；x_i 为 T 中第 i 个其他区域相关因素的人流数量；n 为其他区域总数；d_i 为第 i 个其他区域到该区的距离。

4. 相关结论

（1）读者可通过"平均距离公式"的计算结果得知：其他区域到目的地的平均距离总体上呈现出不断上升的趋势，对远距离区域的吸引力会不断加强。即 AD_{od} 值越大，说明所研究区域的吸引范围越大，相关因素造成的人流量分布区域越广；AD_{od} 值越小，说明所研究区域的吸引范围越小，相关因素造成的人流量分布区域越窄，并以此结合实际研究目标进行进一步分析。

（2）读者可通过"平均距离公式"进行计算，获得计算结果，判断所研究区域（如城市群的各城市）之间的距离。距离是影响市场空间结构最重要的因素，目的地的吸引效应总是随着距离的增加而不断衰减，并且在近距离阶段衰减得尤为迅速。随着距离的不断增加，客源地市场所占的比重不断下降，因而一个地区离目的地越近，其所占份额就越高，距离越远，到目的地所耗费的时间和金钱也就越多，其出行意愿也就会随距离的增加而不断下降，并以此结合实际研究目标进行进一步分析。

二、算例

1. 应用价值

在此，选取 2019 年北部湾城市群的数据，将南宁市作为目的地，北海市、防城港市等作为客源地进行分析，得出北部湾城市群的"旅游客源市场分布特点"，对分析城市旅游客源市场空间结构具有重要的应用价值。

2. 数据说明

（1）所需数据：选取 2019 年北部湾城市群中相关城市的旅游客源市场份额、客源地到目的地的市场平均距离、旅游目的地游客总量、客源地总数等数据。

（2）数据获取途径：2020 年广西统计年鉴、百度地图、抽样调查、相关地区的旅游抽样调查资料。

3. 在 Excel 表中的具体步骤

（1）录入二维原始数据，即录入北海市、防城港市等每一客源地的游客数量，各个城市到南宁的公路里程等数据，见图 4 - 1。

	A	B	C
1	城市	x_i 为 T 中第 i 个客源地的游客数量（万人次）	d_i 为第 i 个客源地到南宁市的距离（千米）
2	北海市	5278.85	224
3	防城港市	3651.69	126
4	钦州市	4988.03	126
5	玉林市	6970.25	207
6	崇左市	4726.46	129

图 4 - 1

（2）使用公式 B7 = SUM(B2: B6)，计算旅游目的地游客总量，见图 4 - 2。

	A	B	C
1	城市	x_i为T中第i个客源地的游客数量（万人次）	d_i为第i个客源地到南宁市的距离（千米）
2	北海市	5278.85	224
3	防城港市	3651.69	126
4	钦州市	4988.03	126
5	玉林市	6970.25	207
6	崇左市	4726.46	129
7	T旅游目的地游客总量	=SUM(B2:B6)	
8	n为客源地总数	SUM(**number1**, [number2], ...)	

图 4 - 2

（3）使用公式 D2 = B2/$B$7 或者 D2 = PRODUCT(B2, 1/$B$7)，得到 x_i/d_i，即 T 中北海市的游客数量/北海市到南宁市的距离，见图 4 - 3。

	A	B	C	D
1	城市	x_i为T中第i个客源地的游客数量（万人次）	d_i为第i个客源地到南宁市的距离（千米）	x_i/d_i
2	北海市	5278.85	224	=B2/$B$7
3	防城港市	3651.69	126	
4	钦州市	4988.03	126	0.194728693
5	玉林市	6970.25	207	0.272112973
6	崇左市	4726.46	129	0.18451721
7	T旅游目的地游客总量	25615.28		

图 4 - 3

（4）同理可计算防城港市、钦州市等北部湾城市群中城市的 x_i/d_i，即 T 中第 i 个客源地的游客数量/第 i 个客源地到南宁市的距离，见图 4 - 4。

	A	B	C	D
1	城市	x_i为T中第i个客源地的游客数量（万人次）	d_i为第i个客源地到南宁市的距离（千米）	x_i/d_i
2	北海市	5278.85	224	0.206082073
3	防城港市	3651.69	126	0.142559051
4	钦州市	4988.03	126	0.194728693
5	玉林市	6970.25	207	0.272112973
6	崇左市	4726.46	129	0.18451721
7	T旅游目的地游客总量	25615.28		

图 4 - 4

（5）使用公式 E2 = D2 * C2，得到 AD_{od}，是北海市到南宁市的市场平均距离，见图 4 - 5。

	A	B	C	D	E
1	城市	xᵢ为T中第i个客源地的游客数量（万人次）	dᵢ为第i个客源地到南宁市的距离（千米）	xi/di	ADₒd客源地到南宁市的市场平均距离（千米）
2	北海市	5278.85	224	0.206082073	=D2*C2

图 4 – 5

（6）同理可计算防城港市、钦州市等北部湾城市群中城市的 AD_{od}，即防城港市、钦州市等地到南宁市的市场平均距离，见图 4 – 6。

	A	B	C	D	E
1	城市	xᵢ为T中第i个客源地的游客数量（万人次）	dᵢ为第i个客源地到南宁市的距离（千米）	xi/di	ADₒd客源地到南宁市的市场平均距离（千米）
2	北海市	5278.85	224	0.206082073	46.16238433
3	防城港市	3651.69	126	0.142559051	17.96244039
4	钦州市	4988.03	126	0.194728693	24.53581534
5	玉林市	6970.25	207	0.272112973	56.32738545
6	崇左市	4726.46	129	0.18451721	23.8027201
7	T旅游目的地游客总量	25615.28			
8	n为客源地总数	5			

图 4 – 6

4. 结论

通过对北部湾城市群中城市间"平均距离"进行计算，获得计算结果。如图 4 – 6 所示，玉林市的平均距离值最大，约为 56.3274，说明该地区对游客的吸引范围相对较大，客流分布区域较广；防城港市的平均距离值最小，约为 17.9624，说明该地区对游客的吸引范围相对较小，客流分布区域较窄，并以此结合实际研究目标进行进一步分析。

005　均衡—极化指数公式

一、通式

1. 应用价值

通过构建"样方分析法"，以直观的方式分析空间点模式。具体来说，该方法通过统计每个样方点计算频率差，运用均衡—极化指数（BPI）等指标来识别点分布状态。采用均衡—极化指数来判断区域内样本点的分布状态是聚集还是扩散。该方法可用于分析不同时间段物流企业空间分布变化、不同产业的经济空间分布状况等问题。

2. 数据说明

（1）所需数据：可以选取 GDP、能源、产业等数据进行研究。

（2）数据获取途径：①官方数据：所研究国家或地区统计年鉴。②地图数据：一是纸质地图数据，政区图、地图册；二是矢量地图数据，Google Maps 的卫星图像（UTM 投影，WGS84 坐标系），由国家基础地理信息中心免费提供的国家 1：400 万基础数据库矢量图。

③调查数据：一是产业访谈数据，通过走访相关部门负责人，获取该区域相关产业整体的发展情况；二是问卷数据。

3. 模型详解

样方分析法是一组样方置于研究区域，通过统计每个样方点计算频率差以及均衡—极化指数等指标来识别点分布状态，其计算公式为：

$$BPI = \frac{1}{2} \sum_{i=1}^{M} \left| \frac{n_{ci}}{N\Delta t} - \frac{1}{M} \right|$$

其中，Δt 为某一时间段；n_{ci} 为第 i 样方单元内的相关因素；$N\Delta t$ 为该时间段相关因素总数；M 为样方单元总数。

4. 相关结论

读者通过运用"样方分析法"进行分析，得到"均衡—极化指数"值。可知 $BPI \in (0, 1)$，当 BPI 趋近 0，说明所研究区域该因素在各个样方单元内平均分布，空间分布高度均衡分布；当 BPI 趋近 1，说明所研究区域的该因素只在少数样方单元内分布，空间分布趋于高度收敛状态。一般以 0.5 为分界点，数值越小说明分布越分散，数值越大说明分布越集中，并以此结合实际研究目标进行进一步分析。

二、算例

1. 应用价值

在此，选取北部湾城市群中的南宁市、北海市、钦州市、防城港市、玉林市、崇左市的主要经济指标作为例子计算均衡—极化指数进行样方分析，据此比较不同时间段所研究因素的空间分布变化。

2. 数据说明

（1）所需数据：选取 2015～2019 年北部湾经济区（6 市）的主要经济指标，包括地区生产总值、第一产业产值、第二产业产值、第三产业产值。

（2）数据获取途径：2016～2020 年广西统计年鉴。

3. 在 Excel 表中的具体步骤

（1）录入二维原始数据，即录入 2015～2019 年北部湾经济区（6 市）的主要经济指标，见图 5-1。

▲	A	B	C	D	E
1	年份	地区生产总值	第一产业	第二产业	第三产业
2	2015	7995.9	1224.51	3440.47	3330.92
3	2016	8808.09	1319.21	3786.52	3702.36
4	2017	10007.27	1377.11	4446.74	4183.42
5	2018	9860.94	1430.44	3693.07	4737.43
6	2019	10305.09	1601.37	3068.38	5635.35

图 5-1

（2）使用公式 F2 = C2/$B$2，计算 2015 年北部湾经济区（6 市）第一产业产值的占比情况，得到 $\dfrac{n_{ci}}{N\Delta t}$，见图 5 – 2。

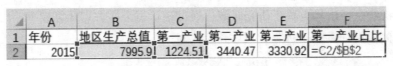

	A	B	C	D	E	F
1	年份	地区生产总值	第一产业	第二产业	第三产业	第一产业占比
2	2015	7995.9	1224.51	3440.47	3330.92	=C2/$B$2

图 5 – 2

（3）同理可计算 2015 ~ 2019 年北部湾经济区（6 市）第二产业产值、第三产业产值的占比，见图 5 – 3。

	A	B	C	D	E	F	G	H
1	年份	地区生产总值	第一产业	第二产业	第三产业	第一产业占比	第二产业占比	第三产业占比
2	2015	7995.9	1224.51	3440.47	3330.92	0.153142235	0.430279268	0.416578496
3	2016	8808.09	1319.21	3786.52	3702.36	0.149772539	0.429891157	0.420336304
4	2017	10007.27	1377.11	4446.74	4183.42	0.137610957	0.444350957	0.418038086
5	2018	9860.94	1430.44	3693.07	4737.43	0.145061221	0.374515006	0.480423773
6	2019	10305.09	1601.37	3068.38	5635.35	0.155396023	0.297753828	0.546851119

图 5 – 3

（4）使用公式 B7 = COUNT(A2: A6)，计算样方单位总数 M，在此选取了 2015 ~ 2019 年的数据，见图 5 – 4。

	A	B
1	年份	地区生产总值
2	2015	7995.9
3	2016	8808.09
4	2017	10007.27
5	2018	9860.94
6	2019	10305.09
7	M	=COUNT(A2:A6)

图 5 – 4

（5）使用公式 B8 = 1/B7 或者 B8 = PRODUCT(1,1/B7)，计算 1/M，见图 5 – 5。

	A	B
7	M	5
8	1/M	=1/B7

图 5 – 5

（6）使用公式 C9 = 1/2 * ABS((F$2 – $B$8) + (F$3 – $B$8) + (F$4 – $B$8) + (F$5 – $B$8) + (F$6 – $B$8))，计算 2015 ~ 2019 年第一产业的 BPI 值，见图 5 – 6。

	A	B	C	D	E	F	G	H
1	年份	地区生产总值	第一产业	第二产业	第三产业	第一产业占比	第二产业占比	第三产业占比
2	2015	7995.9	1224.51	3440.47	3330.92	0.153142235	0.430279268	0.416578496
3	2016	8808.09	1319.21	3786.52	3702.36	0.149772539	0.429891157	0.420336304
4	2017	10007.27	1377.11	4446.74	4183.42	0.137610957	0.444350957	0.418038086
5	2018	9860.94	1430.44	3693.07	4737.43	0.145061221	0.374515006	0.480423773
6	2019	10305.09	1601.37	3068.38	5635.35	0.155396023	0.297753828	0.546851119
7	M	5						
8	1/M	0.2						
9	BPI		=1/2*ABS((F\$2-\$B\$8)+(F\$3-\$B\$8)+(F\$4-\$B\$8)+(F\$5-\$B\$8)+(F\$6-\$B\$8))					

图 5-6

（7）同理可计算 2015～2019 年北部湾经济区（6 市）第二产业产值、第三产业产值的 BPI 值，即均衡—极差指数，见图 5-7。

	A	B	C	D	E	F	G	H
1	年份	地区生产总值	第一产业	第二产业	第三产业	第一产业占比	第二产业占比	第三产业占比
2	2015	7995.9	1224.51	3440.47	3330.92	0.153142235	0.430279268	0.416578496
3	2016	8808.09	1319.21	3786.52	3702.36	0.149772539	0.429891157	0.420336304
4	2017	10007.27	1377.11	4446.74	4183.42	0.137610957	0.444350957	0.418038086
5	2018	9860.94	1430.44	3693.07	4737.43	0.145061221	0.374515006	0.480423773
6	2019	10305.09	1601.37	3068.38	5635.35	0.155396023	0.297753828	0.546851119
7	M	5						
8	1/M	0.2						
9	BPI		0.12951	0.4884	0.64111			

图 5-7

4. 结论

通过对"样方分析法"进行分析，采用均衡—极化指数（BPI）来判断区域内样本点格局分布的聚集或扩散，并据此比较不同时间段北部湾经济区（6 市）三次产业的空间分布变化。2015～2019 年，第一产业所占比重相对稳定；第二产业所占比重逐年减少，但是二者的 BPI 皆逐年趋近 0，说明所研究区域该因素在各个样方单元内平均分布，空间分布高度均衡分布；第三产业所占比重逐年增加，BPI 逐年趋近 1，说明所研究区域的该因素只在少数样方单元内分布，空间分布趋于高度收敛状态。

006　重心经度公式

一、通式

1. 应用价值

通过"重心经度公式"可以衡量某种属性在区域中心总体经度分布状况，其分布趋势可揭示该属性在空间分布的不均衡程度，有利于探讨区域专业化的空间变化特征及影响因素，可透视区域专业化的实现过程，为应对城市空间分布的不均衡程度提供建议。

2. 数据说明

（1）所需数据：可以选取国民生产总值、农业、资本等数据。

（2）数据获取途径：①官方数据：所研究国家或地区统计年鉴。②地图数据：一是纸质地图数据，政区图、地图册；二是矢量地图数据，Google Maps 的卫星图像（UTM 投影，WGS84 坐标系），由国家基础地理信息中心免费提供的国家 1∶400 万基础数据库矢量图。③调查数据：一是产业访谈数据。通过走访相关部门负责人，获取该区域相关产业整体的发展情况；二是问卷数据。

3. 模型详解

假设区域内 i 个地区的经度值为 X_i，该地区的属性权重为 C_i，则区域内全部区域整体分布的重心经度的计算公式如下：

$$\overline{X} = \frac{\sum_{i=1}^{n} C_i X_i}{\sum_{i=1}^{n} C_i}$$

其中，C_i 为区域第 i 个地区所研究属性比重。当区域内该属性在空间上发生变化时，$\overline{X}$ 随之发生变化，重心点产生偏移，以此揭示不同时段新增所研究因素影响下的空间分布特征。

4. 相关结论

（1）"重心分析模型"有利于将模型直观形象地反映所研究的社会经济问题，有利于揭示其研究问题的动力机制和规律，并以此结合实际研究目标进行进一步分析。

（2）读者可通过对"重心"进行计算，获得计算结果，衡量所研究区域（如某城市群）的城市某种属性在区域中心总体分布状况，其分布趋势可揭示属性在空间分布的不均衡程度，并以此结合实际研究目标进行进一步分析。

二、算例

1. 应用价值

在此，选取 2019 年北部湾城市群城市中的南宁市、北海市等区域的农林牧渔业总产值、经度等相关数据，得到重心经度，用于衡量该区域农林牧渔业在区域中心总体分布状况，其分布趋势可揭示该属性在空间分布的不均衡程度。

2. 数据说明

（1）所需数据：选取 2019 年北部湾城市群城市中的南宁市、北海市等区域的农林牧渔业总产值、经度等相关数据。

（2）数据获取途径：2020 年广西统计年鉴。

3. 在 Excel 表中的具体步骤

（1）录入二维原始数据，即录入南宁市、防城港市等区域的农林牧渔业总产值、经度等数据，见图 6 - 1。

图 6-1

（2）使用公式 B7 = SUM(B2: B6)，计算南宁市、北海市等城市的农林牧渔业总产值，见图 6-2。

图 6-2

（3）使用公式 B8 = COUNT(B2: B6)，计算所选取的城市数量，见图 6-3。

图 6-3

（4）使用公式 D2 = B2/$B$7，计算南宁市农林牧渔业产值占所选取的 5 个城市农林牧渔业总产值的比重，见图 6-4。

图 6-4

（5）同理可计算北海市、钦州市等北部湾城市群中城市的农林牧渔业产值占所选取的5个城市农林牧渔业总产值的比重，见图6-5。

	A	B	C	D	E	F
1	城市	农林牧渔业总产值（亿元）	经度	纬度	各地区农林牧渔业产值比重	c_ix_i
2	南宁市	803.7	108.33	22.84	0.32808099	35.54101359
3	北海市	327.2	109.12	21.49	0.133567376	14.57487203
4	钦州市	442.6	108.61	21.96	0.180675185	19.62313181
5	玉林市	546.8	110.14	22.64	0.223211005	24.58446014
6	崇左市	329.4	107.37	22.42	0.134465445	14.4375548

图6-5

（6）使用公式E2=C2*D2，计算南宁市的c_ix_i，见图6-6。

	A	B	C	D	E
1	城市	农林牧渔业总产值（亿元）	经度	各地区农林牧渔业产值比重	c_ix_i
2	南宁市	803.7	108.33	0.32808099	=C2*D2

图6-6

（7）同理可计算北海市、钦州市等北部湾城市群中城市的c_ix_i，见图6-7。

	A	B	C	D	E
1	城市	农林牧渔业总产值（亿元）	经度	各地区农林牧渔业产值比重	c_ix_i
2	南宁市	803.7	108.33	0.32808099	35.54101359
3	北海市	327.2	109.12	0.133567376	14.57487203
4	钦州市	442.6	108.61	0.180675185	19.62313181
5	玉林市	546.8	110.14	0.223211005	24.58446014
6	崇左市	329.4	107.37	0.134465445	14.4375548

图6-7

（8）使用公式B9=SUM(E2:E6)/SUM(D2:D6)，计算这5个城市的重心经度，见图6-8。

	A	B	C	D	E
1	城市	农林牧渔业总产值（亿元）	经度	各地区农林牧渔业产值比重	c_ix_i
2	南宁市	803.7	108.33	0.32808099	35.54101359
3	北海市	327.2	109.12	0.133567376	14.57487203
4	钦州市	442.6	108.61	0.180675185	19.62313181
5	玉林市	546.8	110.14	0.223211005	24.58446014
6	崇左市	329.4	107.37	0.134465445	14.4375548
7	总产值	2449.7			
8	n	5			
9	重心经度	=**SUM**(E2:E6)/SUM(D2:D6)			

图6-8

4. 结论

通过对"重心经度"进行计算，获得计算结果，衡量这几个城市农林牧渔业在区域中心总体分布状况，其分布趋势可揭示第一产业在空间分布的不均衡程度。通过模型分析，直观形象地反映所研究区域的社会经济问题，有利于揭示其动力机制和规律。

007 重心纬度公式

一、通式

1. 应用价值

"重心纬度公式"用于衡量所研究因素在区域中心总体纬度分布状况，其分布趋势可揭示该因素影响下的重心纬度的推移状况。可以将该公式与"006 重心经度公式"结合，分析人口、工业、经济等因素影响下的重心偏离程度。

2. 数据说明

（1）所需数据：可以选取国民生产总值、农业、资本等数据。

（2）数据获取途径：①官方数据：统计年鉴。②地图数据：一是纸质地图数据，地方的地图院绘制的政区图、地图册、辖市图；二是矢量地图数据，Google Maps 的卫星图像（UTM 投影，WGS84 坐标系），由国家基础地理信息中心免费提供的国家 1：400 万基础数据库矢量图。③调查数据：一是产业访谈数据。通过走访相关部门负责人，获取该区域相关产业整体的发展情况，如各个乡镇的专业村数量、从事户数、生产规模、基地数量等；二是问卷数据。

3. 模型详解

假设区域内 i 个地区的纬度值为 Y_i，该地区的属性权重为 C_i，则区域内全部区域整体分布的重心纬度，其计算公式如下：

$$\overline{Y} = \frac{\sum\limits_{i=1}^{n} C_i Y_i}{\sum\limits_{i=1}^{n} C_i}$$

其中，C_i 为区域第 i 个地区所研究因素比重。当区域内该属性在空间上发生变化时，$\overline{Y}$ 随之发生变化，重心点产生偏移，以此揭示不同时段新增所研究因素影响下的空间分布特征。

4. 相关结论

（1）"重心分析模型"能够直观形象地反映在所研究的社会经济问题，有利于揭示其研究问题的动力机制和规律，并以此结合实际研究目标进行进一步分析。

（2）读者可通过对"重心"进行计算，获得计算结果，衡量所研究区域（如某城市群）的城市某种属性在区域中心总体分布状况，其分布趋势可揭示属性在空间分布的不均衡程度，并以此结合实际研究目标进行进一步分析。

二、算例

1. 应用价值

在此，选取 2019 年北部湾城市群中南宁市、北海市等区域的农林牧渔业总产值、纬度等相关数据，得到重心纬度，用于衡量该区域农林牧渔业在区域中心总体分布状况，其分布趋势可揭示该属性在空间分布的不均衡程度。

2. 数据说明

（1）所需数据：选取 2019 年北部湾城市群中南宁市、北海市等区域的农林牧渔业总产值、纬度等相关数据。

（2）数据获取途径：2020 年广西统计年鉴。

3. 在 Excel 表中的具体步骤

（1）录入二维原始数据，即录入南宁市、防城港市等区域的农林牧渔业总产值、纬度等数据，见图 7 - 1。

	A	B	C
1	城市	农林牧渔业总产值（亿元）	纬度
2	南宁市	803.7	22.84
3	北海市	327.2	21.49
4	钦州市	442.6	21.96
5	玉林市	546.8	22.64
6	崇左市	329.4	22.42

图 7 - 1

（2）使用公式 B7 = SUM(B2: B6)，计算南宁市、北海市等城市的农林牧渔业总产值，见图 7 - 2。

	A	B	C
1	城市	农林牧渔业总产值（亿元）	纬度
2	南宁市	803.7	22.84
3	北海市	327.2	21.49
4	钦州市	442.6	21.96
5	玉林市	546.8	22.64
6	崇左市	329.4	22.42
7	总产值	=SUM(B2:B6)	
8	n	5	
9	重心纬度	SUM（数值，...）	

图 7 - 2

（3）使用公式 B8 = COUNT(B2: B6)，计算所选取的城市数量，见图 7 - 3。

图 7 - 3

（4）使用公式 D2 = B2/$B$7，计算南宁市农林牧渔业产值占所选取的 5 个城市农林牧渔业总产值的比重，见图 7 - 4。

图 7 - 4

（5）同理可计算北海市、钦州市等北部湾城市群中城市的农林牧渔业产值占所选取的 5 个城市农林牧渔业总产值的比重，见图 7 - 5。

图 7 - 5

（6）使用公式 E2 = C2 * D2，计算南宁市的 $c_i y_i$，见图 7 - 6。

图 7 - 6

（7）同理可计算北海市、钦州市等北部湾城市群中城市的 $c_i y_i$，见图 7-7。

▲	A	B	C	D	E
1	城市	农林牧渔业总产值（亿元）	纬度	各地区农林牧渔业产值比重	$c_i y_i$
2	南宁市	803.7	22.84	0.32808099	7.4933698
3	北海市	327.2	21.49	0.133567376	2.870362902
4	钦州市	442.6	21.96	0.180675185	3.967627056
5	玉林市	546.8	22.64	0.223211005	5.053497163
6	崇左市	329.4	22.42	0.134465445	3.014715271

图 7-7

（8）使用公式 B9 = SUM(E2:E6)/SUM(D2:D6)，计算这 5 个城市的重心经度，见图 7-8。

▲	A	B	C	D	E
1	城市	农林牧渔业总产值（亿元）	纬度	各地区农林牧渔业产值比重	$c_i y_i$
2	南宁市	803.7	22.84	0.32808099	7.4933698
3	北海市	327.2	21.49	0.133567376	2.870362902
4	钦州市	442.6	21.96	0.180675185	3.967627056
5	玉林市	546.8	22.64	0.223211005	5.053497163
6	崇左市	329.4	22.42	0.134465445	3.014715271
7	总产值	2449.7			
8	n	5			
9	重心纬度	=SUM(E2:E6)/SUM(D2:D6)			
10					
11		SUM（**数值**，...）			

图 7-8

4. 结论

通过对"重心纬度"进行计算，获得计算结果，衡量北部湾城市群中南宁市、北海市等 5 个城市城林牧渔业在区域中心的纬度分布状况，其重心经度值为 22.3996。将该公式与"006 重心经度公式"结合，可得到该城市群在城林牧渔业因素影响下的重心为（108.7610，22.3996）。

008 道路交通出行时间费用公式

一、通式

1. 应用价值

通过运用"道路交通出行时间费用公式"分析不同道路交通出行方式下的出行时间费用，比较不同出行方案下的经济效率水平，为区域空间结构评价提供新的方法，对区域经济发展具有重要现实意义。

2. 数据说明

（1）所需数据：可以选取城市道路交通、普通公路、高速公路等数据。

（2）数据获取途径：所研究区域相关年份的统计年鉴、公路及城市道路相关统计资料。

3. 模型详解

$$T_{ij}^{Road} = s_{ij}/v$$

其中，s_{ij} 为节点 i 到节点 j 的里程；v 为平均旅行速度（一般而言，城市道路的平均旅行速度 20 千米/小时，普通公路的平均旅行速度为 50 千米/小时，高速公路的平均旅行速度为 80 千米/小时）。

4. 相关结论

通过计算"道路交通出行时间费用"，分析不同道路出行方式下的费用，比较不同出行方案下的经济效率水平。道路出行时间费用值越大，说明该出行方式下的经济效益水平越低；反之，道路出行时间费用值越小，说明该出行方式下的经济效益水平越高。

二、算例

1. 应用价值

在此，选取 2019 年北部湾城市群中南宁市与北海市间的距离、时间等相关数据，得到道路交通出行时间。在构造多式交通网络时，不同时段具有不同的网络结构，分析时段划分方法和网络节点之间的出行费用，有利于进行分时段的可达性分析。

2. 数据说明

（1）所需数据：选取 2019 年北部湾城市群中南宁市到北海市的里程数、城市道路的平均旅行速度、普通公路的平均旅行速度和高速公路的平均旅行速度数据。

（2）数据获取途径：2020 年广西统计年鉴、公路及城市道路相关网站。

3. 在 Excel 表中的具体步骤

（1）录入二维原始数据，即录入南宁市到北海市的里程数、城市道路的平均旅行速度、普通公路的平均旅行速度和高速公路的平均旅行速度，见图 8 – 1。

	A	B	C	D	E
1		里程(千米)	城市道路的平均旅行速度（千米/小时）	普通公路的平均旅行速度（千米/小时）	高速公路的平均旅行速度（千米/小时）
2	南宁市-北海市	224	20	50	80

图 8 – 1

（2）使用公式 C3 = \$B\$2/C2，计算城市道路的道路出行时间费用，见图 8 – 2。

	A	B	C
1		里程(千米)	城市道路的平均旅行速度（千米/小时）
2	南宁市-北海市	224	20
3	出行时间费用		=\$B\$2/C2

图 8 – 2

（3）同理可计算普通公路的平均旅行速度和高速公路的道路出行时间费用，见图 8 - 3。

	A	B	C	D	E
1		里程(千米)	城市道路的平均旅行速度（千米/小时)	普通公路的平均旅行速度（千米/小时)	高速公路的平均旅行速度（千米/小时)
2	南宁市-北海市	224	20	50	80
3	出行时间费用		11.2	4.48	2.8

图 8 - 3

4. 结论

通过对北部湾城市群中城市的"道路出行时间费用"进行计算，获得计算结果，用于评价南宁市至北海市的城市道路、普通公路和高速公路三种方式的区域空间结构的优劣，发现高速公路是最省时高效的。

009 轨道交通出行时间费用公式

一、通式

1. 应用价值

通过运用"轨道交通出行时间费用公式"，分析不同轨道交通出行方式下的出行时间费用，比较不同出行方案下的经济效率水平，为区域空间结构评价提供新的方法。对区域经济发展具有重要现实意义。

2. 数据说明

（1）所需数据：选取轨道交通包括普通铁路、高速铁路和城市轨道交通等数据。

（2）数据获取途径：所研究区域相关年份的统计年鉴、公路及城市道路相关统计资料。

3. 模型详解

根据每个时段内的轨道交通列车运行时刻表，可以获得两个站点 i 和 j 之间的开行列车数 n_{ij}，若 $n_{ij} > 0$，则站点 i 和 j 之间存在一条轨道交通弧段，时间费用，计算公式为：

$$T_{ij}^{Rail} = t_{ij} + H/kn_{ij}$$

其中，t_{ij} 为所研究的列车从站点 i 至站点 j 的平均旅行时间；H 为时间段的长度；令 $k = 2$ 为修正系数。可知，该式中的 H/kn_{ij} 为平均等待时间。

4. 相关结论

通过计算"轨道交通出行时间费用"评价区域空间结构的优劣，为区域空间结构评价提供了新的方法，并以此结合实际研究目标进行进一步分析。

二、算例

1. 应用价值

在此，选取 2020 年北部湾城市群中南宁市与防城港市间的距离、时间等相关数据，得到轨道交通出行时间。在构造多式交通网络时，不同时段具有不同的网络结构，分析时段划分方法和网络节点之间的出行费用，有利于进行分时段的可达性分析。

2. 数据说明

（1）所需数据：选取 2021 年 1 月某一天南宁市到防城港市的里程数、动车车次、等候时间等数据。

（2）数据获取途径：通过百度地图、铁路 12306 软件，在此选取 2020 年 1 月某天的数据进行研究。

3. 在 Excel 表中的具体步骤

（1）录入二维原始数据，即录入选取南宁市到防城港市的里程数、动车车次、k = 2 为修正系数等数据，见图 9 – 1。

	A	B	C	D	E	F
1		里程(千米)	车次	初始时间	到达时间	用时（小时）
2	南宁市-防城港市	144	D8341	8:13	9:13	1
3			D8451	10:06	11:06	1
4			D8345	11:19	12:19	1
5			D8347	14:46	15:46	1
6			D8493	16:10	17:10	1
7			D8351	17:41	18:41	1
8			D3747	20:30	21:30	1

图 9 – 1

（2）使用公式 F9 = AVERAGEA(F2: F8)，计算南宁市到防城港市的轨道出行平均旅行时间，见图 9 – 2。

	D	E	F
1	初始时间	到达时间	用时（小时）
2	8:13	9:13	1
3	10:06	11:06	1
4	11:19	12:19	1
5	14:46	15:46	1
6	16:10	17:10	1
7	17:41	18:41	1
8	20:30	21:30	1
9		平均旅行时间	=AVERAGEA(F2:F8)

图 9 – 2

（3）使用公式 B10 = COUNT（D2: D8），计算南宁市到防城港市的某日开行列车数，见图 9 - 3。

	A	里程(千米)	车次	初始时间
1		里程(千米)	车次	初始时间
2	南宁市-防城港市	144	D8341	8:13
3			D8451	10:06
4			D8345	11:19
5			D8347	14:46
6			D8493	16:10
7			D8351	17:41
8			D3747	20:30
9	k	2		
10	开行列车数	=COUNT(D2:D8)		

图 9 - 3

（4）使用公式 G2 = （HOUR（D3）+ MINUTE（D3）/60）-（HOUR（D2）+ MINUTE（D2）/ 60），计算 8：13 与 10：06 这一相邻时间段的两趟车次的时间长度，见图 9 - 4。

MINUTE(D2)/60

	C	D	E	F	G	H
1	车次	初始时间	到达时间	用时（小时）	时段长度	平均等待时间
2	D8341	8:13	9:13	1	=(HOUR(D3)+MINUTE(D3)/60)-(HOUR(D2)	
3	D8451	10:06	11:06	1	+MINUTE(D2)/60)	

图 9 - 4

（5）同理可计算其他相邻时间段间两趟车次的时间长度，见图 9 - 5。

	A	B	C	D	E	F	G
1		里程(千米)	车次	初始时间	到达时间	用时（小时）	时段长度
2	南宁市-防城港市	144	D8341	8:13	9:13	1	1.88
3			D8451	10:06	11:06	1	1.22
4			D8345	11:19	12:19	1	3.45
5			D8347	14:46	15:46	1	1.40
6			D8493	16:10	17:10	1	1.52
7			D8351	17:41	18:41	1	2.82
8			D3747	20:30	21:30	1	

图 9 - 5

（6）使用公式 H2 = $F$9 + G2/（$B$9 * $B$10），计算 8：13 与 10：06 这一相邻时间段的两趟车次的平均等待时间，见图 9 - 6。

	A	B	C	D	E	F	G	H	I
1		里程(千米)	车次	初始时间	到达时间	用时（小时）	时段长度	平均等待时间	
2	南宁市-防城港市	144	D8341	8:13	9:13	1	1.88	= $F$9 + G2 /($B$9 * $B$10)	
3			D8451	10:06	11:06	1	1.22	1.09	
4			D8345	11:19	12:19	1	3.45	1.25	
5			D8347	14:46	15:46	1	1.40	1.10	
6			D8493	16:10	17:10	1	1.52	1.11	
7			D8351	17:41	18:41	1	2.82	1.20	
8			D3747	20:30	21:30	1			
9	k	2		平均旅行时间		1			
10	开行列车数	7							

图 9 – 6

（7）同理可计算其他相邻时间段间两趟车次的平均等待时间长度，见图 9 – 7。

	A	B	C	D	E	F	G	H
1		里程(千米)	车次	初始时间	到达时间	用时（小时）	时段长度	平均等待时间
2	南宁市-防城港市	144	D8341	8:13	9:13	1	1.88	1.13
3			D8451	10:06	11:06	1	1.22	1.09
4			D8345	11:19	12:19	1	3.45	1.25
5			D8347	14:46	15:46	1	1.40	1.10
6			D8493	16:10	17:10	1	1.52	1.11
7			D8351	17:41	18:41	1	2.82	1.20
8			D3747	20:30	21:30	1		
9	k	2		平均旅行时间			1	
10	开行列车数	7						

图 9 – 7

4. 结论

通过对北部湾城市群中城市的"轨道交通出行时间费用"进行计算，获得计算结果，由图 9 – 7 可知，南宁市至防城港市这一路段间，高铁这种轨道交通方式下的平均等待时间是不同的。其中，初始时间为 10：06 的 D8451 次列车的平均等待时间最短，如果只考虑平均等待时间这一因素的话，当天选择这一班次动车是最恰当的。

010 空间中心统计法公式

一、通式

1. 应用价值

通过运用"空间中心统计法"来计算有关分布问题的基本参数，描述地区差异程度总体空间特征，是刻画地区空间分布特征的方法之一。运用"加权平均中心坐标"进行研究，通过将空间对象的其他属性如经济指标、人口等属性信息作为权重，对其加权平均中心的结果进行比较，可以直观地表现区域整体差异。

2. 数据说明

（1）所需数据：选取地区的 GDP、人口、空间坐标等数据进行研究。

（2）数据获取途径：中国城市统计年鉴、相关地区的统计年鉴及各地区统计公报等。

3. 模型详解

平均中心坐标和加权平均中心坐标公式如下：

$$X_1 = \sum_{i-1}^{n} \frac{X_i}{n}, \ Y_1 = \sum_{i-1}^{n} \frac{Y_i}{n}$$

$$X_2 = \sum_{i-1}^{n} \frac{W_i X_i}{n}, \ Y_2 = \sum_{i-1}^{n} \frac{W_i Y_i}{n}$$

其中，n 为地区；X_i 和 Y_i 为 i 地区的空间坐标；W_i 为 i 地区的 GDP。X_2 和 Y_2 为加权后的中心坐标。在此，取各市 GDP 与各自平均值的相对数为权重；（x_1，y_1）为平均中心坐标；（x_2，y_2）为加权后的中心坐标。

4. 相关结论

读者可运用"空间中心统计法"进行分析，计算出所研究的权重因素影响下的平均中心坐标和加权后的中心坐标，识别该因素影响下的地理中心，有利于揭示所研究区域差异程度的总体空间特征，直观地表现所研究区域的整体差异性。

二、算例

1. 应用价值

在此，选取 2015 年北部湾城市群中南宁市、北海市等城市的相关数据，计算有关分布问题的基本参数，直观地表现地区差异程度总体空间特征。

2. 数据说明

（1）所需数据：选取 2015 年北部湾城市群中南宁市、北海市等城市的 GDP、空间坐标等数据。

（2）数据获取途径：2016 年广西统计年鉴。

3. 在 Excel 表中的具体步骤

（1）录入二维原始数据，即录入选取南宁市、北海市等城市的 GDP、空间坐标等数据，见图 10 - 1。

	A	B	C	D
1	城市	经度	纬度	GDP（万元）
2	南宁市	108.33	22.84	34100859
3	北海市	109.12	21.49	8920837
4	钦州市	108.61	21.96	9444242
5	玉林市	110.14	22.64	14461253
6	崇左市	107.37	22.42	6828231

图 10 - 1

（2）使用公式 B8 = COUNT(B2: B6)，计算所研究的城市数量，见图 10 - 2。

	A	B	C	D
1	城市	经度	纬度	GDP（万元）
2	南宁市	108.33	22.84	34100859
3	北海市	109.12	21.49	8920837
4	钦州市	108.61	21.96	9444242
5	玉林市	110.14	22.64	14461253
6	崇左市	107.37	22.42	6828231
7	总量			73755422
8	n	=COUNT(B2:B6)		
9	X_1	COUNT(value1, [value2], ...)		
10	Y_1			

图 10 - 2

（3）使用公式 D7 = SUM(D2: D6)，计算南宁市、北海市等城市的 GDP 总量，见图 10 - 3。

	A	B	C	D
1	城市	经度	纬度	GDP（万元）
2	南宁市	108.33	22.84	34100859
3	北海市	109.12	21.49	8920837
4	钦州市	108.61	21.96	9444242
5	玉林市	110.14	22.64	14461253
6	崇左市	107.37	22.42	6828231
7	总量			=SUM(D2:D6)

图 10 - 3

（4）使用公式 E2 = B2/$B$8，计算南宁市的 X_i，见图 10 - 4。

	A	B	C	D	E
1	城市	经度	纬度	GDP（万元）	X_i
2	南宁市	108.33	22.84	34100859	=B2/$B$8
3	北海市	109.12	21.49	8920837	21.824
4	钦州市	108.61	21.96	9444242	21.722
5	玉林市	110.14	22.64	14461253	22.028
6	崇左市	107.37	22.42	6828231	21.474
7	总量			73755422	
8	n	5			

图 10 - 4

（5）同理可计算北海市等城市的 X_i，见图 10 - 5。

图 10 – 5

（6）使用公式 E2 = C2/$B$8，计算南宁市的 Y_i，见图 10 – 6。

图 10 – 6

（7）同理可计算北海市等城市的 Y_i，见图 10 – 7。

图 10 – 7

（8）使用公式 B9 = SUM(E2:E6)，计算南宁市、北海市等城市的 X_1，见图 10 – 8。

图 10 – 8

（9）使用公式 B10 = SUM(F2:F6)，计算南宁市、北海市等城市的 Y_1，见图 10 – 9。

	A	B	C	D	E	F
1	城市	经度	纬度	GDP（万元）	Xi	Yi
2	南宁市	108.33	22.84	34100859	21.666	4.568
3	北海市	109.12	21.49	8920837	21.824	4.298
4	钦州市	108.61	21.96	9444242	21.722	4.392
5	玉林市	110.14	22.64	14461253	22.028	4.528
6	崇左市	107.37	22.42	6828231	21.474	4.484
7	总量			73755422		
8	n	5				
9	X₁	108.714				
10	Y₁	=SUM(F2:F6)				
11	X₂	SUM(**number1**, [number2], ...)				
12	Y₂	4.497187				

图 10 – 9

（10）使用公式 G2 = D2/$D$7，计算南宁市的 GDP 权重，见图 10 – 10。

	A	B	C	D	E	F	G
1	城市	经度	纬度	GDP（万元）	Xi	Yi	GDP权重
2	南宁市	108.33	22.84	34100859	21.666	0	=D2/$D$7
3	北海市	109.12	21.49	8920837	21.824	4.298	0.1209516
4	钦州市	108.61	21.96	9444242	21.722	4.392	0.1280481
5	玉林市	110.14	22.64	14461253	22.028	4.528	0.1960704
6	崇左市	107.37	22.42	6828231	21.474	4.484	0.0925794
7	总量			73755422			

图 10 – 10

（11）同理可计算北海市等城市的 GDP 权重，见图 10 – 11。

	A	B	C	D	E	F	G
1	城市	经度	纬度	GDP（万元）	Xi	Yi	GDP权重
2	南宁市	108.33	22.84	34100859	21.666	4.568	0.4623505
3	北海市	109.12	21.49	8920837	21.824	4.298	0.1209516
4	钦州市	108.61	21.96	9444242	21.722	4.392	0.1280481
5	玉林市	110.14	22.64	14461253	22.028	4.528	0.1960704
6	崇左市	107.37	22.42	6828231	21.474	4.484	=D6/$D$7
7	总量			73755422			

图 10 – 11

（12）使用公式 H2 = G2 * B2/$B$8，计算南宁市的 $W_i X_i$，见图 10 – 12。

	A	B	C	D	E	F	G	H	
1	城市	经度	纬度	GDP（万元）	Xi	Yi	GDP权重	WᵢXᵢ	WᵢY
2	南宁市	108.33	22.84	34100859	21.666	4.568	0.4623505	=G2*B2/$B$8	0.5
3	北海市	109.12	21.49	8920837	21.824	4.298	0.1209516	2.63965	0.5
4	钦州市	108.61	21.96	9444242	21.722	4.392	0.1280481	2.78146	0.5
5	玉林市	110.14	22.64	14461253	22.028	4.528	0.1960704	4.31904	0.4
6	崇左市	107.37	22.42	6828231	21.474	4.484	0.0925794	1.98805	0.4
7	总量			73755422					
8	n	5							

图 10 – 12

（13）同理可计算北海市等城市的 W_iX_i，见图 10-13。

	A	B	C	D	E	F	G	H
1	城市	经度	纬度	GDP（万元）	Xi	Yi	GDP权重	WiXi
2	南宁市	108.33	22.84	34100859	21.666	4.568	0.4623505	10.01728674
3	北海市	109.12	21.49	8920837	21.824	4.298	0.1209516	2.639647926
4	钦州市	108.61	21.96	9444242	21.722	4.392	0.1280481	2.781460931
5	玉林市	110.14	22.64	14461253	22.028	4.528	0.1960704	4.319038146
6	崇左市	107.37	22.42	6828231	21.474	4.484	0.0925794	1.988049536

图 10-13

（14）使用公式 B11 = SUM(H2: H6)，计算所选城市的 X_2，见图 10-14。

	A	B	C	D	E	F	G	H
1	城市	经度	纬度	GDP（万元）	Xi	Yi	GDP权重	WiXi
2	南宁市	108.33	22.84	34100859	21.666	4.568	0.4623505	10.0173
3	北海市	109.12	21.49	8920837	21.824	4.298	0.1209516	2.63965
4	钦州市	108.61	21.96	9444242	21.722	4.392	0.1280481	2.78146
5	玉林市	110.14	22.64	14461253	22.028	4.528	0.1960704	4.31904
6	崇左市	107.37	22.42	6828231	21.474	4.484	0.0925794	1.98805
7	总量			73755422				
8	n	5						
9	X₁	108.714						
10	Y₁	22.27						
11	X₂	=SUM(H2:H6)						

图 10-14

（15）使用公式 I2 = C2 * G2/ $B$8，计算南宁市的 W_iY_i，见图 10-15。

	B	C	D	E	F	G	H	I
1	经度	纬度	GDP（万元）	Xi	Yi	GDP权重	WiXi	WiYi
2	108.33	22.84	34100859	21.666	4.568	0.4623505	10.0173	=C2*G2/$B$8
3	109.12	21.49	8920837	21.824	4.298	0.1209516	2.63965	0.51985
4	108.61	21.96	9444242	21.722	4.392	0.1280481	2.78146	0.56239
5	110.14	22.64	14461253	22.028	4.528	0.1960704	4.31904	0.88781
6	107.37	22.42	6828231	21.474	4.484	0.0925794	1.98805	0.41513
7			73755422					
8	5							

图 10-15

（16）同理可计算北海市等城市的 W_iY_i，见图 10-16。

	B	C	D	E	F	G	H	I
1	经度	纬度	GDP（万元）	X_i	Y_i	GDP权重	W_iX_i	W_iY_i
2	108.33	22.84	34100859	21.666	4.568	0.4623505	10.0173	=C2*G2/$B$8
3	109.12	21.49	8920837	21.824	4.298	0.1209516	2.63965	0.51985
4	108.61	21.96	9444242	21.722	4.392	0.1280481	2.78146	0.56239
5	110.14	22.64	14461253	22.028	4.528	0.1960704	4.31904	0.88781
6	107.37	22.42	6828231	21.474	4.484	0.0925794	1.98805	0.41513
7			73755422					
8	5							

图 10 - 16

（17）使用公式 B12 = SUM(I2: I6)，计算所选城市的 Y_2，见图 10 - 17。

	A	B	C	D	E	F	G	H	I
1	城市	经度	纬度	GDP（万元）	X_i	Y_i	GDP权重	W_iX_i	W_iY_i
2	南宁市	108.33	22.84	34100859	21.666	4.568	0.4623505	10.0173	2.11202
3	北海市	109.12	21.49	8920837	21.824	4.298	0.1209516	2.63965	0.51985
4	钦州市	108.61	21.96	9444242	21.722	4.392	0.1280481	2.78146	0.56239
5	玉林市	110.14	22.64	14461253	22.028	4.528	0.1960704	4.31904	0.88781
6	崇左市	107.37	22.42	6828231	21.474	4.484	0.0925794	1.98805	0.41513
7	总量			73755422					
8	n	5							
9	X_1	108.714							
10	X_2	22.27							
11	Y_1	21.74548							
12	Y_2	=SUM(I2:I6)							

图 10 - 17

4. 结论

通过运用"空间中心统计法"，可以从整体上测度北部湾城市群中南宁市、北海市等城市在 GDP 因素影响下的平均中心坐标和加权后的中心坐标分别为（108.714，21.745）和（22.27，4.497），可以直观地表现该城市群的整体差异性。

011　隶属度公式

一、通式

1. 应用价值

通过构建"隶属度公式"可以获取所研究城市的经济联系强度。国内相关学者提出了绝对联系强度、相对联系强度和最大可能联系强度等概念，认为联系强度是用来衡量区域间经济联系程度的指标，既反映了经济中心对周围地区的辐射扩散与极化能力，也反映了周围地区对经济中心辐射潜能接受能力。

2. 数据说明

（1）所需数据：可以选取区域客流量、区域货运量、航空枢纽密度、人口数、GDP、产业等数据。

（2）数据获取途径：所研究区域相关年份的统计年鉴、《全国城镇体系规划》等。

3. 模型详解

隶属度是用来衡量区域间经济联系程度的指标，既反映了经济中心对周围地区的辐射扩散与极化能力，也反映了周围地区对经济中心辐射潜能接受能力。

$$F_{ij} = V_{ij} \Big/ \sum_{j=1}^{n} V_{ij}$$

其中，V_{ij} 为区域 i 到区域 j 所研究的相关因素占比量。

4. 相关结论

读者可通过计算"隶属度"获得计算结果，此公式被广泛利用以分析次级城市与中心城市间隶属关系，反映城市之间的联系。隶属度属于模糊综合评价里的概念，模糊综合评价是对受多种因素影响的事物做出全面评价的一种十分有效的多因素决策方法，其特点是评价结果不是绝对地肯定或否定，而是以一个模糊集合来表示。

二、算例

1. 应用价值

在此，选取 2017 年北部湾城市群中南宁市、防城港市等城市的公路货运量、水路货运量等相关数据，分析区域间隶属关系，反映区域之间的相互联系。

2. 数据说明

（1）所需数据：选取 2017 年北部湾城市群中南宁市、防城港市等城市的公路货运量、水路货运量数据。

（2）数据获取途径：2018 年的中国城市统计年鉴。

3. 在 Excel 表中的具体步骤

（1）录入二维原始数据，即录入 2017 年北部湾城市群中 9 个相关城市的公路货运量、水路货运量数据，见图 11 - 1。

	A	B	C
1	城市	公路货运量(万吨)	水运货运量(万吨)
2	南宁市	34299	3854
3	北海市	6674	1065
4	防城港市	4441	1724
5	钦州市	12510	2409
6	玉林市	24150	141
7	崇左市	4874	31
8	茂名市	14712	4298
9	阳江市	10658	682
10	海口市	10186	46

图 11 - 1

（2）使用公式 B11 = SUM(B2: C10)，计算公路和水路货运总量，见图 11 - 2。

图 11 - 2

（3）使用公式 D2 = B2/$B$11，计算南宁市的公路货运量占公路和水路货运总量比重，见图 11 - 3。

图 11 - 3

（4）同理可计算北海市、防城港市等城市的公路货运量占公路和水路货运总量比重，见图 11 - 4。

图 11 - 4

（5）使用公式 E2 = C2/$B$11，计算南宁市的水路货运量占公路和水路货运总量比重，见图 11-5。

	A	B	C	D	E
1	城市	公路货运量（万吨）	水路货运量（万吨）	公路货运量占比	水运货运量占比
2	南宁市	34299	3854	0.25080802	=C2/$B$11
3	北海市	6674	1065	0.04880296	0.007787706
4	防城港市	4441	1724	0.03247437	0.012606578
5	钦州市	12510	2409	0.091478129	0.017615572
6	玉林市	24150	141	0.176594469	0.001031048
7	崇左市	4874	31	0.035640639	0.000226684
8	茂名市	14712	4298	0.107580034	0.031428697
9	阳江市	10658	682	0.077935563	0.004987057
10	海口市	10186	46	0.07448411	0.00033637
11	总量	136754			

图 11-5

（6）同理可计算北海市、防城港市等城市的水路货运量占公路和水路货运总量比重，见图 11-6。

	A	B	C	D	E
1	城市	公路货运量（万吨）	水运货运量（万吨）	公路货运量占比	水运货运量占比
2	南宁市	34299	3854	0.250808	0.028182
3	北海市	6674	1065	0.048803	0.0077877
4	防城港市	4441	1724	0.032474	0.0126066
5	钦州市	12510	2409	0.091478	0.0176156
6	玉林市	24150	141	0.176594	0.001031
7	崇左市	4874	31	0.035641	0.0002267
8	茂名市	14712	4298	0.10758	0.0314287
9	阳江市	10658	682	0.077936	0.0049871
10	海口市	10186	46	0.074484	=C10/$B$11
11	总量	136754			

图 11-6

4. 结论

通过运用"隶属度公式"可以获取南宁市、北海市等地区的经济联系强度。在北部湾城市群中，南宁市的公路货运占比最高，茂名市的水运占比最高。该结论与该地区所处地理环境和经济发展水平密切相关。

012　枢纽度公式

一、通式

1. 应用价值

通过构建"枢纽度公式"，获取所研究区域或国家的经济规模和发展水平的相关数据，得到航空、铁路、公路等方式下的客运或货运流量。枢纽是国家或区域交通运输系统的重要组成部分，是不同运输方式的交通网络运输线路的交汇点，是由若干种运输方式所连接的固定设备和移动设备组成的整体。熟练掌握该公式，有利于分析相关因素影响下该区域或国家的中心性城市，有利于为促进经济社会发展、缩小地区间发展水平差距提供意见和建议。

2. 数据说明

（1）所需数据：选取区域客流量、区域货运量、航空枢纽密度、人口数、GDP、产业等数据。

（2）数据获取途径：所研究区域相关年份的统计年鉴、《全国城镇体系规划》等。

3. 模型详解

城市枢纽度公式为：

$$A_i = \frac{V_i}{(P_i \cdot G_i)}$$

其中，V_i 为城市相关因素的运输流量；A_i 为城市枢纽度；P_i 为城市常住人口；G_i 为第 i 个城市的地区生产总值。

4. 相关结论

读者可通过对"枢纽度"进行计算，获得计算结果，分析该因素影响下所研究区域或国家的中心性城市，反映所研究因素影响下的城市间相互作用关系。城市枢纽度值越大，表明该因素对所研究城市的影响程度越大；反之，枢纽度值越小，表明该因素对所研究城市的影响程度越小。并以此结合实际研究目标进行进一步分析。

二、算例

1. 应用价值

在此，选取 2017 年北部湾城市群中南宁市、防城港市等地区生产总值、年平均人口等相关数据，计算公共汽（电）车客运因素作用下的城市枢纽度，反映区域之间的相互联系。

2. 数据说明

（1）所需数据：选取 2017 年北部湾城市群中的地区生产总值、年平均人口（城市常住人口）、全年公共汽（电）车客运总量（万人次）的数据。

（2）数据获取途径：2018 年中国城市统计年鉴。

3. 在 Excel 表中的具体步骤

（1）录入二维原始数据，即录入北部湾城市群中南宁市、防城港市等地区生产总值、年平均人口、全年公共汽（电）车客运总量（万人次）的数据，见图 12 - 1。

（2）使用公式 E2 = D2/（B2 * C2），计算南宁市在所选取的北部湾城市中的城市枢纽度，见图 12 - 2。

（3）同理可计算北海市、防城港市等城市在所选取的北部湾城市中的城市枢纽度，见图 12 - 3。

	A	B	C	D
1	城市	地区生产总值（万元）	年平均人口（万人）	全年公共汽(电)车客运总量(万人次)
2	南宁市	80538106	1528	67954
3	北海市	24266020	356	4420
4	防城港市	13936370	198	2808
5	钦州市	25839294	826	3136
6	玉林市	32309142	1456	5250
7	崇左市	20329832	502	740
8	湛江市	60167856	1686	11132
9	茂名市	61843536	1614	5524
10	阳江市	27006298	596	8200
11	海口市	30210260	348	28514

图 12－1

	A	B	C	D	E
1	城市	地区生产总值（万元）	年平均人口（万人）	全年公共汽(电)车客运总量(万人次)	A_i
2	南宁市	80538106	1528	67954	=D2/(B2*C2)

图 12－2

	A	B	C	D	E
1	城市	地区生产总值（万元）	年平均人口（万人）	全年公共汽(电)车客运总量(万人次)	A_i
2	南宁市	80538106	1528	67954	0.0000005522
3	北海市	24266020	356	4420	0.0000005117
4	防城港市	13936370	198	2808	0.0000010176
5	钦州市	25839294	826	3136	0.0000001469
6	玉林市	32309142	1456	5250	0.0000001116
7	崇左市	20329832	502	740	0.0000000725
8	湛江市	60167856	1686	11132	0.0000001097
9	茂名市	61843536	1614	5524	0.0000000553
10	阳江市	27006298	596	8200	0.0000005095
11	海口市	30210260	348	28514	0.0000027122

图 12－3

4. 结论

通过对北部湾城市群中城市的“枢纽度”进行计算，北部湾城市群中城市的枢纽度相对较低，这些城市在 2017 年的发展水平相对较低。

013 克鲁格曼指数

一、通式

1. 应用价值

“克鲁格曼指数”用于分析所研究区域各城市相关产业部门从业人数与所有产业部门

的从业人数之间的关系，反映城市间的经济联系度。考虑到城市与城市之间的生产力水平、资本要素等影响因素的差异，运用克鲁格曼指数这一"产业—分工—体化指数"，表明区域之间产业分工与专业化程度。

2. 数据说明

（1）所需数据：选取城市非农业人口数、城市 GDP、各城市专业技术职称人数、固定资产投资额、第三产业产值、产业结构职能、区域间的最短时间距离、城市从业人员的人均 GDP 等数据进行分析。

（2）数据获取途径：相关地区统计年鉴、中国城市统计年鉴。

3. 模型详解

$$K_{ij} = \sum_{d=1}^{m} \left| \frac{R_{id}}{R_i} - \frac{R_{jd}}{R_j} \right|$$

其中，R_{id}、R_{jd} 分别为 i 和 j 城市 d 产业部门的从业人数；R_i、R_j 分别为 i 和 j 城市所有产业部门总人数；m 为产业个数。

4. 相关结论

读者可通过对"克鲁格曼指数"进行计算，获得计算结果，判断各地区之间的相关产业部门从业人数与所有产业部门的从业人数之间的关系。当克鲁格曼指数越大时，表明区域间的产业分工与专业化程度越高；反之，当该指数越小时，表明区域间的专业分工与专业化程度越高。该指数可以运用于许多研究领域，如研究空间布局、旅游、贸易和人口迁移等方面。

二、算例

1. 应用价值

在此，选取 2019 年北部湾城市群城市中的南宁市与玉林市这两个城市进行简单分析，具体考虑这两个城市的农、林、牧、渔业的法人单位和法人单位总数的数据，分析产业人口与产业个数之间的关系。

2. 数据说明

（1）所需数据：选取 2019 年北部湾城市群城市中的南宁市与玉林市的农、林、牧、渔业的法人单位和法人单位总数的数据。

（2）数据获取途径：2020 年广西统计年鉴。

3. 在 Excel 表中的具体步骤

（1）录入二维原始数据，即录入南宁市与玉林市的农、林、牧、渔业的法人单位数与法人单位总数的数据，见图 13 – 1。

	A	B	C
1	城市	农、林、牧、渔业的法人单位（个）	法人单位总数（个）
2	南宁市	9111	169547
3	玉林市	11348	55617

图 13 –1

（2）使用公式 D2 = B2/C2，计算南宁市的农、林、牧、渔业的法人单位数与法人单位总数的比值，见图13 – 2。

	A	B	C	D
1	城市	农、林、牧、渔业的法人单位（个）	法人单位总数（个）	R_{id}/R_i
2	南宁市	9111	169547	=B2/C2

图13 – 2

（3）同理可计算玉林市的农、林、牧、渔业的法人单位与法人单位总数的比值，见图13 – 3。

	A	B	C	D
1	城市	农、林、牧、渔业的法人单位（个）	法人单位总数（个）	R_{id}/R_i
2	南宁市	9111	169547	0.053737
3	玉林市	11348	55617	=B3/C3

图13 – 3

（4）使用公式 B4 = COUNT(B2)，即 m = 1。这里是为了简便举例，只考虑南宁市与玉林市这两个城市的农、林、牧、渔业的法人单位数与法人单位总数之间的关系，见图13 – 4。

	A	B
1	城市	农、林、牧、渔业的法人单位（个）
2	南宁市	9111
3	玉林市	11348
4	m	=COUNT(B2)

图13 – 4

（5）使用公式 B5 = ABS(D2 – D3)，计算南宁市与玉林市这两个城市的农、林、牧、渔业的法人单位数与法人单位总数之间的克鲁格曼指数，见图13 – 5。

	A	B	C	D
1	城市	农、林、牧、渔业的法人单位（个）	法人单位总数（个）	R_{id}/R_i
2	南宁市	9111	169547	0.053737
3	玉林市	11348	55617	0.204038
4	m	0		
5	k	=ABS(D2-D3)		

图13 – 5

4. 结论

通过对北部湾城市群中南宁市与玉林市这两个城市的农、林、牧、渔业的法人单位数与法人单位总数之间的"克鲁格曼指数"进行计算，获得计算结果，其值为 0. 1503（远远小于 1）。表明南宁市与玉林市在农、林、牧、渔业相关产业部门从业人数与所有产业部门的从业人数之间的产业分工与专业化程度较低，即两城市间的经济联系度较小。

014 复合人口公式

一、通式

1. 应用价值

通过运用"复合人口公式"计算各类学历人口所占比重，考虑复合人口这一概念，有利于为相关部门提供一定的数据支持，促进相关部门提高人口学历层次，促进经济高质量发展。

2. 数据说明

（1）所需数据：城市非农业人口数、城市 GDP、各城市专业技术职称人数、固定资产投资额、第三产业产值、产业结构职能、区域间的最短时间距离、城市从业人员的人均GDP 等数据。

（2）数据获取途径：相关地区统计年鉴、中国城市统计年鉴。

3. 模型详解

$$P = \sum_{v=1}^{n} r_v \times w_v$$

其中，P 为复合人口数；r_v 为 v 类学历的人数；n 为学历种类数；w_v 为 v 类学历的权重。采用变异系数法，并结合专家打分法和社会调查法给各类学历层次的人确定权重。

4. 相关结论

读者可通过计算"复合人口公式"获得结果，判断各类学历人口所占比重及其对社会经济发展贡献程度，也可以用该公式研究空间布局、旅游、贸易和人口迁移等，并以此结合实际研究目标进行进一步分析。

二、算例

1. 应用价值

在此，选取 2016 年南宁市各类受教育程度人口数量来计算复合人口数值。通过研究各类学历人口所占比重的不同，从而得到其对社会经济发展的贡献程度。

2. 数据说明

（1）所需数据：选取 2015 年北部湾城市群中南宁市的数据，这里采用变异系数法并结合专家打分法和社会调查法给各类学历层次的人确定权重：大学（指大专以上）文化教育人口为0.33、高中（含中职）文化教育人口0.23、初中文化教育人口0.21、小学文化教育人口0.13。

（2）数据获取途径：2016年广西统计年鉴。

3. 在 Excel 表中的具体步骤

（1）录入二维原始数据，即录入2015年南宁市的大学（指大专以上）文化教育人口数、高中（含中职）文化教育人口数、初中文化教育人口数、小学文化教育人口数及其占比，见图14-1。

	A	B	C	D	E
1	城市	大学（指大专以上）文化教育人口（万人）	高中（含中职）文化教育人口（万人）	初中文化教育人口（万人）	小学文化教育人口（万人）
2	南宁市	95.61	108.54	262.46	154.60
3	比重	0.33	0.23	0.21	0.13

图 14-1

（2）使用公式 B4 = B2 * B3，计算南宁市大学（指大专以上）文化教育人口比重，见图14-2。

	A	B
1	城市	大学（指大专以上）文化教育人口（万人）
2	南宁市	95.61
3	比重	0.33
4	P_i	=B2*B3

图 14-2

（3）同理可计算南宁市高中（含中职）文化教育人口比重、初中文化教育人口比重、小学文化教育人口占比，见图14-3。

	A	B	C	D	E
1	城市	大学（指大专以上）文化教育人口（万人）	高中（含中职）文化教育人口（万人）	初中文化教育人口（万人）	小学文化教育人口（万人）
2	南宁市	95.61	108.54	262.46	154.60
3	比重	0.33	0.23	0.21	0.13
4	P_i	31.5513	24.9642	55.1166	20.098

图 14-3

（4）使用公式 B5 = SUM(B4:E4)，计算南宁市的复合人口数，见图14-4。

	A	B	C	D	E
1	城市	大学（指大专以上）文化教育人口（万人）	高中（含中职）文化教育人口（万人）	初中文化教育人口（万人）	小学文化教育人口（万人）
2	南宁市	95.61	108.54	262.46	154.60
3	比重	0.33	0.23	0.21	0.13
4	Pᵢ	31.5513	24.9642	55.1166	20.098
5	P	=SUM(B4:E4)			
6		SUM(**number1**, [number2], ...)			

图 14 - 4

4. 结论

通过对北部湾城市群中南宁市的"复合人口"进行计算，获得计算结果，可知 2015 年南宁市的复合人口数为 131.73 万人，判断南宁市各类学历人口所占比重及其对社会经济发展贡献程度。

015　平均路径长度公式

一、通式

1. 应用价值

通过运用"平均路径长度公式"可以衡量所研究城市贸易的传输性能与效率，网络中两个节点之间的距离定义为连接这两个节点最短路径的边数。该公式对科学认识所研究区域的城市距离有着重要的应用价值。

2. 数据说明

（1）所需数据：通过网络度、强度、集聚系数、平均路径、社团模块度、中间中心度、紧密程度中心性和特征向量中心性指标对所研究产业的贸易格局进行研究。

（2）数据获取途径：百度地图、所研究区域相关年份的统计年鉴。

3. 模型详解

$$L = \frac{2}{n(n-1)} \sum_{i \geqslant j} d_{ij}$$

其中，L 为平均路径长度；n 为节点数；d_{ij} 为 i、j 两地的距离。

4. 相关结论

读者可通过"平均路径长度公式"的计算结果进行等级划分，对区域格局进行研究。现实世界中有许多复杂系统，研究"平均路径长度"，有利于了解拓扑结构对发生在网络中的动力学过程如传播动力学、网络同步、交通流以及节点等的研究，并以此结合实际研究目标进行进一步分析。

二、算例

1. 应用价值

在此，选取 2019 年北部湾城市群中的数据，选取南宁市到北海市、防城港市等城市的距离进行研究分析，得出所研究城市群的"平均路径长度"，反映了该城市群各城市的分离程度及整个城市群的空间分布，有利于提高对该城市群空间格局的认识。

2. 数据说明

（1）所需数据：选取 2019 年北部湾城市群中南宁市到北海市、防城港市等 5 个城市间距离的数据进行简单分析。

（2）数据获取途径：2020 年广西统计年鉴、百度地图。

3. 在 Excel 表中的具体步骤

（1）录入二维原始数据，即录入南宁市到北海市、防城港市等 5 个城市的距离数据，见图 15 – 1。

	A	B
1	城市	d_j 为第 j 个地区到南宁市的距离（千米）
2	南宁市—北海市	224
3	南宁市—防城港市	126
4	南宁市—钦州市	126
5	南宁市—玉林市	207
6	南宁市—崇左市	129

图 15 – 1

（2）使用公式 B7 = COUNT(B2: B6)，计算所研究的城市距离，见图 15 – 2。

	A	B
1	城市	d_j 为第 j 个地区到南宁市的距离（千米）
2	南宁市—北海市	224
3	南宁市—防城港市	126
4	南宁市—钦州市	126
5	南宁市—玉林市	207
6	南宁市—崇左市	129
7	n	=COUNT(B2:B6)
8	L	81.2
9		COUNT(值，...)

图 15 – 2

（3）使用公式 B8 = 2/(B7 ∗ (B7 − 1)) ∗ SUM(B2: B6)，计算所研究的平均路径长度，见图 15 – 3。

图 15－3

4. 结论

通过对 2019 年北部湾城市群中南宁市到北海市、防城港市、钦州市等 5 个城市的距离进行计算，得到平均路径长度值为 54.1333。同理可以计算北部湾城市群其他城市之间的平均路径长度，从而汇总分析该城市群与各城市之间的相互关系，提高对空间格局的认识。

016　破碎化度公式

一、通式

1. 应用价值

通过运用"破碎化度公式"可以获取所研究城市的蔓延程度。城市的破碎化是由于自然或人文因素的干扰所导致的景观由简单趋向于复杂的过程，即景观由单一、均质和连续的整体趋向于复杂、异质和不连续的斑块镶嵌体，包括穿孔、分割、破碎化、缩小、消失五种景观变化的空间过程。研究城市的破碎化度，对丰富所研究区域的城市景观破碎化程度的科学认识有着重要的应用价值。

2. 数据说明

（1）所需数据：选取建成区及周围乡镇边界线、空间图像叠加和属性统计（如面积、周长等），具体包括：气候、年平均气温、年平均降水量、中心城区内除建成区外的建设用地面积、建成区面积、人口、GDP 等数据。

（2）数据获取途径：所研究区域对应年份的统计年鉴和中国城市统计年鉴，美国陆地卫星 Land－sat TM 遥感影像资料以及 1981 年 1∶50000 地形图。

3. 模型详解

借鉴弗仑克尔等（Frenkel et al.）研究以色列城市蔓延问题时提出的蛙跳指数 LFI，提出破碎化度用以测度所研究城市的蔓延度，其计算公式为：

$$F = PF/UA$$

其中，F 为破碎化度；PF 为中心区除建成区外的建设用地面积；UA 为建成区面积。

4. 相关结论

读者可通过计算"破碎化度"获得结果，判断所研究区域（如某城市群）的蔓延程度，破碎化导致物种以异质种群方式存活，使得基于异质种群动态模拟破碎化动态成为可能，异质种群动态模型的发展为动态模拟奠定了良好基础，并以此结合实际研究目标进行进一步分析。

二、算例

1. 应用价值

在此，选取 2019 年北部湾城市群中南宁市、北海市等 5 个城市的建设用地面积、建成区面积数据作为例子计算这些城市的破碎化度，获取所研究城市的蔓延程度。

2. 数据说明

（1）所需数据：选取 2019 年北部湾城市群中南宁市、北海市等 5 个城市的建设用地面积、建成区面积。

（2）数据获取途径：2020 年广西统计年鉴。

3. 在 Excel 表中的具体步骤

（1）录入二维原始数据，即录入 2019 年北部湾城市群中的南宁市、北海市等 5 个城市的建设用地面积、建成区面积等数据，见图 16 - 1。

	A	B	C
1	城市	建设用地面积（平方千米）	建成区面积（平方千米）
2	南宁市	315.24	319.69
3	北海市	84.89	85.97
4	钦州市	89.99	90.51
5	防城港市	49.99	50.73
6	玉林市	71.95	76.50

图 16 - 1

（2）使用公式 D2 = B2/C2，计算南宁市的破碎化度，见图 16 - 2。

	A	B	C	D
1	城市	建设用地面积（平方千米）	建成区面积（平方千米）	F
2	南宁市	315.24	319.69	= B2 / C2

图 16 - 2

（3）同理可计算北海市、钦州市等城市的破碎化度，见图 16 - 3。

	A	B	C	D
1	城市	建设用地面积（平方千米）	建成区面积（平方千米）	F
2	南宁市	315.24	319.69	0.986080265
3	北海市	84.89	85.97	0.987437478
4	钦州市	89.99	90.51	0.994254778
5	防城港市	49.99	50.73	0.985412971
6	玉林市	71.95	76.50	0.940522876

图 16 - 3

4. 结论

通过对北部湾城市群中南宁市、北海市等 5 个城市的破碎化度，用以测度所研究北部湾城市群中南宁市、北海市等城市的蔓延度。由图 16 − 3 可知，钦州市的破碎化度值最大，数值为 0.9943，表明该城市高于北海市等其他 4 个城市的破碎化水平；而玉林市的破碎化度值最小，数值为 0.9405，表明该城市低于南宁市等其他 4 个城市的破碎化水平。

017 Zipf 曲线拟合度公式

一、通式

1. 应用价值

通过运用"Zipf 曲线拟合度公式"，可知在经济发展程度相对较高的国家或地区中，城市一体化下的城市规模分布状况。选择恰当的曲线类别对数据进行拟合观测，并以拟合得到的曲线方程分析两个变量之间的相关性。Zipf 曲线是一种理想情况下的分析，不具有普遍性，其对评价所研究区域的城市体系的城市规模分布有着重要的应用价值。

2. 数据说明

（1）所需数据：选取土地总面积、地区生产总值（GDP）、年末总人口、城市的位序等数据。

（2）数据获取途径：所研究区域相关年份的统计年鉴和城市统计年鉴。

3. 模型详解

$$P_r = \frac{P_1}{R}$$

其中，P_r 为城市 r 所研究的相关因素；P_1 为该因素影响下的最大城市；R 为以该因素数据衡量的城市位序。

4. 相关结论

读者通过"Zipf 曲线拟合度"可知，Zipf 曲线是位序 − 规模曲线斜率绝对值等于 1 的特殊情况，表示城镇体系严格按照位序 − 规模的规律进行分布，则斜率绝对值越接近 1，表示区域城镇体系的位序 − 规模分布越合理，空间结构成长越规整。有利于以客观判读其空间发育自组织演化程度。并以此结合实际研究目标进行进一步分析。

二、算例

1. 应用价值

在此，选取 2018 年北部湾城市群中南宁市、北海市等 10 个城市的年末总人口数量数据作为例子计算这些城市的 Zipf 曲线拟合度。

2. 数据说明

（1）所需数据：选取 2018 年北部湾城市群中相关城市年末总人口数量数据，这里研究的是北部湾城市群中各城市人口因素影响下的 Zipf 曲线的拟合度。该城市群以南宁市为 P_1（首位城市）进行研究，南宁市的城市位序为 1。

（2）数据获取途径：2019 年中国城市统计年鉴。

3. 在 Excel 表中的具体步骤

（1）录入二维原始数据，即录入 2019 年北部湾城市群中的南宁市、北海市等 10 个城市的年末总人口数量数据，见图 17 – 1。

	A	B
1	城市	年末总人口（万人）
2	南宁市	707.37
3	北海市	166.84
4	防城港市	91.24
5	钦州市	387.65
6	玉林市	674.59
7	崇左市	243.35
8	湛江市	777.77
9	茂名市	747.17
10	阳江市	282.81
11	海口市	160.43

图 17 – 1

（2）使用公式 C2 = $B$2/B2，计算南宁市的城市位序，见图 17 – 2。

	A	B	C
1	城市	年末总人口（万人）	城市位序
2	南宁市	707.37	=$B$2/B2

图 17 – 2

（3）使用公式 C3 = $B$2/B3，计算北海市的城市位序，见图 17 – 3。

	A	B	C
1	城市	年末总人口（万人）	城市位序
2	南宁市	707.37	1.00
3	北海市	166.84	=$B$2/B3

图 17 – 3

（4）同理可计算防城港市、钦州市等城市的城市位序，见图 17 – 4。

	A	B	C
1	城市	年末总人口（万人）	城市位序
2	南宁市	707.37	1.00
3	北海市	166.84	4.24
4	防城港市	91.24	7.75
5	钦州市	387.65	1.82
6	玉林市	674.59	1.05
7	崇左市	243.35	2.91
8	湛江市	777.77	0.91
9	茂名市	747.17	0.95
10	阳江市	282.81	2.50
11	海口市	160.43	4.41

图 17 – 4

4. 结论

通过对北部湾城市群中南宁市、北海市等 10 个城市的城市位序进行研究，其中南宁市为首位城市，其城市位序为 1。钦州市、玉林市、湛江市、茂名市等城市的城市位序值接近 1，表示这几个城市的位序 – 规模分布较为合理，空间结构也相对规整；反观北海市、防城港市等城市的位序值远离 1，表明其空间结构相对不规整。

018 断裂点模型

一、通式

1. 应用价值

"断裂点模型"研究城市发展过程中城市辐射范围内的空间格局及其演化。在投资决策中，断裂点可看作价格对需求的影响。在产品交易中，利用价格的断裂点曲线，可以计算最优定价，从而获取最大利润。"断裂点模型"对于研究城市发展过程中城市之间的吸引力有着重要的应用价值。

2. 数据说明

（1）所需数据：选取交通影响度、人口影响度、经济影响度、产业影响度、居民生活影响度等因素，例如考虑人口、从业人员、两地间距离与 GDP 等数据。

（2）数据获取途径：中国统计出版社出版的《中国城市统计年鉴》、中国地图出版社出版的《新编实用中国交通地图》的交通线距离和百度地图。

3. 模型详解

康维斯（P. D. Converse）在赖利（W. J. Reilly）零售引力模型的基础上，以城市规模作为衡量城市吸引力的标准，将两城市间的吸引力达到平衡的点定义为断裂点，提出断裂点理论，其计算公式如下：

$$D_a = \frac{d_{ab}}{1 + \sqrt{G_b/G_a}}$$

其中，D_a 为断裂点到核心城市 a 的距离；d_{ab} 为核心城市间的距离；G 为城市影响力。

4. 相关结论

读者可通过"断裂点模型"进行计算，获得计算结果，得到推论：两个核心城市的距离等于各城市到断裂点的距离；城市到断裂点的距离与城市的综合强度的平方成正比。即，断裂点理论是关于城市与区域相互作用，认为一个城市对周围地区的吸引力，与它的规模成正比，与距它的距离成反比。利用这一推论，将城镇综合辐射指数作为城镇辐射区模型的关键参数，并以此结合实际研究目标进行进一步分析。

二、算例

1. 应用价值

在此，以 2019 年北部湾城市群中南宁市与北海市作为例子进行分析，选取 GDP、两地间距离数据。用两城市的 GDP 来表示两个城市的影响力，以南宁市为核心城市，考虑南宁市与北海市的距离，从而构建"断裂点模型"，研究北部湾城市群中所研究的相关城市发展过程中城市辐射范围内的空间格局及其演化。

2. 数据说明

（1）所需数据：选取 2019 年北部湾城市群中的 GDP、两地间距离数据。

（2）数据获取途径：2020 年广西统计年鉴、百度地图。

3. 在 Excel 表中的具体步骤

（1）录入二维原始数据，即录入 2019 年北部湾城市群中的南宁市与北海市 GDP、两地间距离数据，见图 18 – 1。

	A	B
1	城市	GDP（亿元）
2	南宁市	4726.34
3	北海市	1276.91
4	距离（千米）	228

图 18 – 1

（2）使用公式 C2 = B4/(1 + SQRT(B3/B2))，计算南宁市与北海市两地的腹地分裂点距离，见图 18 – 2。

	A	B	C	D
1	城市	GDP（亿元）	Da	
2	南宁市	4726.34	=B4/(1+SQRT(B3/B2))	
3	北海市	1276.91		
4	距离（千米）	228		

图 18 – 2

4. 结论

通过对北部湾城市群中南宁市与北海市这两个城市间的腹地分裂点距离进行分析，从而构建"断裂点模型"，计算可知两地间腹地分裂点距离为 150.02 千米，为分析两城市间经济发展水平与政策制定提供建议。

019　位序规模理论公式

一、通式

1. 应用价值

通过构建"位序规模理论公式"，运用分形方法检验城市规模及其位序之间的关系，分析所研究国家或区域的规模分布状况。通过该公式，分析位序规模分布与差异化发展与各区域的经济发展水平之间存在因果联系。

2. 数据说明

（1）所需数据：城镇人口、城市的位序、城镇化率、人口规模、行政区划、城市群范围等数据。

（2）数据获取途径：所研究区域相关年份的统计年鉴、统计公报和中国区域经济统计年鉴。

3. 模型详解

$$P = K \times R^{-q}$$

对应的对数形式为：

$$\ln P_i = \ln P_1 - q \ln R_i$$

其中，P_i 为第 i 个城市的城镇人口数；P_1 为人口最大城市的城镇人口数；R_i 为 i 城市的位序；q 是常数。

4. 相关结论

读者可通过将"位序规模理论"中"常数 q"进行等级划分，当 $q > 1$ 时，表示一个国家或地区的城市规模分布在某一个时间截面上是趋于集中（较高位序的城市相对发展完善，而中小城市发展相对落后），首位城市具有垄断性；当 $q = 1$ 时，是一种理想情况；当 $q < 1$ 时，表示一个国家或地区的城市规模分布在某一个时间截面上是趋于分散的，处于较高位次城市不明显，中间位序的城市较多。以此结合实际研究目标进行进一步分析。

二、算例

1. 应用价值

在此，选取 2019 年北部湾城市群中南宁市、防城港市等城市的城镇人口数据，得到常数 q，表示城镇规模集中分散状况，对所研究区域的城镇体系结构特征进行检验有着重要的应用价值。

2. 数据说明

（1）所需数据：选取 2019 年北部湾城市群中南宁市、防城港市等城市的城镇人口数据，其中按照人口数量进行位序排序，南宁市在所研究城市中人口数最多，则定义南宁市为所研究城市中的首位城市。

（2）数据获取途径：2020 年广西统计年鉴。

3. 在 Excel 表中的具体步骤

（1）录入二维原始数据，即录入南宁市、防城港市等城市的城镇人口（P_i）数据，见图 19 –1。

	B	C
	城市	城镇人口P_i（万人）
1		
2	南宁市	353.11
3	钦州市	83.5
4	北海市	58.94
5	防城港市	39.73

图 19 –1

（2）选中"城镇人口"数据，单击右键，选中"排序"中的"降序"，按照"扩展选定区域"进行降序排序，从而表明城市的位序，即南宁市为首位城市，见图 19 –2。

	B	C
	城市	城镇人口P_i（万人）
1		
2	南宁市	353.11
3	钦州市	83.5
4	北海市	58.94
5	防城港市	39.73

图 19 –2

（3）使用公式 A2 = ROW( ) –1，计算南宁市的位序（R_i），见图 19 –3。

	A	B	C
	位序R_i	城市	城镇人口P_i（万人）
1			
2	=ROW( )-1		353.11
3	ROW([reference])		83.5
4		北海市	58.94
5	4	防城港市	39.73

图 19 –3

（4）同理可计算钦州市、北海市、防城港市的城市位序（R_i），见图 19 –4。

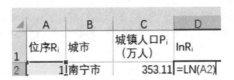

图 19 – 4

（5）使用公式 D2 = ln(A2)，计算南宁市的 $\ln R_i$，见图 19 – 5。

图 19 – 5

（6）同理可计算钦州市、北海市、防城港市的 $\ln R_i$，见图 19 – 6。

图 19 – 6

（7）同理可计算南宁市、钦州市等四个城市的 $\ln P_i$，其中 $\ln P_1 = 5.86678$，见图 19 – 7。

图 19 – 7

（8）使用公式 F3 = (\$E \$2 – E3)/D3，计算钦州市的 q，见图 19 – 8。

（9）同理可计算北海市、防城港市的 q，见图 19 – 9。

	A	B	C	D	E	F	
1	位序Rᵢ	城市	城镇人口Pᵢ（万人）	lnRᵢ	lnPᵢ	q	
2	1	南宁市	353.11	0	5.86677962	/	
3	2	钦州市	83.5	0.693147181	4.42484663	=($E$2-E3)/D3	

图 19-8

	A	B	C	D	E	F
1	位序Rᵢ	城市	城镇人口Pᵢ（万人）	lnRᵢ	lnPᵢ	q
2	1	南宁市	353.11	0	5.86677962	/
3	2	钦州市	83.5	0.693147181	4.42484663	2.08027
4	3	北海市	58.94	1.098612289	4.07651998	1.62956
5	4	防城港市	39.73	1.386294361	3.68210657	1.57591

图 19-9

4. 结论

通过对北部湾城市群中南宁市、钦州市等城市的位序进行分析，将"分形方法"中"常数 q"进行等级划分。可知所研究的钦州市、北海市和防城港市的 q 值均大于 1，表明作为首位城市的南宁市相较于其他三个城市具有垄断性。

020 空间基尼系数公式

一、通式

1. 应用价值

空间基尼系数是指包含若干个小区域的大区域的某个产业集聚（不均衡）程度的测量指标，研究的是一个总体，可以衡量所研究城市群的空间集聚程度。空间基尼系数可广泛用于测算行业的集聚程度，该指标能较好地反映某个产业在整个地区分布的均匀程度，对所研究区域空间特征的测量有着重要的应用价值。

2. 数据说明

（1）所需数据：选取人口密度、GDP 增长率、国际贸易总额（进、出口总额）、人均耕地资源、城镇化率、夜间灯光指数等数据，根据不同研究对象应选取不同属性值进行分析。

（2）数据获取途径：所研究区域相关年份的统计年鉴以及中国工业企业数据库。

3. 模型详解

$$G_i = \sum_{j=1}^{r} \left(x_j - s_{ij} \right)^2$$

其中，x_j 为地区 j 的产值占所研究区域总产值的比重；s_{ij} 为地区 j 产业 i 的产值占所研究区域产业 i 总产值的比重；G_i 为所研究区域产业 i 的空间基尼系数；$0 \leq G_i \leq 1$，其值越大表明产业 i 在所研究区域内的分布越集中。

4. 相关结论

读者通过"空间基尼系数 G"可知，在此公式中，G 的值在 0 和 1 之间，若 G 的值越接近 0，那么该地区的产业分布越均衡，若 G 的值越接近 1，则产业集聚程度越强，以此结合实际研究目标进行进一步分析。

二、算例

1. 应用价值

在此，选取 2019 年北部湾城市群中南宁市、玉林市等城市的粮食作物产量和粮食作物中稻谷产量数据，研究北部湾城市群中这些城市的产业聚集水平，对所研究区域空间特征的测量有着重要的应用价值。

2. 数据说明

（1）所需数据：选取 2019 年北部湾城市群城市中的南宁市、玉林市等城市的粮食作物总产量、稻谷产量数据。

（2）数据获取途径：2020 年广西统计年鉴。

3. 在 Excel 表中的具体步骤

（1）录入二维原始数据，即录入南宁市、玉林市等城市的粮食作物总产量、稻谷产量数据，见图 20 - 1。

	A	B	C
1	城市	粮食作物（万吨）	稻谷（万吨）
2	南宁市	205.46	143.64
3	玉林市	158.64	139.44
4	北海市	30.05	21.11
5	钦州市	90.28	76.35

图 20 - 1

（2）使用公式 B6 = SUM(B2: B5)，计算 4 个城市的粮食作物总量，见图 20 - 2。

	A	B
1	城市	粮食作物（万吨）
2	南宁市	205.46
3	玉林市	158.64
4	北海市	30.05
5	钦州市	90.28
6	总量	=SUM(B2:B5)

图 20 - 2

（3）同理可计算 4 个城市的稻谷总产量，见图 20-3。

	A	B	C
1	城市	粮食作物（万吨）	稻谷（万吨）
2	南宁市	205.46	143.64
3	玉林市	158.64	139.44
4	北海市	30.05	21.11
5	钦州市	90.28	76.35
6	总量	484.43	=SUM(C2:C5)

图 20-3

（4）使用公式 D2 = B2/B$6，计算南宁市的粮食作物产量在所研究城市总产量中的占比，见图 20-4。

	A	B	C	D
1	城市	粮食作物（万吨）	稻谷（万吨）	x_i
2	南宁市	205.46	143.64	=B2/B$6
3	玉林市	158.64	139.44	
4	北海市	30.05	21.11	0.06203
5	钦州市	90.28	76.35	0.18636
6	总量	484.43	380.54	

图 20-4

（5）同理可计算玉林市等 3 个城市的粮食作物产量在所研究城市粮食作物总产量中的占比，见图 20-5。

	A	B	C	D
3	玉林市	158.64	139.44	0.32748
4	北海市	30.05	21.11	0.06203
5	钦州市	90.28	76.35	0.18636
6	总量	484.43	380.54	

图 20-5

（6）使用公式 E2 = C2/C$6，计算南宁市的稻谷产量在所研究城市稻谷总产量中的占比，见图 20-6。

	A	B	C	D	E
1	城市	粮食作物（万吨）	稻谷（万吨）	x_i	s_{ij}
2	南宁市	205.46	143.64	0.42413	=C2/C$6
3	玉林市	158.64	139.44	0.32748	
4	北海市	30.05	21.11	0.06203	0.05547
5	钦州市	90.28	76.35	0.18636	0.20064
6	总量	484.43	380.54		

图 20-6

（7）同理可计算玉林市、北海市的稻谷产量在所研究城市稻谷总产量中的占比，见图 20 - 7。

	A	B	C	D	E
1	城市	粮食作物（万吨）	稻谷（万吨）	x_{ij}	s_{ij}
2	南宁市	205.46	143.64	0.42413	0.37746
3	玉林市	158.64	139.44	0.32748	0.36643
4	北海市	30.05	21.11	0.06203	0.05547
5	钦州市	90.28	76.35	0.18636	0.20064

图 20 - 7

（8）使用公式 F2 = POWER(D2 - E2, 2)，计算南宁市的粮食作物产量在所研究城市总产量中的占比与稻谷产量在所研究城市稻谷总产量中的占比差的平方，见图 20 - 8。

	A	B	C	D	E	F	G	H
1	城市	粮食作物（万吨）	稻谷（万吨）	x_{ij}	s_{ij}	$(x_{ij}-s_{ij})^2$		
2	南宁市	205.46	143.64	0.42413	0.37746	=POWER(D2-E2,2)		
3	玉林市	158.64	139.44	0.32748	0.36643			
4	北海市	30.05	21.11	0.06203	0.05547	POWER(number, **power**)		

图 20 - 8

（9）同理可计算玉林市、北海市的占比差的平方，见图 20 - 9。

	A	B	C	D	E	F
1	城市	粮食作物（万吨）	稻谷（万吨）	x_{ij}	s_{ij}	$(x_{ij}-s_{ij})^2$
2	南宁市	205.46	143.64	0.42413	0.37746	0.00218
3	玉林市	158.64	139.44	0.32748	0.36643	0.00152
4	北海市	30.05	21.11	0.06203	0.05547	0.00004
5	钦州市	90.28	76.35	0.18636	0.20064	0.00020

图 20 - 9

（10）使用公式 B7 = SUM(F2: F5)，计算南宁市、玉林市等城市的空间基尼系数为 0.00394，见图 20 - 10。

	A	B	C	D	E	F
1	城市	粮食作物（万吨）	稻谷（万吨）	x_{ij}	s_{ij}	$(x_{ij}-s_{ij})^2$
2	南宁市	205.46	143.64	0.42413	0.37746	0.00218
3	玉林市	158.64	139.44	0.32748	0.36643	0.00152
4	北海市	30.05	21.11	0.06203	0.05547	0.00004
5	钦州市	90.28	76.35	0.18636	0.20064	0.00020
6	总量	484.43	380.54			
7	G_i	0.00394				

图 20 - 10

4. 结论

北部湾城市群中南宁市、玉林市等城市的空间基尼系数值为 0.00394，其值相对较小，表明这些城市中稻谷在所有粮食作物中产量的分布相对较为分散。

021 赫芬达尔系数公式

一、通式

1. 应用价值

通过运用"赫芬达尔系数公式"，可以获取所研究地区或国家相关产业的产业转型升级方向、速度，进而得出该地区的产业转型升级整体变化趋势、主导产业以及三次产业发展状况。在经济发展"新常态"下，通过测度城市群产业转型升级水平，探讨影响产业转型升级的因素，对区域经济发展具有重要现实意义。

2. 数据说明

（1）所需数据：所研究区域各城市三次产业产值，工业细分行业的产值等。

（2）数据获取途径：所研究区域相关年份的统计年鉴以及中国工业企业数据库。

3. 模型详解

$$H_i = \sum_{k=1}^{N} z_k^2$$

其中，z_k 为所研究区域内 i 行业中第 k 个城市的产值占所研究区域内 i 行业总产值的比重；H_i 为赫芬达尔系数，反映城市中 i 行业的总体规模；H_i 值越大，表明城市中 i 行业中的规模越大，越有可能出现垄断的情况。

4. 相关结论

读者通过"赫芬达尔系数 H_i"可知，H_i 反映城市中 i 行业的总体规模；H_i 值越大，表明城市中 i 行业的规模越大，越有可能出现垄断的情况，并以此结合实际研究目标进行进一步分析。

二、算例

1. 应用价值

在此，选取 2019 年北部湾城市群中南宁市、玉林市等城市的稻谷产量数据，研究北部湾城市群中这些城市的产业规模水平，有助于为北部湾城市群经济增长提供建议与对策。

2. 数据说明

（1）所需数据：选取 2019 年北部湾城市群中南宁市、玉林市等城市的稻谷产量数据。

（2）数据获取途径：2020 年广西统计年鉴。

3. 在 Excel 表中的具体步骤

（1）录入二维原始数据，即录入南宁市、玉林市等城市的稻谷产量数据，见图 21-1。

图 21-1

（2）使用公式 B6 = SUM(B2:B5)，计算所研究 4 个城市的稻谷总量，见图 21-2。

图 21-2

（3）使用公式 C2 = POWER(B2/$B$6,2)，计算所研究区域内稻谷行业中南宁市稻谷的产值占所研究区域内稻谷总产值的比重，见图 21-3。

图 21-3

（4）同理可计算所研究区域内稻谷行业中玉林市、北海市等占所研究区域内稻谷总产值的比重，见图 21-4。

图 21-4

（5）使用公式 B7 = SUM(C2:C6)，计算所研究区域的赫芬达尔系数，见图 21 - 5。

	A	B	C
1	城市	稻谷 (万吨)	Z_k^2
2	南宁市	143.64	0.14248
3	玉林市	139.44	0.13427
4	北海市	21.11	0.00308
5	钦州市	76.35	0.04025
6	总量	380.54	
7	H_i	0.320079	

图 21 - 5

4. 结论

通过计算可以得到北部湾城市群中南宁市、玉林市等的赫芬达尔系数为 0.32，表明这些城市稻谷的产业规模水平相对较低，垄断性不强。

区域发展动态
变化联系类

022　平均增长指数公式

一、通式

1. 应用价值

通过运用"平均增长指数公式"，对比某经济指标不同时期的增长速度。该公式表示在一定期限内所研究的经济指标的动态变动情况，将两个不同时间点的数据转化到一个比例数中，以此对比该经济指标的发展变化方向与程度，分析经济发展的客观规律。

2. 数据说明

（1）所需数据：可以选取人口密度、国民生产总值（GDP）、国际贸易总额（进、出口总额）、人均耕地资源、电信基础设施等数据进行研究。

（2）数据获取途径：相关区域的相关年份的统计年鉴。

3. 模型详解

$$S = (X_{t2} - X_{t1})/X_{t1}(t_2 - t_1) \times 100$$

其中，S 为相关地区人均收入的平均增长指数；X_{t2}、X_{t1} 为 t_2 和 t_1 时的人均纯收入。

4. 相关结论

读者可通过"平均增长指数"进行计算，获得结果，说明所研究因素在一定时期内的累积增长水平。该公式可用来分析变量时间序列的逐期增减量状况，当逐期增量差距较大时，此时时间序列的变化幅度相对较大，那么计算得到的估计值与实际值的误差相对较大，公式的准确性也相对较低。并以此结合实际研究目标进行进一步分析。

二、算例

1. 应用价值

在此，选取 2016 年和 2017 年北部湾城市群电信业务收入数据作为例子计算平均增长指数，研究北部湾城市群中各城市在一定时期内电信业务平均每期增长的数量。

2. 数据说明

（1）所需数据：2016 年和 2017 年北部湾城市群中的电信业务收入数据。

（2）数据获取途径：2017 年和 2018 年中国城市统计年鉴。

3. 在 Excel 表中的具体步骤

（1）录入二维原始数据，即录入 2016～2017 年北部湾城市群中 11 个相关城市的电信业务水平数据，见图 22 - 1。

图 22 - 1

（2）使用公式 B13 = 2017 - 2016，计算 $t_2 - t_1$，因为数据选取的是 2016 ~ 2017 年的数据，故 $t_2 - t_1$ 等于 1 年，见图 22 - 2。

图 22 - 2

（3）使用公式 D2 = (B2 - C2)/C2 * \$B\$13 * 100，计算南宁市电信业务的平均增长指数，见图 22 - 3。

	A	B	C	D	
1	城市	2017年电信业务收入(万元)	2016年电信业务收入(万元)	S(%)	
2	南宁市	914377	877048	=(B2-C2)/C2*$B$13*100	
3	北海市	156658	334763	-53	
4	防城港市	84395	85078	-1	
5	钦州市	176386	172989	2	
6	玉林市	310037	300378	3	
7	崇左市	135735	133380	2	
8	湛江市	487000	475757	2	
9	茂名市	355334	446272	-20	
10	阳江市	193658	194365	0	
11	海口市	395606	385946	3	
12	儋州市	68950	74800	-8	
13	t_2-t_1（年）	1			

图 22 - 3

（4）同理可计算北海市、防城港市、钦州市等城市电信业务的平均增长指数，见图 22 - 4。

	A	B	C	D
1	城市	2017年电信业务收入(万元)	2016年电信业务收入(万元)	S(%)
2	南宁市	914377	877048	4
3	北海市	156658	334763	-53
4	防城港市	84395	85078	-1
5	钦州市	176386	172989	2
6	玉林市	310037	300378	3
7	崇左市	135735	133380	2
8	湛江市	487000	475757	2
9	茂名市	355334	446272	-20
10	阳江市	193658	194365	0
11	海口市	395606	385946	3
12	儋州市	68950	74800	-8
13	$t_2 - t_1$（年）	1		

图 22－4

4. 结论

通过对北部湾城市群中南宁市、北海市等 11 个城市的电信业务平均增长指数的研究，北海市、茂名市和儋州市的增长指数分别为 -53、-20 和 -8，均小于 0，表示这些城市在 2016～2017 年为负向增长，其他 8 个城市的增长指数均大于 0，表示 2016～2017 年为正向增长，有利于分析研究电信业务发展变化规律。

023 经济联系度公式

一、通式

1. 应用价值

通过运用"经济联系度公式"，可以刻画所研究区域的城市群城市间经济联系强度，反映该区域城市群城市网络的发育情况。城市经济联系度可以用来衡量城市间经济联系程度大小，既能反映中心城市对周边城市的经济辐射力，又能反映周边城市对中心城市辐射力的接受程度。

2. 数据说明

（1）所需数据：选取人口密度、GDP 增长率、国际贸易总额（进、出口总额）、人均耕地资源、城镇化率、两城市间最短交通距离等数据。

（2）数据获取途径：相应年份的所研究区域的统计年鉴、相应县市的《中国人口普查分县资料》、所研究区域住房和城乡建设厅发布的相关区域的城镇化发展报告、百度地图测距功能。

3. 模型详解

利用分形方法对所研究区域的城镇体系结构特征进行检验，计算公式如下：

$$R_{ij} = (\sqrt{P_i G_i} \times \sqrt{P_j G_j}) / D_{ij}^2$$

其中，R_{ij} 为两城市经济联系度；P_i 和 P_j 为人口；G_i 和 G_j 为 i、j 城市 GDP；D_{ij} 为两城市最短交通距离。

4. 相关结论

读者可通过"经济联系度"进行分析，可知经济联系度与所研究城市的人口、GDP 均成正比，与两城市最短交通距离成反比。该公式运用于许多研究领域，在研究空间布局、旅游、贸易和人口迁移等方面取得了很多有益的研究成果。并以此结合实际研究目标进行进一步分析。

二、算例

1. 应用价值

在此，选取 2019 年北部湾城市群中的南宁市与北海市作为例子进行分析，依据 GDP、户籍人口数据计算两城市间的经济联系度，研究北部湾城市群中城市间的经济辐射力。

2. 数据说明

（1）所需数据：2019 年北部湾城市群的 GDP、户籍人口数据。

（2）数据获取途径：2020 年广西统计年鉴、百度地图。

3. 在 Excel 表中的具体步骤

（1）录入二维原始数据，即录入 2019 年北部湾城市群中南宁市与北海市作为例子进行分析，见图 23 - 1。

	A	B	C
1	城市	GDP（亿元）	户籍人口（万人）
2	南宁市	4726.34	781.97
3	北海市	1276.91	180.21
4	距离（千米）	228.00	

图 23 - 1

（2）使用公式 D2 = B2 * C2，计算南宁市的 P * G，见图 23 - 2。

	A	B	C	D
1	城市	GDP（亿元）	户籍人口（万人）	P*G
2	南宁市	4726.34	781.97	=B2*C2

图 23 - 2

（3）同理可计算北海市的 P * G，见图 23 - 3。

	A	B	C	D
1	城市	GDP（亿元）	户籍人口（万人）	P*G
2	南宁市	4726.34	781.97	3695856
3	北海市	1276.91	180.21	=B3*C3

图 23 – 3

（4）使用公式 B5 = POWER(B4,2)，计算 D_{ij}^2，见图 23 – 4。

	A	B	C
1	城市	GDP（亿元）	户籍人口（万人）
2	南宁市	4726.34	781.97
3	北海市	1276.91	180.21
4	距离（千米）	228.00	
5	D_{ij}^2	=POWER(B4,2)	
6	R	POWER(number, **power**)	
7			

图 23 – 4

（5）使用公式 B6 = (SQRT(D2) * SQRT(D3))/B5，计算南宁市与北海市这两个城市间的经济联系度，见图 23 – 5。

	A	B	C	D
1	城市	GDP（亿元）	户籍人口（万人）	P*G
2	南宁市	4726.34	781.97	3695856
3	北海市	1276.91	180.21	230112
4	距离（千米）	228.00		
5	D_{ij}^2	51984		
6	R	17.74		

图 23 – 5

4. 结论

通过计算北部湾城市群中南宁市与北海市这两个城市间的经济联系度，这两个城市间的经济联系度为 17.74，反映两城市的经济辐射力较大，为分析两城市间经济发展水平与政策制定提供建议。

024　引力模型

一、通式

1. 应用价值

通过运用"引力模型"，可对双边贸易流量的决定因素进行实证分析，依据研究侧重点的不同，设置相应的解释变量，分析其影响力的方向与大小，并对贸易潜力进行测算。同时，该模型可以刻画所研究区域城市群的城市间经济联系强度，反映该区域城市群城市网络的发育情况。

2. 数据说明

（1）所需数据：选取市辖区非农业人口数、市辖区 GDP、两城市间最短交通距离等数据。

（2）数据获取途径：相应年份所研究区域的统计年鉴、《中国人口普查分县资料》、住房和城乡建设厅发布的相关区域的城镇化发展报告、百度地图测距功能。

3. 模型详解

引力模型计算公式如下：

$$R_{ij} = \left(\sqrt{P_i G_i} \times \sqrt{P_j G_j} \right) / D_{ij}^2$$

$$F_{ij} = R_{ij} / \sum_{i=1}^{n} R_{ij}$$

其中，R_{ij} 为两城市经济联系度；F_{ij} 为两城市经济强度占总区域经济强度综合的比重，即经济联系隶属度；P_i 和 P_j 为非农人口数；G_i 和 G_j 为 i、j 城市 GDP；D_{ij} 为两城市最短交通距离。

4. 相关结论

读者可通过对引力模型中参数和分量的定义作出适当的改变，就可将引力模型应用于不同的问题。研究人员可以从基本模型着手，估计其参数。引力模型是应用广泛的空间相互作用模型，它是用来分析和预测空间相互作用形式的数学方程，已被不断拓展，运用于许多研究领域，如研究空间布局、旅游、贸易和人口迁移等方面取得了很多有益的研究成果。

二、算例

1. 应用价值

在此，选取 2019 年北部湾城市群中南宁市与北海市作为例子进行分析，考虑 GDP、户籍人口数据计算两城市间的经济联系隶属度。这里为了简便只考虑一组城市间的数据进行分析。

2. 数据说明

（1）所需数据：选取 2019 年北部湾城市群中的 GDP、户籍人口数据。

（2）数据获取途径：2020 年广西统计年鉴、百度地图。

3. 在 Excel 表中的具体步骤

（1）录入二维原始数据，即录入 2019 年北部湾城市群中南宁市与北海市的 GDP 总量、户籍人口和城市间距离，见图 24 - 1。

	A	B	C
1	城市	GDP（亿元）	户籍人口（万人）
2	南宁市	4726.34	781.97
3	北海市	1276.91	180.21
4	距离（千米）	228.00	

图 24 - 1

（2）使用公式 D2 = B2 * C2，计算南宁市的 P * G，见图 24 - 2。

	A	B	C	D
1	城市	GDP（亿元）	户籍人口（万人）	P*G
2	南宁市	4726.34	781.97	=B2*C2

图 24 - 2

（3）同理可计算北海市的 P * G，见图 24 - 3。

	A	B	C	D
1	城市	GDP（亿元）	户籍人口（万人）	P*G
2	南宁市	4726.34	781.97	3695856
3	北海市	1276.91	180.21	=B3*C3

图 24 - 3

（4）使用公式 B5 = POWER(B4, 2)，计算 D_{ij}^2，见图 24 - 4。

	A	B	C
1	城市	GDP（亿元）	户籍人口（万人）
2	南宁市	4726.34	781.97
3	北海市	1276.91	180.21
4	距离（千米）	228.00	
5	D_{ij}^2	=POWER(B4,2)	
6	R	POWER(number, **power**)	

图 24 - 4

（5）使用公式 B6 = (SQRT(D2) * SQRT(D3))/B5，计算南宁市与北海市这两个城市间的经济联系度，见图 24 - 5。

	A	B	C	D
1	城市	GDP（亿元）	户籍人口（万人）	P*G
2	南宁市	4726.34	781.97	3695856.09
3	北海市	1276.91	180.21	230111.95
4	距离（千米）	228.00		
5	D_{ij}^2	51984		
6	R	=(SQRT(D2)*SQRT(D3))/B5		
7	F_{ij}			
8		SQRT(**number**)		

图 24 - 5

（6）使用公式 B7 = B6/SUM(B6)，计算南宁市与北海市这两个城市间在所研究的城市群中的经济联系隶属度，见图 24 – 6。

▲	A	B	C	D
1	城市	GDP（亿元）	户籍人口（万人）	P*G
2	南宁市	4726.34	781.97	3695856.09
3	北海市	1276.91	180.21	230111.95
4	距离（千米）	228.00		
5	D_j^2	51984		
6	R	17.74		
7	F_{ij}	1		

图 24 – 6

4. 结论

通过引力模型计算可知，南宁市与北海市两个城市的经济联系度与经济联系隶属度指数值为 17.74 和 1，表明两个城市间经济联系较为紧密，为分析两城市间经济发展水平与政策制定提供建议。

025　用地—人口弹性指数公式

一、通式

1. 应用价值

通过"用地—人口弹性指数公式"来构建"蔓延指数测度模型"，反映所研究城市的用地增长速度与人口增长速度的关系。城市蔓延作为一种低效、无序的城市空间开发形式，具有空间分散扩展、人口密度低、单一功能土地利用、依赖小汽车交通等特点。制定和发布全国城市蔓延指数，不仅有利于遏制我国城市蔓延态势，而且有利于落实资源节约型和环境友好型社会建设、新型城镇化建设、生态文明建设和城乡统筹发展等国家战略，从而促进城市可持续发展。

2. 数据说明

（1）所需数据：选取所研究区域的行政区划边界数据、人口数据，具体来看包括建成区面积、城市人口等数据。

（2）数据获取途径：各区域相关年份的统计年鉴、全国人口普查数据。

3. 模型详解

用地—人口弹性指数公式为：

$$SI = \frac{(A_j - A_i)/A_i}{(P_j - P_i)/P_i}$$

其中，A_i、A_j 分别为 i 和 j 时期的建成区面积；P_i 和 P_j 分别为 i 和 j 时期的城市人口。

4. 相关结论

读者可通过"蔓延指数测度"的计算结果进行等级划分，理论上，SI 阈值应该取 1，即 SI > 1 时，城市建成区面积增长快于人口增长，城市出现蔓延。但是这一取值忽略了因人均住房、绿地、交通等合理增加而带来的城市建设用地改善性增长的影响。中国城市规划设计院对我国城市化演变过程分析认为合理的数值应该为 1.12，即当 SI > 1.12 时，城市出现蔓延；当 SI = 1.12 时，城市建成区面积与人口协调增长，城市没有蔓延；当 SI < 1.12 时，建成区面积增长相对紧缩。以此结合实际研究目标进行进一步分析。

二、算例

1. 应用价值

在此，选取 2018 年和 2019 年北部湾城市群中南宁市与北海市的建成区面积、人口数据作为例子计算两个城市的蔓延指数，反映所研究城市的用地增长速度与人口增长速度的关系。

2. 数据说明

（1）所需数据：选取 2018 年和 2019 年北部湾城市群中南宁市与北海市的建成区面积、人口数据。

（2）数据获取途径：2019 年和 2020 年广西统计年鉴。

3. 在 Excel 表中的具体步骤

（1）录入二维原始数据，即录入 2018 年和 2019 年北部湾城市群中南宁市与北海市的建成区面积、人口数据作为例子进行分析，见图 25 - 1。

	A	B	C	D	E
1	城市	2019年建成区面积（平方千米）	2019年人口（万人）	2018年建成区面积（平方千米）	2018年人口（万人）
2	南宁市	319.69	397.7	316.56	387.13
3	北海市	85.97	69.97	82.38	68.64

图 25 - 1

（2）使用公式 F2 = (B2 - D2)/D2，计算南宁市的建成区面积，见图 25 - 2。

	A	B	C	D	E	F
1	城市	2019年建成区面积（平方千米）	2019年人口（万人）	2018年建成区面积（平方千米）	2018年人口（万人）	A
2	南宁市	319.69	397.7	316.56	387.13	=(B2-D2)/D2
3	北海市	85.97	69.97	82.38	68.64	0.04358

图 25 - 2

（3）同理可计算北海市的建成区面积，见图 25 - 3。

	A	B	C	D	E	F	
1	城市	2019年建成区面积（平方千米）	2019年人口（万人）	2018年建成区面积（平方千米）	2018年人口（万人）	A	P
2	南宁市	319.69	397.7	316.56	387.13	0.00989	
3	北海市	85.97	69.97	82.38	68.64	=(B3-D3)/D3	

图 25 - 3

（4）使用公式 G2 =（C2 - E2）/E2，计算南宁市的城市人口，见图 25 - 4。

	C	D	E	F	G	
1	2019年人口（万人）	2018年建成区面积（平方千米）	2018年人口（万人）	A	P	SI
2	397.7	316.56	387.13	0.00989	=(C2-E2)/E2	

图 25 - 4

（5）同理可计算北海市的城市人口，见图 25 - 5。

	C	D	E	F	G	
1	2019年人口（万人）	2018年建成区面积（平方千米）	2018年人口（万人）	A	P	SI
2	397.7	316.56	387.13	0.00989	0.0273	0
3	69.97	82.38	68.64	0.04358	=(C3-E3)/E3	

图 25 - 5

（6）使用公式 H2 = F2/G2，计算南宁市的用地—人口弹性指数 SI，见图 25 - 6。

	F	G	H
1	A	P	SI
2	0.00989	0.0273	=F2/G2

图 25 - 6

（7）同理可计算北海市的用地—人口弹性指数 SI，见图 25 - 7。

	F	G	H
1	A	P	SI
2	0.009887541	0.02730349	0.362134699
3	0.043578538	0.01937646	2.249045775

图 25 - 7

4. 结论

通过计算可知，南宁市的用地—人口弹性指数为 0.3621（＜1.12），表明建成区增长相对紧缩，北海市的用地—人口弹性指数为 2.2490（＞1.12），该城市出现蔓延，为分析两城市间经济发展水平与政策制定提供建议。

026 Ripley's K 函数公式

一、通式

1. 应用价值

通过运用"Ripley's K 函数公式"，在不同尺度上分析所研究的相关因素的空间分布格局，分析该因素影响下质心的空间聚集程度、扩散程度和相应的邻域区域面积变化情况。该函数常常运用于分析点格局，对丰富所研究区域的空间分布的科学认识有着重要的应用价值。

2. 数据说明

（1）所需数据：可以选取所研究区域内的相关因素的数量、区域面积、距离尺度等数据。

（2）数据获取途径：所研究区域的相关年份的统计年鉴和百度地图。

3. 模型详解

$$K(d) = \frac{A}{n} \sum_{i=1}^{n} \sum_{j=1}^{n} \frac{\delta_{ij}(d)}{n}$$

$$i, j = 1, 2, \cdots, n; \ i \neq j, \ d_{ij} \leq d, \ \delta_{ij}(d) = \begin{cases} 1(d_{ij} \leq d) \\ 0(d_{ij} > d) \end{cases}$$

$$L(d) = \sqrt{\frac{K(d)}{\pi}} - d$$

其中，A 为所研究区域的面积；n 为该区域范围内相关因素的个数；d 为距离尺度；d_{ij} 为相关因素影响下的 i 单位（也可以是企业、团体等）与 j 单位（也可以是企业、团体等）之间的距离；L(d) 是将 K(d) 开方，用于保持方差稳定。

4. 相关结论

读者可通过"Ripley's K 函数公式"进行计算，得出结论：在随机分布的情况下，当 L(d) ＞0 时，表示单位呈现出聚集分布的趋势；当 L(d) ＜0 时，表示单位呈现出均匀分布趋势；L(d) ＝0 则表示单位呈现出随机分布的状态。当企业分布格局为聚集分布时，可根据偏离置信区间的最大值估计聚集强度，用 L(d) 第一个峰值所对应的 d 值来度量聚集规模。以此结合实际研究目标进行进一步分析。

二、算例

1. 应用价值

在此，选取 2019 年北部湾城市群中南宁市的重点排污单位、南宁市面积等数据。通过百度地图，以南宁赢创美诗药业有限公司为起始地，将南宁赢创美诗药业有限公司至各个企业距离的平均值作为距离尺度 d（选择驾车这种通行方式下的最优方案），有利于分析 2019 年南宁市的重点排污状况企业的空间分布格局。

2. 数据说明

（1）所需数据：选取 2019 年南宁市的重点排污单位、南宁市的区域面积等数据。

（2）数据获取途径：2020 年的南宁市统计年鉴、广西统计年鉴、广西壮族自治区人民政府网站和百度地图。

3. 在 Excel 表中的具体步骤

（1）录入二维原始数据，即录入选取 2019 年北部湾城市群城市中南宁市的重点排污单位、南宁市的区域面积等数据，见图 26 – 1。

	A	B	C	D
1	地市	县（区）	企业详细名称	距离（千米）
2	南宁市	武鸣区	南宁赢创美诗药业有限公司	0
3	南宁市	经开区	南宁糖业股份有限公司明阳糖厂	93.3
4	南宁市	东盟经开区	南宁双汇食品有限公司	12.2
5	南宁市	横县	横县东糖糖业有限公司纸业分公司	143.7
6	南宁市	隆安县	广西海盈酒精有限责任公司	49.5
7	南宁市	高新区	广西国旭林业发展集团股份有限公司	45.3
8	南宁市	宾阳县	广西东正甲醛有限公司	76.2
9		城市面积（平方千米）		
10	南宁市	22112		
11	π	3.141592654		

图 26 – 1

（2）使用公式 B12 = COUNTA（C2: C8），计算 2019 年南宁市的重点排污单位个数，见图 26 – 2。

	A	B	C
1	地市	县（区）	企业详细名称
2	南宁市	武鸣区	南宁赢创美诗药业有限公司
3	南宁市	经开区	南宁糖业股份有限公司明阳糖厂
4	南宁市	东盟经开区	南宁双汇食品有限公司
5	南宁市	横县	横县东糖糖业有限公司纸业分公司
6	南宁市	隆安县	广西海盈酒精有限责任公司
7	南宁市	高新区	广西国旭林业发展集团股份有限公司
8	南宁市	宾阳县	广西东正甲醛有限公司
9		城市面积（平方千米）	
10	南宁市	22112	
11	π	3.141592654	
12	n	=COUNTA(C2:C8)	
13	d		
14	K(d)	COUNTA(**value1**, [value2], ...)	

图 26 – 2

（3）使用公式 B13 = AVERAGE（D2: D8），以南宁赢创美诗药业有限公司为起始地，计算南宁赢创美诗药业有限公司至各个企业的距离的平均值，见图 26-3。

	A	B	C	D
1	地市	县（区）	企业详细名称	距离（千米）
2	南宁市	武鸣区	南宁赢创美诗药业有限公司	0
3	南宁市	经开区	南宁糖业股份有限公司明阳糖厂	93.3
4	南宁市	东盟经开区	南宁双汇食品有限公司	12.2
5	南宁市	横县	横县东糖糖业有限公司纸业分公司	143.7
6	南宁市	隆安县	广西海盈酒精有限责任公司	49.5
7	南宁市	高新区	广西国旭林业发展集团股份有限公司	45.3
8	南宁市	宾阳县	广西东正甲醛有限公司	76.2
9		城市面积（平方千米）		
10	南宁市	22112		
11	π	3.141592654		
12	n	7		
13	d	=AVERAGE(D2:D8)		
14	K(d)			
15	L(d)	AVERAGE(**number1**, [number2], ...)		
16				

图 26-3

（4）使用公式 E2 = IF(D2 < $B$13, 1, 0)，计算南宁赢创美诗药业有限公司是否在距离尺度 d 范围内，见图 26-4。

	A	B	C	D	E	F	G	H	I
1	地市	县（区）	企业详细名称	距离（千米）	$\delta_{ij}(d)$	K(d)的中间项			
2	南宁市	武鸣区	南宁赢创美诗药业有限公司	0	=IF(D2<$B$13,1,0)				
3	南宁市	经开区	南宁糖业股份有限公司明阳糖厂	93.3					
4	南宁市	东盟经开区	南宁双汇食品有限公司	12.2		IF(logical_test, [value_if_true], [value_if_false])			
5	南宁市	横县	横县东糖糖业有限公司纸业分公司	143.7					
6	南宁市	隆安县	广西海盈酒精有限责任公司	49.5	1	0.1428571			
7	南宁市	高新区	广西国旭林业发展集团股份有限公司	45.3	1	0.1428571			
8	南宁市	宾阳县	广西东正甲醛有限公司	76.2	0	0			
9		城市面积（平方千米）							
10	南宁市	22112							
11	π	3.141592654							
12	n	7							
13	d	60.02857143							

图 26-4

（5）同理可计算南宁糖业股份有限公司明阳糖厂等企业是否在距离尺度 d 范围内，见图 26-5。

	A	B	C	D	E
1	地市	县（区）	企业详细名称	距离（千米）	$\delta_{ij}(d)$
2	南宁市	武鸣区	南宁赢创美诗药业有限公司	0	1
3	南宁市	经开区	南宁糖业股份有限公司明阳糖厂	93.3	0
4	南宁市	东盟经开区	南宁双汇食品有限公司	12.2	1
5	南宁市	横县	横县东糖糖业有限公司纸业分公司	143.7	0
6	南宁市	隆安县	广西海盈酒精有限责任公司	49.5	1
7	南宁市	高新区	广西国旭林业发展集团股份有限公司	45.3	1
8	南宁市	宾阳县	广西东正甲醛有限公司	76.2	0

图 26-5

（6）使用公式 F2 = E2/$B$12，计算南宁赢创美诗药业有限公司的 K(d) 的中间项，见图 26 - 6。

	A	B	C	D	E	F
1	地市	县（区）	企业详细名称	距离（千米）	$\delta_{ij}(d)$	K(d)的中间项
2	南宁市	武鸣区	南宁赢创美诗药业有限公司	0	1	=E2/$B$12
3	南宁市	经开区	南宁糖业股份有限公司明阳糖厂	93.3	0	
4	南宁市	东盟经开区	南宁双汇食品有限公司	12.2	1	0.1428571
5	南宁市	横县	横县东糖糖业有限公司纸业分公司	143.7	0	0
6	南宁市	隆安县	广西海盈酒精有限责任公司	49.5	1	0.1428571
7	南宁市	高新区	广西国旭林业发展集团股份有限公司	45.3	1	0.1428571
8	南宁市	宾阳县	广西东正甲醛有限公司	76.2	0	0
9		城市面积（平方千米）				
10	南宁市	22112				
11	π	3.141592654				
12	n	7				

图 26 - 6

（7）同理可计算南宁糖业股份有限公司明阳糖厂等企业的 K(d) 的中间项，见图 26 -7。

	A	B	C	D	E	F
1	地市	县（区）	企业详细名称	距离（千米）	$\delta_{ij}(d)$	K(d)的中间项
2	南宁市	武鸣区	南宁赢创美诗药业有限公司	0	1	0.1428571
3	南宁市	经开区	南宁糖业股份有限公司明阳糖厂	93.3	0	0
4	南宁市	东盟经开区	南宁双汇食品有限公司	12.2	1	0.1428571
5	南宁市	横县	横县东糖糖业有限公司纸业分公司	143.7	0	0
6	南宁市	隆安县	广西海盈酒精有限责任公司	49.5	1	0.1428571
7	南宁市	高新区	广西国旭林业发展集团股份有限公司	45.3	1	0.1428571
8	南宁市	宾阳县	广西东正甲醛有限公司	76.2	0	0

图 26 -7

（8）使用公式 B14 = B10/B12 * SUM(F2: F8)，计算 K(d)，见图 26 -8。

	A	B	C	D	E	F
1	地市	县（区）	企业详细名称	距离（千米）	$\delta_{ij}(d)$	K(d)的中间项
2	南宁市	武鸣区	南宁赢创美诗药业有限公司	0	1	0.1428571
3	南宁市	经开区	南宁糖业股份有限公司明阳糖厂	93.3	0	0
4	南宁市	东盟经开区	南宁双汇食品有限公司	12.2	1	0.1428571
5	南宁市	横县	横县东糖糖业有限公司纸业分公司	143.7	0	0
6	南宁市	隆安县	广西海盈酒精有限责任公司	49.5	1	0.1428571
7	南宁市	高新区	广西国旭林业发展集团股份有限公司	45.3	1	0.1428571
8	南宁市	宾阳县	广西东正甲醛有限公司	76.2	0	0
9		城市面积（平方千米）				
10	南宁市	22112				
11	π	3.141592654				
12	n	7				
13	d	60.02857143				
14	K(d)	=B10/B12*SUM(F2:F8)				
15	L(d)					
16		SUM(**number1**, [number2], ...)				
17						

图 26 -8

（9）使用公式 B15 = POWER(B14/B11, 0.5) − B13，计算 L(d)，见图 26 − 9。

	A	B	C	D	E	F
1	地市	县（区）	企业详细名称	距离（千米）	$\delta_{ij}(d)$	K(d)的中间项
2	南宁市	武鸣区	南宁赢创美诗药业有限公司	0	1	0.1428571
3	南宁市	经开区	南宁糖业股份有限公司明阳糖厂	93.3	0	0
4	南宁市	东盟经开区	南宁双汇食品有限公司	12.2	1	0.1428571
5	南宁市	横县	横县东糖糖业有限公司纸业分公司	143.7	0	0
6	南宁市	隆安县	广西海盈酒精有限责任公司	49.5	1	0.1428571
7	南宁市	高新区	广西国旭林业发展集团股份有限公司	45.3	1	0.1428571
8	南宁市	宾阳县	广西东正甲醛有限公司	76.2	0	0
9		城市面积（平方千米）				
10	南宁市	22112				
11	π	3.141592654				
12	n	7				
13	d	60.02857143				
14	K(d)	1805.061224				
15	L(d)	−36.058406				

图 26 − 9

4. 结论

通过利用北部湾城市群中南宁市在 2019 年重点排污状况企业的数据，得到该数据下 Ripley's K 函数的指数值为 − 36.0584（小于 0），表明重点排污状况企业在南宁市呈现出相对均匀的分布状况，即重点排污状况企业在南宁市的分布较为扩散。

027　城镇扩展动态度公式

一、通式

1. 应用价值

通过运用"城镇扩展动态度公式"，可以获取所研究城市的动态扩展程度。根据不同期间的土地利用信息，对区域进行统计和分析，获取所研究区域相关年份的城市空间扩展的动态演变过程，并分析自然环境、经济政策等因素下的驱动作用。它对丰富所研究区域的空间规划与管理提供决策的科学认识有着重要的应用价值。

2. 数据说明

（1）所需数据：选取城镇、道路、林地等类型土地的用地面积数据、区域面积数据。

（2）数据获取途径：所研究区域相关年份的统计年鉴。

3. 模型详解

$$U_V = (U_{pa} - U_{oa})/U_{oa}/t$$

其中，U_{oa} 为所研究区域的期初城镇面积；U_{pa} 为该区域的期末城镇用地面积；t 为研究的整个时间跨度。

4. 相关结论

读者可通过对"城镇扩展动态度"进行计算，获得计算结果，判断所研究区域的城市扩展程度，观察各时段所研究区域的城市面积，分组统计城镇扩展动态度，并以此结合实际研究目标进行进一步分析。

二、算例

1. 应用价值

在此，选取 2018 年和 2019 年北部湾城市群中南宁市和北海市的城市建设用地面积和城区面积数据，有利于对南宁市和北海市的城镇扩展动态度进行研究。

2. 数据说明

（1）所需数据：选取 2018 年和 2019 年北部湾城市群中南宁市和北海市的城市建设用地面积和城区面积数据。这里以前一期的期末数据表示后一期期初数据，由于 2018 年和 2019 年的城区面积相同，故 2018 年的城区面积年末数据就是 2019 年的城区面积的年初数据。

（2）数据获取途径：2019 年和 2020 年广西统计年鉴。

3. 在 Excel 表中的具体步骤

（1）录入二维原始数据，即录入选取 2018 年和 2019 年北部湾城市群中南宁市和北海市的城市建设用地面积和城区面积数据，见图 27 - 1。

	A	B	C
1		2019年年末	2018年年末（2019年初）/2019年年末
2	城市	城市建设用地面积（平方千米）	城区面积 （平方千米）
3	南宁市	315.24	865.08
4	北海市	84.89	957

图 27 - 1

（2）使用公式 B5 = COUNTA(B1)，可知选取的时间跨度为 2019 年这一年，见图 27 - 2。

	A	B	C
1		2019年年末	2018年年末（2019年初）/2019年年末
2	城市	城市建设用地面积（平方千米）	城区面积 （平方千米）
3	南宁市	315.24	86
4	北海市	84.89	
5	t	=COUNTA(B1)	
6			
7	（PS：这里以前	COUNTA(**value1**, [value2], ...)	

图 27 - 2

（3）使用公式 D3 =（B3 – C3）/C3/$B$5，计算南宁市的城镇扩展动态度指数，见图 27 – 3。

	A	B	C	D	E
1		2019年年末	2018年年末（2019年年初）/2019年年末		
2	城市	城市建设用地面积（平方千米）	城区面积（平方千米）	Uv	
3	南宁市	315.24	865.08	=(B3-C3)/C3/$B$5	
4	北海市	84.89	957		
5	t	1			

图 27 – 3

（4）同理可计算北海市的城镇扩展动态度指数，见图 27 – 4。

	A	B	C	D	E	F	G
1		2019年年末	2018年年末（2019年年初）/2019年年末				
2	城市	城市建设用地面积（平方千米）	城区面积（平方千米）	Uv			
3	南宁市	315.24	865.08	-0.6356			
4	北海市	84.89	957	-0.9113			
5	t	1					
6							
7	（PS：这里以前一期的期末数据表示后一期期初数据，2018年和2019年的城区面积无变化）						

图 27 – 4

4. 结论

通过计算可以得到北部湾城市群中南宁市和北海市的城镇扩展动态度指数分别为 – 0.6356 和 – 0.9113，从城市建设用地面积方面分析，北部湾城市群中南宁市的城镇扩展动态相比于北海市的城镇扩展动态较快，南宁市的发展空间相对更大一些。

028 城镇扩展强度公式

一、通式

1. 应用价值

通过运用"城镇扩展强度公式"，可以获取所研究城市的动态扩展强度，有利于结合城市特有的自然、经济与制度背景，分析城市空间扩展的驱动因素和其显著性的影响因素，对科学认识所研究区域的空间扩展强度有着重要的应用价值。

2. 数据说明

（1）所需数据：选取城镇、工矿、道路、林地、耕地、园地、水体、裸地等用地面积数据。

（2）数据获取途径：所研究区域相关年份的统计年鉴。

3. 模型详解

$$P_i = \frac{\Delta U_i}{TLA} \times 100\%$$

其中，P_i 为扩张土地面积比例；ΔU_i 土地扩张面积；TLA 土地总面积。

4. 相关结论

读者可通过"城镇扩展强度公式"对不同坡度、不同海拔高度的城镇扩展强度进行分类统计，当 $P > 1$ 时，城镇扩展速率相对较大，处于快速增长阶段；当 $0 < P < 1$ 时，城镇扩展速率处于缓慢增长；当 $P < 0$ 时，城镇速率处于负增长阶段。以此结合实际研究目标进一步分析。

二、算例

1. 应用价值

在此，选取 2018 年和 2019 年北部湾城市群中南宁市的城市居住用地面积和城市建设用地面积，对南宁市城镇扩展强度进行研究。

2. 数据说明

（1）所需数据：选取 2018 年和 2019 年北部湾城市群中南宁市的城市居住用地面积和 2019 年时的城市建设用地面积。

（2）数据获取途径：2019 年和 2020 年广西统计年鉴。

3. 在 Excel 表中的具体步骤

（1）录入二维原始数据，即录入 2018 年和 2019 年北部湾城市群中南宁市的城市居住用地面积和城市建设用地面积，见图 28 – 1。

	A	B	C
1	年份	居住用地 （平方千米）	城市建设用地面积（平方千米）
2	2018	98.87	
3	2019	99.27	315.24

图 28 – 1

（2）使用公式 B4 =（B3 – B2）/C3 * 100，计算南宁市的城镇扩展强度指数，见图 28 – 2。

	A	B	C
1	年份	居住用地（平方千米）	城市建设用地面积（平方千米）
2	2018	98.87	
3	2019	99.27	315.24
4	Pᵢ	0.1269	

图 28 - 2

4. 结论

通过计算可以得到北部湾城市群中南宁市的城镇扩展强度值为 0.1269（<1），表明南宁市的城镇速率处于负增长阶段，有利于为分析南宁市的空间扩展的驱动因素和其显著性的影响因素提供指导意见。

029　城镇用地扩展弹性系数公式

一、通式

1. 应用价值

城镇用地扩展弹性系数是城镇用地增长速度与人口增长速度的比例关系。通过构建城镇用地扩展弹性系数公式，分析人口、经济发展水平及产业结构调整等因素对所研究区域扩展的关系，进而分析这些影响因素对城镇用地的扩展的影响，用于判断所研究城市的城镇用地扩展的合理性，对科学认识所研究区域的扩展弹性有着重要的应用价值。

2. 数据说明

（1）所需数据：选取城镇、工矿、道路、林地、耕地、园地、水体、裸地等地类的用地面积、人口等数据。

（2）数据获取途径：所研究区域相关年份的统计年鉴。

3. 模型详解

$$E = \frac{(U_{t2} - U_{t1})/U_{t1}}{(P_{t2} - P_{t1})/P_{t1}}$$

其中，U_{t2} 为研究期末城镇用地面积；U_{t1} 为研究初期城镇面积；U 为用地面积；P 为人口数量。

4. 相关结论

读者可通过"城镇用地扩展弹性系数公式"进行计算，将计算结果进行等级划分。通过对相关区域城镇化进程的结果分析，将城镇扩展分为三个阶段：当 $E = 1$ 时，表示相关区域城镇化进程处于稳定扩展的阶段；当 $ET > 1$ 时，表示相关区域城市用地扩展过快，城镇化进程处于高速扩展的阶段；当 $ET < 1$ 时，表示相关区域城市用地扩展不足，城镇化进程处于低速扩展的阶段。

二、算例

1. 应用价值

在此，选取 2018 ~ 2019 年北部湾城市群中南宁市的城市建设用地面积和市区人口数量，判断南宁市的城镇用地扩展的合理性。

2. 数据说明

（1）所需数据：选取 2018 年和 2019 年北部湾城市群中南宁市的城市建设用地面积和市区人口数量。

（2）数据获取途径：2019 年和 2020 年广西统计年鉴。

3. 在 Excel 表中的具体步骤

（1）录入二维原始数据，即录入 2018 年和 2019 年北部湾城市群中南宁市的城市建设用地面积和市区人口数量，见图 29 - 1。

	A	B	C
1	年份	城市建设用地面积（平方千米）	市区人口（万人）
2	2018	311.01	387.13
3	2019	319.69	397.7

图 29 - 1

（2）使用公式 B4 = ((B3 - B2)/B2)/((C3 - C2)/C2)，计算南宁市的城镇用地扩展弹性系数，见图 29 - 2。

	A	B	C
1	年份	城市建设用地面积（平方千米）	市区人口（万人）
2	2018	311.01	387.13
3	2019	319.69	397.7
4	E	1.022179607	

图 29 - 2

4. 结论

通过计算可以得到北部湾城市群中南宁市的城镇用地扩展弹性系数为 1.02，表明 2018 ~ 2019 年南宁市属于高速扩展阶段。

030　比重增量分析方法公式

一、通式

1. 应用价值

"比重增量分析方法"是指对在成本、收益等方面对多个方案进行比较、选优的方法。

该方法可以用于分析"效益—成本比指标""效果—成本比指标"和"效用—成本比指标",对丰富所研究区域的人口与经济要素的集聚变化情况的科学认识有着重要的应用价值。

2. 数据说明

（1）所需数据：选取人口密度、GDP 增长率、国际贸易总额（进、出口总额）、人均耕地资源、城镇化率等数据进行研究。

（2）数据获取途径：所研究区域相关年份的统计年鉴。

3. 模型详解

增量分析方法能够分析一段时间内某地区人口与经济要素的集聚变化情况，包括比重增量分析和绝对增量分析两种方法。比重增量分析方法计算公式为：

$$P = \frac{X_{it2}}{X_{t2}} - \frac{X_{it1}}{X_{t1}}$$

其中，P 为 i 地区的人口或经济比重增减的变化量；X_{it2}、X_{it1} 分别为 t_2、t_1 年份 i 地区的人口或经济总量；X_{t2}、X_{t1} 分别为 t_2、t_1 年份所研究区域内的人口或经济总量。

4. 相关结论

读者可通过"比重增量分析方法公式"进行计算，获得计算结果，判断所研究区域（如某城市群）的人口与经济要素的集聚变化情况，P 值越大，表明该地区 GDP 或人口等要素越向该区域集中；P 值越小，表明该地区 GDP 或人口等要素越分散。以此结合实际研究目标进行进一步分析。

二、算例

1. 应用价值

在此，选取 2016 年和 2017 年北部湾城市群中南宁市、北海市等 10 个城市的地区生产总值数据，分析一段时间内南宁市人口与经济要素的集聚变化情况。

2. 数据说明

（1）所需数据：选取 2016 年和 2017 年北部湾城市群城市中的南宁市、北海市等 10 个城市的地区生产总值数据。

（2）数据获取途径：2017 年和 2018 年中国城市统计年鉴。

3. 在 Excel 表中的具体步骤

（1）录入二维原始数据，即录入 2016 年和 2017 年北部湾城市群城市中的南宁市、北海市等 10 个城市的地区生产总值数据，见图 30 - 1。

（2）使用公式 B12 = SUM(B2: B11)，计算 2016 年北部湾城市群中所研究的 10 个城市总的地区生产总值，见图 30 - 2。

（3）同理可计算 2017 年北部湾城市群中所研究的 10 个城市总的地区生产总值，见图 30 - 3。

（4）使用公式 D2 = C2/$C$12 - B2/$B$12，计算南宁市的比重增量，见图 30 - 4。

	A	B	C
1	城市	2016年地区生产总值（万元）	2017年地区生产总值（万元）
2	南宁市	34107409	40269053
3	北海市	9651455	12133010
4	防城港市	5657685	6968185
5	钦州市	5918520	12919647
6	玉林市	4928736	16154571
7	崇左市	1936177	10164916
8	湛江市	12740693	30083928
9	茂名市	13968211	30921768
10	阳江市	7094626	13503149
11	海口市	13905779	15105130

图 30 - 1

	A	B	C	D
1	城市	2016年地区生产总值（万元）	2017年地区生产总值（万元）	P
2	南宁市	34107409	40269053	-0.0964
3	北海市	9651455	12133010	-0.0234
4	防城港市	5657685	6968185	-0.0145
5	钦州市	5918520	12919647	0.01479
6	玉林市	4928736	16154571	0.04098
7	崇左市	1936177	10164916	0.03639
8	湛江市	12740693	30083928	0.04391
9	茂名市	13968211	30921768	0.03719
10	阳江市	7094626	13503149	0.00719
11	海口市	13905779	15105130	-0.0463
12	总量	=SUM(B2:B11)	188223357	
13			SUM(**number1**, [number2], ...)	
14				
15				

图 30 - 2

	A	B	C	D	E
1	城市	2016年地区生产总值（万元）	2017年地区生产总值（万元）	P	
2	南宁市	34107409	40269053	-0.0964	
3	北海市	9651455	12133010	-0.0234	
4	防城港市	5657685	6968185	-0.0145	
5	钦州市	5918520	12919647	0.01479	
6	玉林市	4928736	16154571	0.04098	
7	崇左市	1936177	10164916	0.03639	
8	湛江市	12740693	30083928	0.04391	
9	茂名市	13968211	30921768	0.03719	
10	阳江市	7094626	13503149	0.00719	
11	海口市	13905779	15105130	-0.0463	
12	总量	109909291	=SUM(C2:C11)		
13			SUM(**number1**, [number2], ...)		
14					

图 30 - 3

	A	B	C	D	E
1	城市	2016年地区生产总值（万元）	2017年地区生产总值（万元）	P	
2	南宁市	34107409	40269053	=C2/$C$12-B2/$B$12	
3	北海市	9651455	12133010	-0.0234	
4	防城港市	5657685	6968185	-0.0145	
5	钦州市	5918520	12919647	0.01479	
6	玉林市	4928736	16154571	0.04098	
7	崇左市	1936177	10164916	0.03639	
8	湛江市	12740693	30083928	0.04391	
9	茂名市	13968211	30921768	0.03719	
10	阳江市	7094626	13503149	0.00719	
11	海口市	13905779	15105130	-0.0463	
12	总量	109909291	188223357		

图 30 - 4

（5）同理可计算北海市、防城港市等 9 个城市的比重增量，见图 30 - 5。

	A	B	C	D
1	城市	2016年地区生产总值（万元）	2017年地区生产总值（万元）	P
2	南宁市	34107409	40269053	-0.0964
3	北海市	9651455	12133010	-0.0234
4	防城港市	5657685	6968185	-0.0145
5	钦州市	5918520	12919647	0.01479
6	玉林市	4928736	16154571	0.04098
7	崇左市	1936177	10164916	0.03639
8	湛江市	12740693	30083928	0.04391
9	茂名市	13968211	30921768	0.03719
10	阳江市	7094626	13503149	0.00719
11	海口市	13905779	15105130	-0.0463
12	总量	109909291	188223357	

图 30 - 5

4. 结论

通过用"比重增量分析方法公式"进行计算，获得计算结果，得到北部湾城市群中南宁市、北海市等 10 个城市的比重增量值，其中，湛江市的 P 值最大，为 0.0439，表明该城市 GDP 或人口等要素向北部湾城市群集中，而南宁市的 P 值最小，为 - 0.0964，表明该城市 GDP 或人口等要素与北部湾城市群分散。

031　异速增长模型

一、通式

1. 应用价值

"异速增长"是生物学和生态学中最经典的标度概念，反映生物体局部与整体的几何测度关系。自从发现城市异速增长系数与分维具有内在的逻辑联系后，异速增长成为地理学研究的新论点。通过构建异速增长模型，不仅可以用来刻画局部系统与整体的相互联系，还可以用于研究整体中某两个局部变量的相关关系。对于研究城市发展过程中，分析人口与就业的空间协调性及其引致关系有着重要的应用价值。

2. 数据说明

（1）所需数据：人口数据（相关地区的常住人口数据、户籍人口数据）、就业数据（新增就业数据、相关产业的从业人员数、各区的从业人数等）。

（2）数据获取途径：相关地区的统计年鉴、经济普查数据、劳动就业保障局官网数据。

3. 模型详解

用异速增长来检验人口和就业这两个变量间是否存在明确的因果关系以及二者之间的协调发展程度。异速增长方程一般表示为：

$$\frac{1}{Y}\frac{dY}{dt} = b\frac{1}{X}\frac{dX}{dt}$$

其中，X、Y 分别为人口规模和从业人数；b 为参数，称为异速增长系数。将时间 t 看作隐形变量。其可变形为：

$$Y = aX^b$$

其中，a 为比例系数；b 为标度因子，即第一个式子中的异速增长系数。

4. 相关结论

读者通过"标度因子"的计算结果得知：标度因子大小表示不同的异速增长关系。当 b = 1 时，人口与就业为同速增长关系；当 b < 1 时，为正异速增长，表明人口增长快于就业增长；当 b > 1 时，为负异速增长，表明人口增长慢于就业增长。以此结合实际研究目标进行进一步分析。

二、算例

1. 应用价值

在此，选取 2019 年北部湾城市群常住人口、在岗职工人数的数据作为例子计算异速增长系数，研究北部湾城市群中南宁市、防城港市和北海市 3 个城市的人口与就业之间的相关关系。

2. 数据说明

（1）所需数据：选取 2019 年北部湾城市群中相关城市的常住人口、在岗职工人数的数据。

（2）数据获取途径：2020 年广西统计年鉴。

3. 在 Excel 表中的具体步骤

（1）录入二维原始数据，即录入 2019 年北部湾城市群中南宁市、防城港市和北海市 3 个城市的常住人口、在岗职工人数的数据，见图 31 - 1。

（2）使用公式 B5 = 1，这里为了简便计算，令比例系数 a = 1，见图 31 - 2。

（3）使用公式 D2 = ln(C2)/ln(B2)，计算南宁市的异速增长系数，见图 31 - 3。

（4）同理可计算北海市、防城港市的异速增长系数，见图 31 - 4。

	A	B	C
1	城市	常住人口（万人）	在岗职工人数（万人）
2	南宁市	734.48	78.4
3	防城港市	96.36	6.43
4	北海市	170.07	11.59

图 31－1

	A	B	C
1	城市	常住人口（万人）	在岗职工人数（万人）
2	南宁市	734.48	78.4
3	防城港市	96.36	6.43
4	北海市	170.07	11.59
5	a	=1	

图 31－2

	A	B	C	D	E
1	城市	常住人口（万人）	在岗职工人数（万人）	异速生长系数	
2	南宁市	734.48	78.4	=LN(C2)/LN(B2)	
3	防城港市	96.36	6.43	(LN(number)	
4	北海市	170.07	11.59	0.477033	

图 31－3

	A	B	C	D
1	城市	常住人口（万人）	在岗职工人数（万人）	异速增长系数
2	南宁市	734.48	78.4	0.660966
3	防城港市	96.36	6.43	0.407386
4	北海市	170.07	11.59	0.477033
5	a	1		

图 31－4

4. 结论

通过构建“异速增长模型”，获得计算结果，得到北部湾城市群中南宁市、北海市和防城港市的异速增长系数，其中 b<1，为正异速增长，表明 3 个城市的人口增长速度皆快于就业增长速度。

032 城市首位度分析

一、通式

1. 应用价值

“城市首位度分析”作为研究城市之间相互关系、衡量城市规模合理性的理论概念，近年来引起国内学界的关注。城市首位度分析有利于合理规划和配置城市群的城市规模结构，解决人口和城镇相对密集、生产方式相对落后、结构性矛盾比较突出等问题，以科学指导所研究区域的城市群的发展。

2. 数据说明

（1）所需数据：选取县级及以上城市数量和人口数据。例如可以选取年末户籍人口、GDP 等数据。

（2）数据获取途径：所研究区域相关年份的统计年鉴、《中国城市统计年鉴》。

3. 模型详解

一般采用首位度指数来刻画城市体系中城市人口的集中程度，首位度的变化情况在很大程度上代表整个城市体系的发展特征。首位指数包括二城市指数、四城市指数和十一城市指数。

（1）二城市指数公式：

$$S_2 = \frac{P_1}{P_2}$$

（2）四城市指数公式：

$$S_4 = \frac{P_1}{\sum_{i=2}^{4} P_i}$$

（3）十一城市指数公式：

$$S_{11} = \frac{2P_1}{\sum_{i=2}^{10} P_i}$$

其中，P_i 为按人口规模排在第 i 位的城市非农业人口数。按照奥尔巴赫的理论，理想状态下四城市指数 S_4 和十一城市指数 S_{11} 为 1，而二城市指数 S_2 为 2。

4. 相关结论

（1）读者可通过将"城市指数"等级划分，理想状态下二城市指数为 2，四城市指数或十一城市指数是 1。尽管四城市或十一城市指数能全面反映城市规模的特点，但有些研究也表明了它们并不比二城市指数有显著优势。一般情况下选用二城市指数方法，其更为简单实用。并以此结合实际研究目标进行进一步分析。

（2）读者可从"城市首位度"的"传统的规模经济和集聚经济"角度考虑，提出了关于城市首位分布的积极影响。第一，首位分布允许资金和人才的更大积累，有利于知识专门化和思想广泛交流；第二，大城市内的各种运输成本一般比城市间的运输成本低，因此大城市的劳动生产率是最高的；第三，首位城市常常是交通运输网络中效益最好的地方，比乡村地区更能吸引投资。

（3）读者从"城市首位度"的"城市的位序规模分布"角度考虑，提出不同的见解。第一，首位分布对国家经济发展有一种寄生作用（parasitic effects）；第二，首位分布的空间集中是对资源的一种低效利用方式，有损于更合理的资源利用；第三，首位分布代表了一种超国家的倾向，这种倾向对经济增长、全民凝聚力、区域公平和社会平等有害。

（4）读者从"城市首位度"的"首位度与经济发展之间是一种曲线关系"角度考虑，城市的首位分布是和经济发展的低水平联系在一起的。在经济发展的初期阶段，较高的城市集中度对生产率的提高是必不可少的；随着社会经济的发展，城镇的分散化发展将最终出现。经济发展增加了产品需求，提高了技术、职业、空间的专门化，创造了一体化的社会网络和高效率结构的城镇体系。

（5）读者也需注意以下错误的用法。当前，在城镇化进程中，有时人们误把城市首位度当成是：一个地区范围内，首位城市的经济总量与地区经济总量的比值，常以百分数表示。比值越大，说明该城市的带动能力越强。

二、算例

1. 应用价值

在此，选取 2017 年北部湾城市群中南宁市、北海市等 11 个城市的年末户籍人口数据作为例子，分别计算二城市指数、四城市指数和十一城市指数，分析作为研究城市之间相互关系，衡量城市规模合理性的理论概念。

2. 数据说明

（1）所需数据：选取 2017 年北部湾城市群中南宁市、北海市等 11 个城市的年末户籍人口数据。

（2）数据获取途径：2018 年中国城市统计年鉴。

3. 在 Excel 表中的具体步骤

（1）录入二维原始数据，即录入南宁市、北海市 2 个城市的年末户籍人口数据，见图 32 - 1。

	A	B
1	城市	年末户籍人口（万人）
2	南宁市	771
3	北海市	178

图 32 - 1

（2）录入二维原始数据，即录入南宁市、北海市等 4 个城市的年末户籍人口数据，见图 32 - 2。

	A	B
7	城市	年末户籍人口（万人）
8	南宁市	771
9	北海市	178
10	防城港市	99
11	钦州市	415

图 32 - 2

（3）录入二维原始数据，即录入南宁市、北海市等 11 个城市的年末户籍人口数据，见图 32 – 3。

	A	B
15	城市	年末户籍人口（万人）
16	南宁市	771
17	北海市	178
18	防城港市	99
19	钦州市	415
20	玉林市	733
21	崇左市	252
22	湛江市	848
23	茂名市	811
24	阳江市	300
25	海口市	178
26	儋州市	97

图 32 – 3

（4）选定录入的南宁市、北海市 2 个城市的年末户籍人口数据，单击鼠标右键，选择"排序"中的"降序"进行排序，见图 32 – 4。

	A	B
1	城市	年末户籍人口（万人）
2	南宁市	771
3	北海市	178

图 32 – 4

（5）选定录入的南宁市、北海市等 4 个城市的年末户籍人口数据，单击鼠标右键，选择"排序"中的"降序"进行排序，见图 32 – 5。

	A	B
7	城市	年末户籍人口（万人）
8	南宁市	771
9	钦州市	415
10	北海市	178
11	防城港市	99

图 32 – 5

（6）选定录入的南宁市、北海市等 11 个城市的年末户籍人口数据，单击鼠标右键，选择"排序"中的"降序"进行排序，见图 32 – 6。

（7）使用公式 C2 = B2/B3，计算二城市指数，见图 32 – 7。

（8）使用公式 C8 = B8/SUM(B9: B11)，计算四城市指数，见图 32 – 8。

（9）使用公式 C16 = 2 * B16/SUM(B17: B26)，计算十一城市指数，见图 32 – 9。

	A	B
15	城市	年末户籍人口（万人）
16	南宁市	771
17	北海市	178
18	防城港市	99
19	钦州市	415
20	玉林市	733
21	崇左市	252
22	湛江市	848
23	茂名市	811
24	阳江市	300
25	海口市	178
26	儋州市	97

图 32 – 6

	A	B	C
1	城市	年末户籍人口（万人）	S_2
2	南宁市	771	=B2/B3
3	北海市	178	

图 32 – 7

	A	B	C	D	E	F
7	城市	年末户籍人口（万人）	S_4			
8	南宁市	771	=B8/SUM(B9:B11)			
9	钦州市	415				
10	北海市	178		SUM(**number1**, [number2], ...)		
11	防城港市	99				

图 32 – 8

	A	B	C	D	E	F	G
15	城市	年末户籍人口（万人）	S				
16	南宁市	771	=2*B16/SUM(B17:B26)				
17	北海市	178		SUM(**number1**, [number2], ...)			
18	防城港市	99					
19	钦州市	415					
20	玉林市	733					
21	崇左市	252					
22	湛江市	848					
23	茂名市	811					
24	阳江市	300					
25	海口市	178					
26	儋州市	97					

图 32 – 9

4. 结论

通过对"城市首位度"的分析，计算得到二城市指数值为 4.3315，远远大于理想状态下的二城市指数值 2，表明南宁市与北海市的人口集中程度较低；四城市指数值为 1.1142，接近理想状态下的四城市指数值 1，表明南宁市、钦州市、北海市和防城港市的人口集中程度相对较高；十一城市指数值为 0.3943，远远小于理想状态下的十一城市指数值 1，表明南宁市与北海市的人口集中程度也较低。

033　绝对增量加权指数公式

一、通式

1. 应用价值

相较于"比重增量分析方法"，"绝对增量加权指数"更好地反映我国区域发展格局的真实状况，考虑地区发展初始水平和区域面积大小，用区域面积比重作为权重对传统增量分析计算方法进行修正，能够更好地刻画模拟我国区域发展格局集聚变化状态。对科学认识所研究区域的人口与经济要素的集聚变化情况有着重要的应用价值。

2. 数据说明

（1）所需数据：选取人口密度、GDP 增长率、国际贸易总额（进、出口总额）、人均耕地资源、城镇化率等数据。

（2）数据获取途径：所研究区域相关年份的统计年鉴。

3. 模型详解

$$I = \frac{\Delta X_i}{\Delta X} \times \frac{1}{S_i}$$

其中，ΔX_i 为 i 地区的 GDP 或人口在一段时间内的增量；ΔX 为全国的 GDP 或人口在该段时间内的增量；S_i 为 i 地区面积占全国面积的比重。

4. 相关结论

读者可通过"绝对增量加权指数公式"进行计算，获得计算结果，判断所研究区域（如某城市群）的人口与经济要素的集聚变化情况，I 值越大，表明该地区 GDP 或人口等地理要素越向该区域集中。

二、算例

1. 应用价值

在此，选取 2016 年和 2017 年北部湾城市群中南宁市、北海市等 10 个城市的地区生产总值、行政区域土地面积数据，分析一段时间内南宁市等 10 个城市区域面积与经济要素的集聚变化情况。

2. 数据说明

（1）所需数据：2016 年和 2017 年北部湾城市群中南宁市、北海市等 10 个城市的地区生产总值、行政区域土地面积数据。

（2）数据获取途径：2017 年和 2018 年中国城市统计年鉴。

3. 在 Excel 表中的具体步骤

（1）录入二维原始数据，即录入 2016 年和 2017 年北部湾城市群中南宁市、北海市等 10 个城市的地区生产总值、行政区域土地面积数据，见图 33 - 1。

	A	B	C	D
1	城市	2016年地区生产总值（万元）	2017年地区生产总值（万元）	行政区域土地面积（平方千米）
2	南宁市	34107409	40269053	22244
3	北海市	9651455	12133010	3989
4	防城港市	5657685	6968185	6238
5	钦州市	5918520	12919647	12187
6	玉林市	4928736	16154571	12824
7	崇左市	1936177	10164916	17332
8	湛江市	12740693	30083928	13263
9	茂名市	13968211	30921768	11427
10	阳江市	7094626	13503149	7956
11	海口市	13905779	15105130	2289

图 33 - 1

（2）使用公式 B12 = SUM(B2: B11)，计算 2016 年北部湾城市群中 10 个城市的地区生产总值之和，见图 33 - 2。

	A	B	C
1	城市	2016年地区生产总值（万元）	2017年地区生产总值（万元）
2	南宁市	34107409	40269053
3	北海市	9651455	12133010
4	防城港市	5657685	6968185
5	钦州市	5918520	12919647
6	玉林市	4928736	16154571
7	崇左市	1936177	10164916
8	湛江市	12740693	30083928
9	茂名市	13968211	30921768
10	阳江市	7094626	13503149
11	海口市	13905779	15105130
12	总量	=SUM(B2:B11)	188223357
13		SUM(**number1**, [number2], ...)	
14			

图 33 - 2

（3）同理可计算 2017 年北部湾城市群中 10 个城市的地区生产总值之和，见图 33 - 3。

	A	B	C	D
1	城市	2016年地区生产总值（万元）	2017年地区生产总值（万元）	行政区域土地面积（平方千米）
2	南宁市	34107409	40269053	22244
3	北海市	9651455	12133010	3989
4	防城港市	5657685	6968185	6238
5	钦州市	5918520	12919647	12187
6	玉林市	4928736	16154571	12824
7	崇左市	1936177	10164916	17332
8	湛江市	12740693	30083928	13263
9	茂名市	13968211	30921768	11427
10	阳江市	7094626	13503149	7956
11	海口市	13905779	15105130	2289
12	总量	109909291	=SUM(C2:C11)	109749
13				
14			SUM(**number1**, [number2], ...)	
15				

图 33 – 3

（4）同理计算 2017 年北部湾城市群中 10 个城市总的行政区域土地面积，见图 33 – 4。

	A	B	C	D	E
1	城市	2016年地区生产总值（万元）	2017年地区生产总值（万元）	行政区域土地面积（平方千米）	GDP增量（万元）
2	南宁市	34107409	40269053	22244	6161644
3	北海市	9651455	12133010	3989	2481555
4	防城港市	5657685	6968185	6238	1310500
5	钦州市	5918520	12919647	12187	7001127
6	玉林市	4928736	16154571	12824	11225835
7	崇左市	1936177	10164916	17332	8228739
8	湛江市	12740693	30083928	13263	17343235
9	茂名市	13968211	30921768	11427	16953557
10	阳江市	7094626	13503149	7956	6408523
11	海口市	13905779	15105130	2289	1199351
12	总量	109909291	188223357	=SUM(D2:D11)	78314066
13					
14				SUM(**number1**, [number2], ...)	
15					

图 33 – 4

（5）使用公式 E2 = C2 – B2，计算南宁市的 GDP 增量，见图 33 – 5。

	A	B	C	D	E
1	城市	2016年地区生产总值（万元）	2017年地区生产总值（万元）	行政区域土地面积（平方千米）	GDP增量（万元）
2	南宁市	34107409	40269053	22244	=C2-B2

图 33 – 5

（6）同理可计算北海市、防城港市等 9 个城市的 GDP 增量和总量的 GDP 增量，见图 33 – 6。

	A	B	C	D	E
1	城市	2016年地区生产总值（万元）	2017年地区生产总值（万元）	行政区域土地面积（平方千米）	GDP增量（万元）
2	南宁市	34107409	40269053	22244	6161644
3	北海市	9651455	12133010	3989	2481555
4	防城港市	5657685	6968185	6238	1310500
5	钦州市	5918520	12919647	12187	7001127
6	玉林市	4928736	16154571	12824	11225835
7	崇左市	1936177	10164916	17332	8228739
8	湛江市	12740693	30083928	13263	17343235
9	茂名市	13968211	30921768	11427	16953557
10	阳江市	7094626	13503149	7956	6408523
11	海口市	13905779	15105130	2289	1199351
12	总量	109909291	188223357	109749	78314066

图 33 - 6

（7）使用公式 F2 =（E2/\$E\$12）*（1/（D2/\$D\$12）），计算南宁市的绝对增量加权指数，见图 33 - 7。

	D	E	F	G	H
1	行政区域土地面积（平方千米）	GDP增量（万元）	I		
2	22244	6161644	=(E2/\$E\$12)*(1/(D2/\$D\$12))		
3	3989	2481555			
4	6238	1310500	0.29441		
5	12187	7001127	0.80507		
6	12824	11225835	1.22675		
7	17332	8228739	0.66534		
8	13263	17343235	1.83252		
9	11427	16953557	2.07917		
10	7956	6408523	1.12882		
11	2289	1199351	0.73428		
12	109749	78314066			

图 33 - 7

（8）同理可计算北海市、防城港市等 9 个城市的绝对增量加权指数，见图 33 - 8。

	A	B	C	D	E	F
1	城市	2016年地区生产总值（万元）	2017年地区生产总值（万元）	行政区域土地面积（平方千米）	GDP增量（万元）	I
2	南宁市	34107409	40269053	22244	6161644	0.38819
3	北海市	9651455	12133010	3989	2481555	0.87181
4	防城港市	5657685	6968185	6238	1310500	0.29441
5	钦州市	5918520	12919647	12187	7001127	0.80507
6	玉林市	4928736	16154571	12824	11225835	1.22675
7	崇左市	1936177	10164916	17332	8228739	0.66534
8	湛江市	12740693	30083928	13263	17343235	1.83252
9	茂名市	13968211	30921768	11427	16953557	2.07917
10	阳江市	7094626	13503149	7956	6408523	1.12882
11	海口市	13905779	15105130	2289	1199351	0.73428
12	总量	109909291	188223357	109749	78314066	

图 33 - 8

4. 结论

通过对北部湾城市群中南宁市、北海市等 10 个城市的"绝对增量加权指数"进行计算，获得计算结果，茂名市的 I 值最大，为 2.0792，表明该城市的 GDP 与地理要素向北部湾城市群集中；防城港市的 I 值最小，为 0.2944，表明该城市的 GDP 与地理要素向北部湾城市群发散。

034 变化幅度模型

一、通式

1. 应用价值

通过构建"变化幅度模型"，可以将本期的值与上年同一周期的值（或者是上个统计周期的值）相比，从而分析所研究问题导致的结果增长或者减少的比率。该模型可用于城区水系演替及其土地利用优化的研究，对丰富所研究区域的数据变化的幅度的科学认识有着重要的应用价值。

2. 数据说明

（1）所需数据：选取人口密度、GDP 增长率、国际贸易总额（进、出口总额）、人均耕地资源、城镇化率等数据。

（2）数据获取途径：各区域相关年份的统计年鉴。

3. 模型详解

某一指标的变化首先反映在总量变化上，总量变化表征某一指标变化的总趋势，其变化幅度表达式为：

$$L = U_a - U_b$$

其中，L 为一段时间内某一指标的变化幅度；U_a 和 U_b 分别为研究期初和研究期末的指标总量。

4. 相关结论

读者可通过将"变化幅度模型"的"一段时间内某指标的变化总幅度"的计算结果进行等级划分，当 L > 0 时，表示该指标的变化幅度增加；当 L < 0 时，表示该指标的变化幅度减少，并以此结合实际研究目标进行进一步分析。

二、算例

1. 应用价值

在此，选取 2017 年和 2018 年北部湾城市群的 GDP 数据作为例子计算变化幅度指数，研究北部湾城市群各城市的经济发展水平在空间上有无相关关系，其属性值采用人均 GDP 来反映地区经济发展。

2. 数据说明

（1）所需数据：2017 年和 2018 年北部湾城市群中相关城市的 GDP 数据。

（2）数据获取途径：2018 年和 2019 年的中国城市统计年鉴。

3. 在 Excel 表中的具体步骤

（1）录入二维原始数据，即录入 2017 年和 2018 年北部湾城市群中的 10 个相关城市的 GDP 数据，见图 34 – 1。

	A	B	C
1	城市	2018 年	2017 年
2	南宁市	40269053	34107409
3	北海市	12133010	9651455
4	钦州市	12919647	5918520
5	防城港市	6968185	5657685
6	玉林市	16154571	4928736
7	崇左市	10164916	1936177
8	湛江市	30083928	12740693
9	茂名市	30921768	13968211
10	阳江市	13503149	7094626
11	海口市	15105130	13905779

图 34 – 1

（2）使用公式 D2 = B2 – C2，计算 2017 ~ 2018 年北部湾城市群中南宁市的 GDP 变化幅度，见图 34 – 2。

	A	B	C	D
1	城市	2018 年	2017 年	L
2	南宁市	40269053	34107409	=B2-C2

图 34 – 2

（3）同理可计算北海市、防城港市等 9 个城市的 GDP 变化幅度，见图 34 – 3。

	A	B	C	D
1	城市	2018 年	2017 年	L
2	南宁市	40269053	34107409	6161644
3	北海市	12133010	9651455	2481555
4	钦州市	12919647	5918520	7001127
5	防城港市	6968185	5657685	1310500
6	玉林市	16154571	4928736	11225835
7	崇左市	10164916	1936177	8228739
8	湛江市	30083928	12740693	17343235
9	茂名市	30921768	13968211	16953557
10	阳江市	13503149	7094626	6408523
11	海口市	15105130	13905779	1199351

图 34 – 3

4. 结论

通过构建"变化幅度模型"，分析 2017 ~ 2018 年北部湾城市群的"GDP 的变化总幅度"。通过计算结果可知，2017～2018 年所选取的 10 个城市的 GDP 变化幅度均大于 0，即 GDP 这一指标处于增加状态。

035 半城镇化率公式

一、通式

1. 应用价值

人口半城镇化率是常住人口城镇化率和户籍人口城镇化率之间的差值，通过运用"半城镇化率公式"，有利于分析人口城镇化率和户籍人口城镇化率之间的差距。该指数是中国城镇化特征的重要组成部分，为促进新型城镇化提供基础与依据。

2. 数据说明

（1）所需数据：选取城镇常住人口、全部人口、中国城镇人口数、年末总人口、城镇户籍的人口、非农业人口、道路设施、文化、义务教育资源、医疗资源、收入水平、经济发展水平、就业等数据来考虑半城镇化率。

（2）数据获取途径：《中国人口统计年鉴》《中国人口和就业统计年鉴》《中国统计年鉴》《城市统计年鉴》和国家统计局发布的相关数据资料。

3. 模型详解

目前，基于地区户籍人口城镇化率并没有明确定义。由于城市间的人口流动所占比例越来越大，为了能够客观反映各区域的人口城镇化率水平，地区半城镇化率总人口均采用常住人口口径。地区半城镇化率（U_S）的计算公式为：

$$U_S = U_R - U_H = P_T/P_R - P_T/P_H$$

其中，U_R、U_H、P_R、P_T、P_H 分别为地区常住人口城镇化率、地区户籍人口城镇化率、地区城镇人口、地区常住人口、户籍人口。

4. 相关结论

读者可通过"半城镇化率"，判断所研究区域（如某城市群）的发展状况。半城镇化率越大说明该地区未落户的流动人口越多，城乡差异越大；反之，半城镇化率越小说明该地区未落户的流动人口越少，城乡差异越小。并以此结合实际研究目标进行进一步分析。

二、算例

1. 应用价值

在此，选取 2019 年北部湾城市群中南宁市等 4 个城市地区城镇人口、地区常住人口、户籍人口数据作为例子计算半城镇化率，研究北部湾城市群中各城市的半城镇化水平，理解中国城镇化特征的重要组成部分，也是促进新型城镇化的基础与依据。

2. 数据说明

（1）所需数据：选取 2019 年北部湾城市群中南宁市等 4 个城市的地区城镇人口、地区常住人口、户籍人口数据。

（2）数据获取途径：2020 年广西统计年鉴。

3. 在 Excel 表中的具体步骤

（1）录入二维原始数据，即录入 2019 年北部湾城市群中南宁市等 4 个城市的地区城镇人口、地区常住人口、户籍人口数据，见图 35 - 1。

城市	地区城镇人口（万人）	地区常住人口（万人）	户籍人口（万人）
南宁市	467.88	734.48	781.97
北海市	101.09	170.07	180.21
防城港市	57.52	96.36	100.37
钦州市	136.41	332.41	417.66

图 35 - 1

（2）使用公式 E2 = B2/C2，计算 2019 年北部湾城市群中南宁市的常住人口城镇化率，见图 35 - 2。

城市	地区城镇人口（万人）	地区常住人口（万人）	户籍人口（万人）	常住人口城镇化率
南宁市	467.88	734.48	781.97	=B2/C2

图 35 - 2

（3）同理可计算北海市、防城港市等 3 个城市的常住人口城镇化率，见图 35 - 3。

城市	地区城镇人口（万人）	地区常住人口（万人）	户籍人口（万人）	常住人口城镇化率
南宁市	467.88	734.48	781.97	0.637022
北海市	101.09	170.07	180.21	0.594402
防城港市	57.52	96.36	100.37	0.596928
钦州市	136.41	332.41	417.66	0.410367

图 35 - 3

（4）使用公式 F2 = B2/D2，计算 2019 年北部湾城市群中南宁市的户籍人口城镇化率，见图 35 - 4。

城市	地区城镇人口（万人）	地区常住人口（万人）	户籍人口（万人）	常住人口城镇化率	户籍人口城镇化率
南宁市	467.88	734.48	781.97	0.637022	=B2/D2

图 35 - 4

（5）同理可计算北海市、防城港市等 3 个城市的户籍人口城镇化率，见图 35 - 5。

	A	B	C	D	E	F
1	城市	地区城镇人口（万人）	地区常住人口（万人）	户籍人口（万人）	常住人口城镇化率	户籍人口城镇化率
2	南宁市	467.88	734.48	781.97	0.637022	0.598335
3	北海市	101.09	170.07	180.21	0.594402	0.560957
4	防城港市	57.52	96.36	100.37	0.596928	0.57308
5	钦州市	136.41	332.41	417.66	0.410367	0.326605

图 35 – 5

（6）使用公式 G2 = E2 – F2，计算 2019 年北部湾城市群中南宁市的半城镇化率，见图 35 – 6。

	E	F	G
1	常住人口城镇化率	户籍人口城镇化率	半城镇化率
2	0.637022	0.598335	=E2-F2

图 35 – 6

（7）同理可计算北海市、防城港市等 3 个城市的半城镇化率，见图 35 – 7。

	A	B	C	D	E	F	G
1	城市	地区城镇人口（万人）	地区常住人口（万人）	户籍人口（万人）	常住人口城镇化率	户籍人口城镇化率	半城镇化率
2	南宁市	467.88	734.48	781.97	0.637022	0.598335	0.03869
3	北海市	101.09	170.07	180.21	0.594402	0.560957	0.03345
4	防城港市	57.52	96.36	100.37	0.596928	0.57308	0.02385
5	钦州市	136.41	332.41	417.66	0.410367	0.326605	0.08376

图 35 – 7

4. 结论

通过"半城镇化率"公式，分析 2019 年北部湾城市群中 4 个城市城镇人口的增长状况，如图 35 – 7 所示，钦州市的半城市化率最高，约为 0.084，半城镇化率越大说明该地区未落户的流动人口越多，人口流动根本原因是城乡差异。

036   蛙跳指数公式

一、通式

1. 应用价值

通过构建"蛙跳指数公式"，描述无计划的、分散的、低密度的、依赖汽车的郊区外围的发展。蛙跳指数有利于分析城市远郊土地的开发与利用所带来的新型城市空间形态特征，对所研究城市蔓延形态进行测度分析，反映城市蔓延的土地景观破碎度等信息。

2. 数据说明

（1）所需数据：选取所研究区域的行政区划边界数据、人口数据，具体包括：建成区面积、建成区轮廓周长、建成区中心团块以外的建设用地面积等数据。

（2）数据获取途径：通过各区域相关年份的统计年鉴，人口数据来源于全国人口普查。

3. 模型详解

城市蔓延形态可以反映城市蔓延的土地景观破碎度等信息。在此引入蛙跳指数来对所研究城市蔓延形态进行测度分析。

$$F = PF/A$$

其中，F 为蛙跳指数；PF 为建成区中心团块以外的建设用地面积；A 为建成区面积。

4. 相关结论

读者可通过"蛙跳指数"反映城市蔓延的土地景观破碎度等信息，数值越大，说明其形状越破碎；数值越小，说明其破碎程度越低。并以此结合实际研究目标进行进一步分析。

二、算例

1. 应用价值

在此，选取 2019 年北部湾城市群中南宁市等 6 个城市的建成区面积、建设用地面积数据作为例子计算蛙跳指数，对所研究城市蔓延形态进行测度分析。

2. 数据说明

（1）所需数据：选取 2019 年北部湾城市群中南宁市等 6 个城市的建成区面积、建设用地面积数据。

（2）数据获取途径：2020 年广西统计年鉴。

3. 在 Excel 表中的具体步骤

（1）录入二维原始数据，即录入 2019 年北部湾城市群中南宁市等 6 个城市的建成区面积、建设用地面积数据，见图 36 - 1。

	A	B	C
1	城市	建成区面积（平方千米）	建设用地面积（平方千米）
2	南宁市	319.69	315.24
3	北海市	957	85.97
4	防城港市	238.33	50.73
5	钦州市	354.38	90.51
6	玉林市	302.04	76.5
7	崇左市	50	38

图 36 - 1

（2）使用公式 D2 = C2/B2，计算 2019 年北部湾城市群中南宁市的蛙跳指数，见图 36 - 2。

图 36 – 2

（3）同理可计算北海市、防城港市等 5 个城市的蛙跳指数，见图 36 – 3。

	A	B	C	D
1	城市	建成区面积（平方千米）	建设用地面积（平方千米）	蛙跳指数
2	南宁市	319.69	315.24	0.98608
3	北海市	957	85.97	0.08983
4	防城港市	238.33	50.73	0.21286
5	钦州市	354.38	90.51	0.2554
6	玉林市	302.04	76.5	0.25328
7	崇左市	50	38	0.76

图 36 – 3

4. 结论

通过"蛙跳指数"公式，分析 2019 年北部湾城市群的城市蔓延形态。如图 36 – 3 所示，防城港市的跳蛙指数为 0.2129，是所选取的 6 个城市中最低的，说明该市的破碎程度相对其他 5 个城市最低；反之，南宁市的跳蛙指数值为 0.9861，是这 6 个城市中破碎化程度最高的。

037 分形维数公式

一、通式

1. 应用价值

通过构建"分形维数公式"，反映复杂形体占有空间的有效性，它是复杂形体不规则性的量度，与动力系统的混沌理论交叉结合，相辅相成。它承认空间维数的变化既可以是离散的，也可以是连续的，进而拓展了视野，对测度所研究区域的空间上有着重要的应用价值。

2. 数据说明

（1）所需数据：选取所研究区域的行政区划边界数据，具体包括：建成区面积、建成区轮廓周长数据。

（2）数据获取途径：采用 Landsat 系列遥感卫星影像，行政区划边界数据来自所研究区域的测绘地理信息中心、地名委员会办公室。

3. 模型详解

城市蔓延形态可以反映城市蔓延的土地景观破碎度等信息，在此引入分形维数来对所研究城市蔓延形态进行测度分析。

$$D = 2\ln\left(\frac{P}{4}\right)\bigg/\ln A$$

其中，D 为分形维数；P 为建成区轮廓周长；A 为建成区面积。

4. 相关结论

读者可运用"分形维数"反映城市蔓延的土地景观破碎度等信息。分维是描述分形最主要的参量，可以反映城市体系在一定区域范围内具有随机分形结构。以此结合实际研究目标进行进一步分析。

二、算例

1. 应用价值

在此，选取 2017 年北部湾城市群中北海市等 4 个城市的建成区面积、建成区轮廓周长数据作为例子计算分形维数，对所研究城市蔓延形态进行测度分析。

2. 数据说明

（1）所需数据：选取 2017 年北部湾城市群中北海市等 4 个城市的建成区面积、建成区轮廓周长数据。

（2）数据获取途径：采用 Landsat 系列遥感卫星影像，行政区划边界数据来自所研究区域的测绘地理信息中心、地名委员会办公室。

3. 在 Excel 表中的具体步骤

（1）录入二维原始数据，即录入 2017 年北部湾城市群中北海市等 4 个城市的建成区面积、建成区轮廓周长数据，见图 37 – 1。

	A	B	C
1	城市	建成区面积（平方千米）	建成区轮廓周长（千米）
2	北海市	55.62	202.126
3	防城港市	47.72	206.952
4	钦州市	33.59	172.609
5	玉林市	63.4	232.06

图 37 – 1

（2）使用公式 D2 = ln(C2/4)，计算北部湾城市群中北海市的 ln(P/4)，见图 37 – 2。

	A	B	C	D	E
1	城市	建成区面积（平方千米）	建成区轮廓周长（千米）	ln(P/4)	lnA
2	北海市	55.62	202.126	=LN(C2/4)	4.0185428
3	防城港市	47.72	206.952	3 LN(number)	.8653506

图 37 – 2

（3）同理可计算防城港市、钦州市等 3 个城市的 ln(P/4)，见图 37 – 3。

	A	B	C	D
1	城市	建成区面积（平方千米）	建成区轮廓周长（千米）	ln(P/4)
2	北海市	55.62	202.126	3.9225969
3	防城港市	47.72	206.952	3.94619252
4	钦州市	33.59	172.609	3.76473456
5	玉林市	63.4	232.06	4.0607016

图 37 – 3

（4）使用公式 E2 = ln(B2)，计算北部湾城市群中北海市的 lnA，见图 37 – 4。

	A	B	C	D	E	F
1	城市	建成区面积（平方千米）	建成区轮廓周长（千米）	ln(P/4)	lnA	分形维数
2	北海市	55.62	202.126	3.9225969	=LN(B2)	1.9522484
3	防城港市	47.72	206.952	3.94619252	LN(number)	.041829

图 37 – 4

（5）同理可计算防城港市、钦州市等 3 个城市的 lnA，见图 37 – 5。

	A	B	C	D	E
1	城市	建成区面积（平方千米）	建成区轮廓周长（千米）	ln(P/4)	lnA
2	北海市	55.62	202.126	3.9225969	4.0185428
3	防城港市	47.72	206.952	3.94619252	3.8653506
4	钦州市	33.59	172.609	3.76473456	3.5142284
5	玉林市	63.4	232.06	4.0607016	4.1494639

图 37 – 5

（6）使用公式 F2 = 2 * D2/E2，计算北部湾城市群中北海市的分形维数，见图 37 - 6。

	A	B	C	D	E	F
1	城市	建成区面积（平方千米）	建成区轮廓周长（千米）	ln(P/4)	lnA	分形维数
2	北海市	55.62	202.126	3.9225969	4.0185428	=2*D2/E2

图 37 - 6

（7）利用上式同理可计算防城港市、钦州市等 3 个城市的分形维数，见图 37 - 7。

	A	B	C	D	E	F
1	城市	建成区面积（平方千米）	建成区轮廓周长（千米）	ln(P/4)	lnA	分形维数
2	北海市	55.62	202.126	3.9225969	4.0185428	1.9522484
3	防城港市	47.72	206.952	3.94619252	3.8653506	2.041829
4	钦州市	33.59	172.609	3.76473456	3.5142284	2.1425668
5	玉林市	63.4	232.06	4.0607016	4.1494639	1.9572175

图 37 - 7

4. 结论

通过"分形维数公式"分析 2017 年北部湾城市群中各城市的蔓延形态，如图 37 - 7 所示，北海市的分形维数值最小，为 1.9523，表明该城市的破碎化程度相对较低；钦州市的分形维数值最大，为 2.1426，表明该城市的破碎化程度相对较高。该公式可以反映北部湾城市群中所选取的这些城市在一定区域范围内具有随机分形结构。

038　经济效益公式

一、通式

1. 应用价值

经济效益是指以尽可能少的劳动耗费取得尽可能多的经营成果。它不仅从生产建设角度来考察，还从经济管理制度方面考虑经济分析。它有利于分析我国人口与资源、资金之间的相关关系，促进经济增长。对丰富所研究区域的区域运输状况的科学认识有着重要的应用价值。

2. 数据说明

（1）所需数据：选取所研究区域的面积、人口、GDP（人均 GDP）、出行票价、单位时间成本（人均时间价值）、人均工作时间、旅行时间、高铁与航空的在途非运行时间（从出发地到车站的时间、候车时间、检票时间以及出站后到达目的地的时间、从出发地到机场的时间、候机时间、检票时间以及出机场后到达目的地的时间等）。

（2）数据获取途径：数据主要分为两类：第一类是交通相关数据，主要源于《中国交通年鉴》；第二类是经济数据，包括 GDP、人口等，主要源于《中国统计年鉴》。

3. 模型详解

$$u_{ie} = I_i \times d$$

其中，I_i 为 i 种出行方式的票价；d 为距离；u 为经济效益。

4. 相关结论

读者可通过对"经济效益公式"进行计算，获得计算结果，判断所研究区域（如某城市群）的经济水平。同一项生产经营活动，效益大小同劳动成果（或产出）成正比，同劳动占用和消耗（或投入）成反比。单位投入所得产出数量越多、质量越好，经济效益就越好；反之，单位投入所得产出数量越少、质量越差，就表明经济效益较差。以此结合实际研究目标进行进一步分析。

二、算例

1. 应用价值

在此，选取 2020 年北部湾城市群中南宁市与防城港市间的距离、时间等相关数据，得到轨道交通出行时间。在构造多式交通网络时，不同时段将具有不同的网络结构，分析时段划分方法和网络节点之间的出行费用，有利于进行分时段的可达性分析。

2. 数据说明

（1）所需数据：选取 2021 年 3 月某一天的北部湾城市群中南宁市到防城港市等城市的里程数、火车票价、汽车票价等数据。

（2）数据获取途径：通过百度地图、智行火车票软件，在此选取 2021 年 3 月中某一天的数据进行研究。

3. 在 Excel 表中的具体步骤

（1）录入二维原始数据，即录入南宁市到防城港市的里程数、火车票价、汽车票价等数据，见图 38 − 1。

	A	B	C	D
1	城市	里程（千米）	火车票价（元）	汽车票价（元）
2	南宁市－防城港市	144	43	60
3	南宁市－北海市	228	58	70
4	南宁市－崇左市	130	17.5	52

图 38 − 1

（2）使用公式 E2 = $B2 * C2，计算乘坐火车情况下，北部湾城市群中南宁市到防城港市的经济效益，见图 38 − 2。

（3）同理可计算乘坐火车情况下，南宁市至防城港市、南宁市至崇左市的经济效益，见图 38 − 3。

	A	B	C	D	E
1	城市	里程(千米)	火车票价(元)	汽车票价(元)	火车经济效益
2	南宁市—防城港市	144	43	60	=$B2*C2

图 38 - 2

	A	B	C	D	E
1	城市	里程(千米)	火车票价(元)	汽车票价	火车经济效益
2	南宁市-防城港市	144	43	60	6192
3	南宁市-北海市	228	58	70	13224
4	南宁市-崇左市	130	17.5	52	2275

图 38 - 3

（4）使用公式 F2 = $B2 * D2，计算乘坐客车情况下，北部湾城市群中南宁市到防城港市的经济效益，见图 38 - 4。

	A	B	C	D	E	F
1	城市	里程(千米)	火车票价(元)	汽车票价(元)	火车经济效益	汽车经济效益
2	南宁市—防城港市	144	43	60	6192	=$B2*D2

图 38 - 4

（5）同理可计算乘坐客车情况下，南宁市至防城港市、南宁市至崇左市的经济效益，见图 38 - 5。

	A	B	C	D	E	F
1	城市	里程(千米)	火车票价(元)	汽车票价	火车经济效益	汽车经济效益
2	南宁市-防城港市	144	43	60	6192	8640
3	南宁市-北海市	228	58	70	13224	15960
4	南宁市-崇左市	130	17.5	52	2275	6760

图 38 - 5

4. 结论

通过计算不同交通工具的"经济效益"，分析 2021 年北部湾城市群中城市的经济水平。由图 38 - 5 可知，南宁市—北海市的火车与汽车的经济效益分别是最高的，为 132224 和 15960，这表明南宁至北海市的单位投入所得产出数量最多、质量最好；反之，南宁市—崇左市的火车与汽车的经济效益分别是最低的，为 2275 和 6760，这表明南宁市至崇左市的单位投入所得产出数量最少、质量最差。

039　速度效益公式

一、通式

1. 应用价值

"速度效益公式"是计算不同距离下所研究的交通工具在运输市场占有率情况，对该类运输工具的竞争博弈及其反映出来的空间效应进行研究，以此来探求其适宜的运输范围及其对空间结构的影响。它对丰富所研究区域的区域运输状况的科学认识有着重要的应用价值。

2. 数据说明

（1）所需数据：选取所研究区域的面积、人口、GDP（人均 GDP）、出行票价、单位时间成本（人均时间价值）、人均工作时间、旅行时间、高铁与航空的在途非运行时间（从出发地到车站的时间、候车时间、检票时间以及出站后到达目的地的时间、从出发地到机场的时间、候机时间、检票时间以及出机场后到达目的地的时间等）。

（2）数据获取途径：数据主要分为两类，第一类是交通相关数据，主要源于《中国交通年鉴》；第二类是经济数据，包括 GDP、人口等，主要源于《中国统计年鉴》。

3. 模型详解

在距离为 d 的前提下，选取第 i 种交通方式的速度指标 v_i 的效益可表示为：

$$u_{iv} = \frac{d}{v_i} \times \bar{T}$$

其中，$\bar{T}$ 为时间成本，每个人平均每一小时能创造的时间价值，通过人均 GDP 与人均工作时间比值进行表示，全年工作时间按照 2000 小时计算，即每天按照 8 小时工作制，约 250 天（扣除法定节假日）。

4. 相关结论

读者可通过"速度效益公式"进行计算，获得计算结果，判断所研究区域（如某城市群）的各种交通方式速度的效益水平。随着运输距离的增大，旅客对经济的偏好程度逐渐减低，而对时间和舒适性的偏好程度会越来越强。并以此结合实际研究目标进行进一步分析。

二、算例

1. 应用价值

在此，选取 2020 年北部湾城市群中南宁市—防城港市的里程、动车用时、我国人均 GDP 等数据作为例子计算各种交通方式速度的效益水平。

2. 数据说明

（1）所需数据：选取 2020 年北部湾城市群中南宁市—防城港市的里程、动车用时、我国人均 GDP 等数据。

（2）数据获取途径：12306 软件、2020 年国民经济和社会发展统计公报。

3. 在 Excel 表中的具体步骤

（1）录入二维原始数据，即录入 2020 年北部湾城市群中南宁市—防城港市的里程、动车用时、我国人均 GDP 等数据，见图 39 – 1。

	A	B	C
1		里程(千米)	动车用时（小时）
2	南宁市—防城港市	144	1
3	我国人均GDP（元）	72447	
4	时间（小时）	2000	

图 39 – 1

（2）使用公式 D2 = B2/C2，计算在乘坐动车这种交通方式的情况下，北部湾城市群中南宁市到防城港市的速度，见图 39 – 2。

	A	B	C	D
1		里程(千米)	动车用时（小时）	V_i
2	南宁市—防城港市	144	1	=B2/C2

图 39 – 2

（3）使用公式 B5 = B3/B4，计算时间成本，见图 39 – 3。

	A	B
1		里程(千米)
2	南宁市—防城港市	144
3	我国人均GDP（元）	72447
4	时间（小时）	2000
5	T	=B3/B4

图 39 – 3

（4）使用公式 B6 = B2/D2 * B5，计算在乘坐动车这种交通方式的情况下，北部湾城市群中南宁市到防城港市的速度效益，见图 39 – 4。

	A	B	C	D
1		里程(千米)	动车用时（小时）	V_i
2	南宁市—防城港市	144	1	144
3	我国人均GDP（元）	72447		
4	时间（小时）	2000		
5	T	36.2235		
6	U_{iv}	36.2235		

图 39 – 4

4. 结论

计算不同交通工具的"速度效益"，判断北部湾城市群在各种交通方式下的速度效益水平，有利于分析不同运输距离下所研究的交通工具在运输市场占有率情况。

040 城市间联系强度公式

一、通式

1. 应用价值

随着中国高铁时代到来，任意两个省会城市联系强度的增强，有利于重塑经济地理空间，对经济社会产生全局性影响，改变地区间空间联系，调整区域空间格局。通过构建"城市间联系强度公式"，可以分析具有"同城效应"的高铁网络对所研究区域的空间联系格局演化的影响，对丰富所研究区域的区域空间联系格局的科学认识有着重要的应用价值。

2. 数据说明

（1）所需数据：选取列车通勤频次、地图数据、行政区划信息。一方面是基于静态数据如人口、GDP以及其他相关的经济社会指标来比较分析区域空间联系格局。另一方面是运用动态数据包括通勤流、信息流、货流以及资金流等分析区域间的空间联系格局。

（2）数据获取途径：列车通勤频次数据来源于极品时刻表，地图数据来源于国家基础地理信息库，行政区划信息来自中华人民共和国民政部区划地名司统计信息。

3. 模型详解

交通流入量和流出量分别用出发列次和到达列次表示，任意两个城市间的联系强度具体计算公式为：

$$P(ij) = P(i-j) + P(j-i)$$

其中，$P(ij)$ 为两城市间的联系强度；$P(i-j)$ 为城市 i 到城市 j 列车的运营频率。

4. 相关结论

读者可通过"城市间联系强度公式"进行计算，获得计算结果，判断所研究区域（如某城市群）城市间的联系强度及其变化。以联系强度为序列分析所研究城市群的区域性分布状况。并以此结合实际研究目标进行进一步分析。

二、算例

1. 应用价值

在此，选取2021年3月某一天北部湾城市群中南宁市与北海市两城市间的火车车次数据作为例子计算城市间联系强度，判断所研究区域（如南宁市与北海市）城市间的联系强度及其变化。

2. 数据说明

（1）所需数据：选取2021年北部湾城市群中南宁市与北海市两城市间的火车车次数据。

（2）数据获取途径：12306软件。

3. 在 Excel 表中的具体步骤

（1）录入二维原始数据，即录入 2021 年 3 月某一天北部湾城市群中南宁市与北海市两城市间的火车车次数据，见图 40-1。

	A	B	C
1		南宁市—北海市	北海市—南宁市
2	车次	41	56

图 40-1

（2）使用公式 B3 = B2 + C2，计算南宁市与北海市两城市间的联系强度，见图 40-2。

	A	B	C
1		南宁市—北海市	北海市—南宁市
2	车次	41	56
3	两城市间的联系强度	97	

图 40-2

4. 结论

运用"城市间联系强度公式"，计算北部湾城市群中南宁市与北海市两城市间的联系强度，从而推广用于整个北部湾城市群乃至全国。以联系强度为序列，分析北部湾城市群的区域性分布状况。

041 地理联系率公式

一、通式

1. 应用价值

通过构建"地理联系率公式"，反映某项区域活动与该区域内经济、人口等要素在空间上的均衡、配合程度，对丰富所研究区域的相互作用程度的科学认识有着重要的应用价值。

2. 数据说明

（1）所需数据：选取人口密度、GDP 增长率、国际贸易总额（进、出口总额）、人均耕地资源、城镇化率等数据进行研究。

（2）数据获取途径：各区域相关年份的统计年鉴。

3. 模型详解

$$V = 100 - \frac{1}{2} \sum_{i=1}^{n} |x_i - y_i|$$

其中，V 为地理联系率；x_i、y_i 为 i 地区的经济、人口要素所占比重；n 为地区总数。

4. 相关结论

读者可将"地理联系率公式"的计算结果进行等级划分，当 x 与 y 在地理分布上较为一致时，V值较大，表明两要素的地理联系率较高。反之，当 x 与 y 的地理分布差异较大时，V值较小，表明两要素地理联系不太密切。V值介于 0 ~ 100，V值越大表明所研究因素的分布与区域经济发展水平、人口规模在空间上均衡、配合程度越高。以此结合实际研究目标进行进一步分析。

二、算例

1. 应用价值

在此，选取 2019 年北部湾城市群中南宁市的常住人口、GDP 数据作为例子计算地理联系率，判断南宁市的经济、人口等要素在空间上的均衡、配合程度。

2. 数据说明

（1）所需数据：选取 2019 年北部湾城市群中南宁市的常住人口、GDP 数据，这里为了简便假定南宁市的人口、经济要素所占比重分别为 60%、40%。

（2）数据获取途径：2020 年广西统计年鉴。

3. 在 Excel 表中的具体步骤

（1）录入二维原始数据，即录入 2019 年北部湾城市群中南宁市的常住人口、GDP，假定南宁市人口、经济要素所占比重分别为 60%、40% 数据，见图 41 - 1。

图 41 - 1

（2）使用公式：B4 = 100 - 1/2 * ABS(B3 - C3)，计算南宁市与北海市两城市间的地理联系率，见图 41 - 2。

图 41 - 2

4. 结论

运用"地理联系率公式"计算得到北部湾城市群中南宁市的地理联系率为 99.9，趋近于 100，表明该城市经济发展水平和人口规模在空间上均衡程度较高。可将该公式推广，用于分析整个北部湾城市群乃至全国范围内经济、人口等要素在空间上的均衡程度。

042 人口城镇化公式

一、通式

1. 应用价值

通过运用"人口城镇化公式",分析农村人口向城镇的集中程度。人口城镇化,有利于引起人们的生产方式、生活方式以及价值观念的转变,促进非城镇人口不断向城镇转化和集中,促进集中化生产,对丰富所研究区域的城镇化水平的科学认识有着重要的应用价值。

2. 数据说明

(1) 所需数据:选取城镇户籍人口、户籍人口数据。

(2) 数据获取途径:所研究区域的统计年鉴。

3. 模型详解

$$U_{tr} = \frac{U_t - U_{t-1}}{U_{t-1}}$$

其中,U_{tr} 为 t 时期的人口城镇化增长率;U_t、U_{t-1} 为 t、t − 1 时期的城镇人口与总人口之间的比重。

4. 相关结论

读者可通过对"人口城镇化"进行计算,获得计算结果,判断所研究区域(如某城市群)的城镇化水平。标准较低的国家或地区,100 人以上的商业中心即被认为是城镇;标准较高的国家或地区,20000 人以上的聚居地才算作城镇。以居民人数为城乡划分主要标准的国家,大多数把人口下限定在 1000 ~ 10000 人之间。并以此结合实际研究目标进行进一步分析。

二、算例

1. 应用价值

在此,选取 2018 年和 2019 年北部湾城市群中南宁市的城镇户籍人口、户籍人口数据作为例子计算人口城镇化,判断南宁市的城镇化水平。

2. 数据说明

(1) 所需数据:选取 2018 年和 2019 年北部湾城市群中南宁市的城镇户籍人口、户籍人口数据。

(2) 数据获取途径:2019 年和 2020 年广西统计年鉴。

3. 在 Excel 表中的具体步骤

(1) 录入二维原始数据,即录入 2018 年和 2019 年北部湾城市群中南宁市的城镇户籍人口、户籍人口数据,见图 42 − 1。

	A	B	C
1	年份	城镇人口（万人）	户籍人口（万人）
2	2019	353.11	781.89
3	2018	343.08	770.82

图 42 – 1

（2）使用公式 B4 =（B2/C2 – B3/C3）/（B3/C3），计算南宁市 2019 年的人口城镇化增长率，见图 42 – 2。

	A	B	C
1	年份	城镇人口（万人）	户籍人口（万人）
2	2019	353.11	781.89
3	2018	343.08	770.82
4	U_{tr}	0.014663251	

图 42 – 2

4. 结论

运用"人口城镇化公式"，计算北部湾城市群中南宁市的人口城镇化增长率为 0.0147，表明南宁市 2018～2019 年的人口城镇化增长水平相对较低。可将该公式推广，用于分析整个北部湾城市群乃至全国范围内各地区的人口城镇化水平。

043 土地城镇化公式

一、通式

1. 应用价值

通过运用"土地城镇化公式"，分析城镇地域空间向农村推进程度。土地城镇化的过程是非城镇建设用地转化为城镇建设用地的过程，用城市和建制镇建设用地占土地总面积比重衡量，其影响因素主要是发展驱动、经济驱动、权利驱动等。它对丰富所研究区域的城镇化水平的科学认识有着重要的应用价值。

2. 数据说明

（1）所需数据：选取建成区面积、城区面积数据。

（2）数据获取途径：所研究区域的统计年鉴。

3. 模型详解

$$L_{tr} = \frac{L_t - L_{t-1}}{L_{t-1}}$$

其中，L_{tr} 为 t 时期的土地城镇化增长率；L_t、L_{t-1} 为 t、t – 1 时期的建成区面积与总面积之间的比重。

4. 相关结论

运用"土地城镇化公式"进行计算，获得计算结果，判断所研究区域（如某城市群）的城镇化水平。该指数值越大，表明土地的城镇化水平越高；该指数值越小，表明土地的城镇化水平越低。并以此结合实际研究目标进行进一步分析。

二、算例

1. 应用价值

在此，选取 2018 年和 2019 年北部湾城市群中南宁市的建成区面积、城区面积数据作为例子计算土地城镇化增长率，判断南宁市土地的城镇化水平。

2. 数据说明

（1）所需数据：2018 年和 2019 年北部湾城市群中南宁市的建成区面积、城区面积数据。

（2）数据获取途径：2019 年和 2020 年广西统计年鉴。

3. 在 Excel 表中的具体步骤

（1）录入二维原始数据，即录入 2018 年和 2019 年北部湾城市群中南宁市的建成区面积、城区面积数据，见图 43 - 1。

	A	B	C
1	年份	建成区面积（平方千米）	城区面积（平方千米）
2	2019	319.69	865.08
3	2018	316.56	865.08

图 43 - 1

（2）使用公式 B4 =（B2/C2 - B3/C3）/（B3/C3），计算南宁市 2019 年的土地城镇化增长率，见图 43 - 2。

	A	B	C
1	年份	建成区面积（平方千米）	城区面积（平方千米）
2	2019	319.69	865.08
3	2018	316.56	865.08
4	L_{tr}	0.0098875	

图 43 - 2

4. 结论

运用"土地城镇化公式"计算北部湾城市群中南宁市的土地城镇化增长率为 0.0099（接近 0.01），表明南宁市 2018 ~ 2019 年的人口城镇化增长水平较低。可将该公式推广，用于分析整个北部湾城市群乃至全国范围内各地区的土地城镇化水平。

044　人口城镇化与土地城镇化之间的失调程度

一、通式

1. 应用价值

"人口城镇化与土地城镇化之间的失调程度"，是利用"离差系数"进一步分析人口城镇化与土地城镇化增长之间的偏差，反映两要素之间的失衡程度，判断所研究区域（如某城市群）的城镇化水平，对丰富所研究区域的城镇化水平的科学认识有着重要的应用价值。

2. 数据说明

（1）所需数据：选取城镇户籍人口、户籍人口、建成区面积、城区面积数据。

（2）数据获取途径：所研究区域的统计年鉴。

3. 模型详解

人口城镇化与土地城镇化之间的失调程度运用离差系数进行测度：

$$C_v = \frac{S}{|\bar{X}|} = \sqrt{\frac{1}{2}\left[\left(P - \frac{P+L}{L}\right)^2 + \left(L - \frac{P+L}{2}\right)^2\right] / \left|\frac{P+L}{2}\right|} = \left|\frac{P-L}{P+L}\right|$$

其中，C_v 为离差系数；S 为标准差；$\bar{X}$ 为平均值；P 为人口城镇化增长率；L 为土地城镇化增长率。C_v 越大，说明人口城镇化与土地城镇化增长速度之间的偏差越大，失调程度越严重。

4. 相关结论

读者可通过对"人口城镇化与土地城镇化之间的失调程度"进行计算，获得计算结果，判断所研究区域（如某城市群）的城镇化水平。离差系数越大，表明人口城镇化与土地城镇化增长速度之间的偏差越大，失调程度越严重；反之，离差系数越小，表明人口城镇化与土地城镇化增长速度之间的偏差越小，失调程度越低。并以此结合实际研究目标进行进一步分析。

二、算例

1. 应用价值

在此，选取 2018 年和 2019 年北部湾城市群中南宁市的城镇户籍人口、户籍人口、建成区面积、城区面积数据作为例子计算人口城镇化与土地城镇化之间的失调程度。

2. 数据说明

（1）所需数据：选取 2018 年和 2019 年北部湾城市群中南宁市的城镇户籍人口、户籍人口、建成区面积、城区面积数据。

（2）数据获取途径：2019 年和 2020 年广西统计年鉴。

3. 在 Excel 表中的具体步骤

（1）录入二维原始数据，即录入 2018 年和 2019 年北部湾城市群中南宁市的城镇户籍人口、户籍人口、建成区面积、城区面积数据，见图 44 – 1。

	A	B	C	D	E
1	年份	城镇人口（万人）	户籍人口（万人）	建成区面积（平方千米）	城区面积（平方千米）
2	2019	353.11	781.89	319.69	865.08
3	2018	343.08	770.82	316.56	865.08

图44-1

（2）使用公式 B4＝（B2/C2－B3/C3）/（B3/C3），计算南宁市2019年的人口城镇化增长率，见图44-2。

	A	B	C
1	年份	城镇人口（万人）	户籍人口（万人）
2	2019	353.11	781.89
3	2018	343.08	770.82
4	U_{tr}	=(B2/C2-B3/C3)/(B3/C3)	

图44-2

（3）使用公式 B5＝（D2/E2－D3/E3）/（D3/E3），计算南宁市2019年的土地城镇化增长率，见图44-3。

	A	B	C	D	E
1	年份	城镇人口（万人）	户籍人口（万人）	建成区面积（平方千米）	城区面积（平方千米）
2	2019	353.11	781.89	319.69	865.08
3	2018	343.08	770.82	316.56	865.08
4	U_{tr}	0.01466			
5	L_{tr}	=(D2/E2-D3/E3)/(D3/E3)			

图44-3

（4）使用公式 B6＝ABS（（B4－B5）/（B4＋B5）），计算南宁市2019年的人口城镇化与土地城镇化之间的失调程度，见图44-4。

	A	B	C	D	E
1	年份	城镇人口（万人）	户籍人口（万人）	建成区面积（平方千米）	城区面积（平方千米）
2	2019	353.11	781.89	319.69	865.08
3	2018	343.08	770.82	316.56	865.08
4	U_{tr}	0.01466			
5	L_{tr}	0.00989			
6	C_v	0.19452			

图44-4

4. 结论

通过对"人口城镇化与土地城镇化之间的失调程度"进行计算，得到南宁市的土地城镇化与人口城镇化水平之间的失调程度值为 0.1945，表明该城市人口城镇化与土地城镇化增长速度之间的偏差较小，失调程度较低。可将该公式推广，用于分析整个北部湾城市群乃至全国范围内各地区的城镇化水平。

区域经济测算类

045　生产规模优势指数公式

一、通式

1. 应用价值

通过运用"生产规模优势指数"对城市产品的生产规模进行测定，促进产品规格的统一和标准化。利用该指数分析生产，有利于降低单位购入成本，有利于精简管理人员和工程技术人员，促进城市农产品的生产向产业化、专业化方向推进，对研究城市发展过程中生产的规模化研究具有重要价值。

2. 数据说明

（1）所需数据：选取相关地区相关年份所研究产品的播种面积、产量，该地区所研究年份不同种植模式下该产品的产量和播种面积，不同种植模式下的种植成本、产值、利润数据。

（2）数据获取途径：《中国统计年鉴》、相关地区统计年鉴、《全国农产品成本收益汇编》。

3. 模型详解

$$SCA_i = \sqrt{\left[\frac{X_i}{X} \div \frac{Y_i}{Y}\right] \times \left[\frac{M_i}{M} \div \frac{N_i}{N}\right]}$$

其中，SCA_i 为规模比较优势指数；X_i、M_i 分别为某一区域某类种植模式产品 i 的产量和播种面积；X、M 分别为区域产品总产量和总种植面积；Y_i、N_i 分别为高一级行政区某类该产品的 i 的产量和播种面积；Y、N 分别为高一级行政区该产品的总产量和总播种面积。

4. 相关结论

（1）读者可对"生产规模优势指数"进行分析。当 RCA = 1 时，表示相关产品在所研究区域间没有相对优势或劣势；当 RCA > 1 时，表示该商品在所研究区域中具有一定比较优势；当 RCA < 1 时，表示该商品在所研究区域中不具有比较优势。

（2）读者可通过"生产规模优势指数"来比较某一区域产品与高一级行政区产品之间的比例关系，以便对区域间的比较优势进行测算，从而调整传统低效的生产布局，因地制宜，调整产业结构，形成该产品集中优势产区、优化生产力布局服务。并以此结合实际研究目标进行进一步分析。

二、算例

1. 应用价值

在此，选取 2019 年北部湾城市群中南宁市与广西壮族自治区的稻谷播种面积、粮食作物播种面积、稻谷产量和粮食作物产量数据作为例子计算生产规模优势指数。

2. 数据说明

（1）所需数据：选取 2019 年北部湾城市群中南宁市与广西壮族自治区的稻谷播种面

积、粮食作物播种面积、稻谷产量和粮食作物产量数据。

（2）数据获取途径：2020 年广西统计年鉴。

3. 在 Excel 表中的具体步骤

（1）录入二维原始数据，即录入 2019 年北部湾城市群中南宁市与广西壮族自治区的稻谷播种面积、粮食作物播种面积、稻谷产量和粮食作物产量数据，见图 45 - 1。

	A	B	C	D	E
1	区域	稻谷播种面积（千公顷）	稻谷产量（万吨）	粮食作物播种面积（千公顷）	粮食作物产量（万吨）
2	南宁市	262.57	143.64	419.43	205.46
3	广西	2747	987.23	5989.21	1332

图 45 - 1

（2）使用公式 B4 = POWER((C2/E2) / (C3/E3) * ((B2/D2) / (B3/D3)) , 0. 5)，计算南宁市与广西壮族自治区之间的生产规模优势指数，见图 45 - 2。

	A	B	C	D	E
1	区域	稻谷播种面积（千公顷）	稻谷产量（万吨）	粮食作物播种面积（千公顷）	粮食作物产量（万吨）
2	南宁市	262.57	143.64	419.43	205.46
3	广西	2747	987.23	5989.21	1332
4	SCA$_i$	1.134658692			

图 45 - 2

4. 结论

通过以上公式计算，得到"生产规模优势指数"，表示南宁市稻谷产量与广西壮族自治区稻谷产量之间的比例关系，其计算结果为 1.134658692，表明南宁市稻谷的产量水平稍低于全区的平均水平，在规模上处于劣势。

046　生产效率优势指数公式

一、通式

1. 应用价值

通过运用"生产效率优势指数公式"分析某地区相关产业的水平与全国平均水平的差异。生产效率优势指数代表某一地区某产品产量水平与该产品的全国平均产量水平的比值，有利于城市产品的生产向产业化、专业化方向推进，对城市发展过程中生产的规模化研究具有重要价值。

2. 数据说明

（1）所需数据：全国及相关地区相关年份所研究产品的播种面积、产量，该地区所研究年份在不同种植模式下该产品的产量和播种面积，不同种植模式的种植成本、产值、利润数据。

（2）数据获取途径：《中国统计年鉴》、相关地区农村统计年鉴、《全国农产品成本收益汇编》。

3. 模型详解

$$ECA_i = \frac{U_i}{U} \div \frac{V_i}{V}$$

其中，ECA_i 为效率比较优势指数；U_i、U 分别为区域某产品 i 产量和该产品的平均产量；V_i、V 分别为高一级区域某类产品 i 产量和产品的平均产量。

4. 相关结论

读者可通过"生产效率比较优势指数"，将产品进行等级划分：若 $ECA_i < 1$，表明该地区某产品的产量水平低于全国平均水平，在效率上处于劣势；若 $ECA_i = 1$，说明某产品的水平与全国的产量水平持平，不具有优势；若 $ECA_i > 1$，表明该地区某产品的产量水平高于全国平均水平，具有竞争优势。ECA_i 的数值越大，说明该地区的效率优势越强。

二、算例

1. 应用价值

在此，选取 2019 年北部湾城市群中南宁市与广西壮族自治区的稻谷播种面积、粮食作物播种面积、稻谷产量和粮食作物产量数据作为例子计算生产效率比较优势指数。

2. 数据说明

（1）所需数据：选取 2019 年北部湾城市群中南宁市与广西壮族自治区（14 个城市）的稻谷产量和粮食作物产量数据。

（2）数据获取途径：2020 年广西统计年鉴。

3. 在 Excel 表中的具体步骤

（1）录入二维原始数据，即录入 2019 年北部湾城市群中南宁市与广西壮族自治区的稻谷产量和粮食作物产量数据，见图 46 - 1。

	A	B	C
1	区域	稻谷产量（万吨）	粮食作物产量（万吨）
2	南宁市	143.64	205.46
3	广西	987.23	1332

图 46 - 1

（2）使用公式 B5 = 14，由统计年鉴可知广西壮族自治区共有 14 个城市，见图 46 - 2。

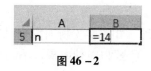

图 46－2

（3）使用公式 B4＝B3/$B$5，计算广西壮族自治区稻谷产量的平均值，见图 46－3。

	A	B
1	区域	稻谷产量（万吨）
2	南宁市	143.64
3	广西	987.23
4	广西平均值	=B3/$B$5
5	n	14

图 46－3

（4）同理可计算广西壮族自治区粮食作物产量的平均值，见图 46－4。

	A	B	C
1	区域	稻谷产量（万吨）	粮食作物产量（万吨）
2	南宁市	143.64	205.46
3	广西	987.23	1332
4	广西平均值	70.51643	=C3/$B$5
5	n	14	

图 46－4

（5）使用公式 B6＝（B2/C2）/（B4/C4），计算南宁市与广西壮族自治区之间的生产效率比较优势指数，见图 46－5。

	A	B	C
1	区域	稻谷产量（万吨）	粮食作物产量（万吨）
2	南宁市	143.64	205.46
3	广西	987.23	1332
4	广西平均值	70.51643	95.1428571
5	n	14	
6	ECA_i	0.943266	

图 46－5

4. 结论

通过计算得到"生产效率比较优势指数"，表示南宁市稻谷产量与广西壮族自治区稻谷的平均产量之间的差异，其计算结果为 0.9433，表明南宁市稻谷的产量水平稍低于全区的平均水平，说明南宁市在稻谷方面的效率处于劣势。

047　综合比较优势公式

一、通式

1. 应用价值

通过运用"综合比较优势公式",可以对城市农作物的区域比较优势测定,以便为形成产品集中优势产区、优化产品生产力布局服务。运用该公式,有利于城市相关产品的生产向产业化、专业化方向推进,对城市发展过程中产品生产的量化研究具有重要价值。

2. 数据说明

(1) 所需数据:选取相关地区相关年份所研究产品的播种面积、产量,该地区所研究年份不同种植模式下该产品的产量和播种面积,不同种植模式的种植成本、产值、利润数据。

(2) 数据获取途径:《中国统计年鉴》、相关地区统计年鉴、《全国农产品成本收益汇编》。

3. 模型详解

$$CCA_i = \sqrt{SCA_i \times ECA_i}$$

其中,CCA_i 为综合比较优势指数。综合比较优势指数是评判某农产品区域内外生产优势程度的直接指标,也是农业区域布局结构调整的重要参考标准之一,由生产规模优势指标和生产效率指数综合作用表达(该公式需要与"045 生产规模优势指数公式"和"046 生产效率优势指数公式"一起考虑)。

4. 相关结论

(1) 读者可通过"综合比较优势指数",将农产品进行等级划分:CCA_i 是综合比较优势指数,以 $CCA_i = 1$ 为标准,且指数大小与比较优势水平呈正相关,若 $CCA_i > 1$,则区域内 i 类型的农产品相对高一级区域生产具有比较优势,若 $CCA_i < 1$,则具有比较劣势,生产规模优势指数和生产效率优势指数评判标准亦如此。

(2) 读者可通过"综合比较优势"对农产品的区域布局有深入的了解,从而调整传统低效的生产布局,因地制宜,在适宜的季节增加土地肥力,防止耕地退化,同时调整耕作制度,推广轮作制度,保养地力;提高耕地生产能力,扩大优质农产品面积,实现农产品的优质高产稳产。

二、算例

1. 应用价值

在此,选取 2019 年北部湾城市群中南宁市与广西壮族自治区的稻谷播种面积、粮食作物播种面积、稻谷产量和粮食作物产量数据作为例子计算综合比较优势指数。

2. 数据说明

（1）所需数据：选取 2019 年北部湾城市群中南宁市与广西壮族自治区的稻谷播种面积、粮食作物播种面积、稻谷产量和粮食作物产量数据。

（2）数据获取途径：2020 年广西统计年鉴。

3. 在 Excel 表中的具体步骤

（1）录入二维原始数据，即录入 2019 年北部湾城市群中南宁市与广西壮族自治区的稻谷播种面积、粮食作物播种面积、稻谷产量等数据，见图 47 – 1。

	A	B	C	D	E
1	区域	稻谷播种面积（千公顷）	稻谷产量（万吨）	粮食作物播种面积（千公顷）	粮食作物产量（万吨）
2	南宁市	262.57	143.64	419.43	205.46
3	广西	2747	987.23	5989.21	1332

图 47 – 1

（2）使用公式 B4 = 14，由于广西壮族自治区共有 14 个城市，见图 47 – 2。

	A	B	C	D	E
1	区域	稻谷播种面积（千公顷）	稻谷产量（万吨）	粮食作物播种面积（千公顷）	粮食作物产量（万吨）
2	南宁市	262.57	143.64	419.43	205.46
3	广西	2747	987.23	5989.21	1332
4	n	=14			

图 47 – 2

（3）使用公式 B5 = POWER((C2/E2)/(C3/E3) * ((B2/D2)/(B3/D3)), 0.5)，计算南宁市与广西壮族自治区之间的生产规模优势指数，见图 47 – 3。

	A	B	C	D	E
1	区域	稻谷播种面积（千公顷）	稻谷产量（万吨）	粮食作物播种面积（千公顷）	粮食作物产量（万吨）
2	南宁市	262.57	143.64	419.43	205.46
3	广西	2747	987.23	5989.21	1332
4	n	14			
5	SCA	=POWER((C2/E2)/(C3/E3)*((B2/D2)/(B3/D3)),0.5)			
6	广西平均值	POWER(number, **power**)			95.142857
7	SCA				

图 47 – 3

（4）使用公式 C6 = C3/$B$4，计算广西壮族自治区稻谷产量的平均值，见图47-4。

	A	B	C
1	区域	稻谷播种面积（千公顷）	稻谷产量（万吨）
2	南宁市	262.57	143.64
3	广西	2747	987.23
4	n	14	
5	SCA$_i$	1.1346587	
6	广西平均值		=C3/$B$4

图47-4

（5）同理可计算广西壮族自治区粮食作物产量的平均值，见图47-5。

	A	B	C	D	E
1	区域	稻谷播种面积（千公顷）	稻谷产量（万吨）	粮食作物播种面积（千公顷）	粮食作物产量（万吨）
2	南宁市	262.57	143.64	419.43	205.46
3	广西	2747	987.23	5989.21	1332
4	n	14			
5	SCA$_i$	1.1346587			
6	广西平均值		70.516429		=E3/$B$4

图47-5

（6）使用公式 B7 = (C2/E2)/(C6/E6)，计算南宁市与广西壮族自治区之间的效率比较优势指数，见图47-6。

	A	B	C	D	E
1	区域	稻谷播种面积（千公顷）	稻谷产量（万吨）	粮食作物播种面积（千公顷）	粮食作物产量（万吨）
2	南宁市	262.57	143.64	419.43	205.46
3	广西	2747	987.23	5989.21	1332
4	n	14			
5	SCA$_i$	1.1346587			
6	广西平均值		70.516429		95.142857
7	ECA$_i$	=(C2/E2)/(C6/E6)			

图47-6

（7）使用公式 B8 = POWER(B5 * B7, 0.5)，计算南宁市与广西壮族自治区之间的综合比较优势指数，见图47-7。

	A	B	C	D	E
1	区域	稻谷播种面积（千公顷）	稻谷产量（万吨）	粮食作物播种面积（千公顷）	粮食作物产量（万吨）
2	南宁市	262.57	143.64	419.43	205.46
3	广西	2747	987.23	5989.21	1332
4	n	14			
5	SCA$_i$	1.1346587			
6	广西平均值		70.516429		95.142857
7	ECA$_i$	0.9432656			
8	CCA$_i$	1.0345456			

图 47 −7

4. 结论

由图 47 −7 得到"综合比较优势指数"，其计算的值为 1.0345，表明南宁市稻谷的产量水平稍高于全区的平均水平，说明南宁市在稻谷生产方面处于综合比较优势。

048 相异性指数公式

一、通式

1. 应用价值

通过运用"相异性指数公式"，分析两类要素在空间上的分布情况。当两类要素在空间分布上是彼此隔离的，则两者空间格局的差异程度会较大；若两类要素呈共栖分布或者是存在某种关联性，两者的空间格局应该会比较相似，对丰富所研究区域的空间格局的差异性有着重要的应用价值。

2. 数据说明

（1）所需数据：选取人口普查和就业统计数据，具体包括：工业，制造业，建筑业，生活服务业，交通运输、仓储和邮政业，批发和零售业，住宿和餐饮，居民服务业。

（2）数据获取途径：中国人口普查分县资料。

3. 模型详解

$$D = \frac{1}{2} \sum_{a=1}^{N} \left| \frac{x_a}{X} - \frac{y_a}{Y} \right|$$

其中，x_a 和 y_a 分别为 a 市中要素 x 和要素 y 的从业人数；X 和 Y 分别为要素 x 和要素 y 在所有城市的从业总人数（相异性指数没有考虑各地理单元的空间拓扑关系）。

4. 相关结论

"相异性指数"数值通常在区间 [0，1]，被广泛应用于欧几里得距离、曼哈顿距离、闵柯夫斯基距。

二、算例

1. 应用价值

在此，选取 2019 年北部湾城市群中南宁市、北海市与防城港市 3 个城市的制造业从业人数与农、林、牧、渔业从业人数数据作为例子计算相异性指数。

2. 数据说明

（1）所需数据：选取 2019 年北部湾城市群中南宁市、北海市与防城港市 3 个城市的制造业从业人数与农、林、牧、渔业从业人数数据。为了简便起见，将所选取的 3 个城市作为一个整体，计算其相异性指数。

（2）数据获取途径：2020 年广西统计年鉴。

3. 在 Excel 表中的具体步骤

（1）录入二维原始数据，即录入北部湾城市群中南宁市、北海市与防城港市 3 个城市的制造业从业人数与农、林、牧、渔业从业人数数据，见图 48－1。

	A	B	C
1	城市	制造业从业人数（人）	农、林、牧、渔业从业人数（人）
2	南宁市	94370	8261
3	北海市	25224	5493
4	防城港市	3973	674

图 48－1

（2）使用公式 B5 = SUM(B2: B4)，计算北部湾城市群中所选取的 3 个城市总的制造业从业人数，见图 48－2。

	A	B	C	D
1	城市	制造业从业人数（人）	农、林、牧、渔业从业人数（人）	X_a/X
2	南宁市	94370	8261	0.76371523
3	北海市	25224	5493	0.20413217
4	防城港市	3973	674	0.0321526
5	总量	=SUM(B2:B4)		
6	D	SUM(**number1**, [number2], ...)		

图 48－2

（3）同理可计算北部湾城市群中所选取的 3 个城市总的农、林、牧、渔业从业人数，见图 48－3。

	A	B	C	D	E
1	城市	制造业从业人数（人）	农、林、牧、渔业从业人数（人）	X_a/X	Y_a/Y
2	南宁市	94370	8261	0.76371523	0.57256723
3	北海市	25224	5493	0.20413217	0.38071805
4	防城港市	3973	674	0.0321526	0.04671472
5	总量	123567	=SUM(C2:C4)		
6	D	0.191148	SUM(**number1**, [number2], ...)		

图 48 - 3

（4）使用公式 D2 = B2/B\$5，计算北部湾城市群中南宁市的制造业从业人数占所选取的 3 个城市总的制造业从业人数的比重，见图 48 - 4。

	A	B	C	D
1	城市	制造业从业人数（人）	农、林、牧、渔业从业人数（人）	X_a/X
2	南宁市	94370	8261	=B2/B\$5

图 48 - 4

（5）同理分别计算北部湾城市群中北海市和防城港市的制造业从业人数占所选取的 3 个城市总的制造业从业人数的比重，见图 48 - 5。

	A	B	C	D
1	城市	制造业从业人数（人）	农、林、牧、渔业从业人数（人）	X_a/X
2	南宁市	94370	8261	0.76371523
3	北海市	25224	5493	0.20413217
4	防城港市	3973	674	0.0321526

图 48 - 5

（6）使用公式 E2 = C2/C\$5，计算北部湾城市群中南宁市的农、林、牧、渔业从业人数占所选取的 3 个城市总的农、林、牧、渔业从业人数的比重，见图 48 - 6。

（7）同理分别计算北部湾城市群中北海市和防城港市的农、林、牧、渔业从业人数占所选取的 3 个城市总的农、林、牧、渔业从业人数的比重，见图 48 - 7。

	A	B	C	D	E
1	城市	制造业从业人数（人）	农、林、牧、渔业从业人数（人）	Xₐ/X	Yₐ/Y
2	南宁市	94370	8261	0.76371523	=C2/C\$5
3	北海市	25224	5493	0.20413217	0.38071805
4	防城港市	3973	674	0.0321526	0.04671472
5	总量	123567	14428		

图 48 - 6

	A	B	C	D	E
1	城市	制造业从业人数（人）	农、林、牧、渔业从业人数（人）	Xₐ/X	Yₐ/Y
2	南宁市	94370	8261	0.76371523	0.57256723
3	北海市	25224	5493	0.20413217	0.38071805
4	防城港市	3973	674	0.0321526	0.04671472

图 48 - 7

（8）使用公式 F2 = ABS(D2 - E2)，计算北部湾城市群中南宁市的制造业从业人数的比重与农、林、牧、渔业从业人数比重差值的绝对值，见图 48 - 8。

	D	E	F	G
1	Xₐ/X	Yₐ/Y	|Xₐ/X-Yₐ/Y|	
2	0.76371523	0.57256723	=ABS(D2-E2)	
3	0.20413217	0.38071805	0.1765859	
4	0.0321526	0.04671472	0.0145621	

图 48 - 8

（9）同理分别计算北部湾城市群中北海市和防城港市的制造业从业人数的比重与农、林、牧、渔业从业人数的比重差值的绝对值，见图 48 - 9。

	A	B	C	D	E	F
1	城市	制造业从业人数（人）	农、林、牧、渔业从业人数（人）	Xₐ/X	Yₐ/Y	|Xₐ/X-Yₐ/Y|
2	南宁市	94370	8261	0.76371523	0.57256723	0.191148
3	北海市	25224	5493	0.20413217	0.38071805	0.17658588
4	防城港市	3973	674	0.0321526	0.04671472	0.01456212

图 48 - 9

（10）使用公式 B6 =1/2 * SUM(F2: F4)，计算北部湾城市群中所选取的 3 个城市之间的相异性指数，见图 48 - 10。

	A	B	C	D	E	F
1	城市	制造业从业人数（人）	农、林、牧、渔业从业人数（人）	Xₐ/X	Yₐ/Y	|Xₐ/X-Yₐ/Y|
2	南宁市	94370	8261	0.76371523	0.57256723	0.191148
3	北海市	25224	5493	0.20413217	0.38071805	0.17658588
4	防城港市	3973	674	0.0321526	0.04671472	0.01456212
5	总量	123567	14428			
6	D	0.191148				

图 48 – 10

4. 结论

从图 48 – 10 中可看出 2019 年北部湾城市群中南宁市等 3 个城市的相异性指数为 0.191148，表明这几个城市的制造业从业人数与农、林、牧、渔业从业人数呈共栖分布，或者说两种行业是存在关联性的，其空间格局比较相似。

049 泰尔指数公式

一、通式

1. 应用价值

通过构建"泰尔指数"，可以获取所研究城市的收入不平等问题，将样本分为多个群组时，泰尔指数可以分别衡量组内差距与组间差距对总体差距的贡献，是衡量地区间经济发展差异的一项重要指标。它对丰富所研究区域的城市发展历程的科学认识有着重要的应用价值。

2. 数据说明

（1）所需数据：选取投资水平、消费能力、政府实力、金融状况、人均 GDP、分区人均 GDP、分区人口、人均收入差距等数据。

（2）数据获取途径：各区域相关年份的统计年鉴、相关地区的各地级市统计年鉴及部分区域的国民经济与社会发展统计公报。

3. 模型详解

泰尔指数是利用信息理论中的"熵"这一概念来计算收入不平等程度，现已作为衡量地区间经济发展差异的一项重要指标，人口加权的泰尔指数计算公式为：

$$T = \sum_{i=1}^{n} p_i \log \frac{p_i}{y_i}$$

其中，y_i 为第 i 个地区人均 GDP 占整个研究区域人均 GDP 总和的比重；p_i 为第 i 个地区人口占整个研究区域总人口的比重。

4. 相关结论

读者可通过"泰尔指数公式"进行计算，获得计算结果，判断所研究区域（如某城市群）的城市收入差距。作为衡量个人之间或者地区间收入差距（或者称不平等度）的指标，这一指数经常被使用。用泰尔指数来衡量不平等的一个最大优点是，它可以衡量组内差距和组间差距对总差距的贡献。泰尔指数值分布在 $[0, 1]$，当泰尔指数趋近于 1 时，表明该地区的经济差异较大；反之，当泰尔指数趋近于 0 时，表明该地区的经济差异较小。

二、算例

1. 应用价值

在此，选取北部湾城市群中的相关数据，将南宁市在内的 10 个城市作为研究对象，得到泰尔指数。以 2018 年这些城市的年末人口总数和地区生产总值为指标，得出城市间的收入差异性。

2. 数据说明

（1）所需数据：选取 2018 年北部湾城市群中南宁市、防城港市等 10 个城市的年末人口总数和地区生产总值数据。

（2）数据获取途径：2019 年中国城市统计年鉴。

3. 在 Excel 表中的具体步骤

（1）录入二维原始数据，即录入北部湾城市群中南宁市、防城港市等 10 个城市的年末人口总数和地区生产总值，见图 49 – 1。

	A	B	C
1	城市	年末总人口（万人）	地区生产总值（亿元）
2	南宁市	707.37	4026.19
3	北海市	166.84	1213.3
4	防城港市	91.24	696.82
5	钦州市	387.65	1291.96
6	玉林市	674.59	1615.46
7	崇左市	243.35	1016.49
8	湛江市	777.77	3008.39
9	茂名市	747.17	3092.18
10	阳江市	282.81	1350.31
11	海口市	160.43	1510.51

图 49 – 1

（2）使用公式 D2 = C2/B2，计算北部湾城市群中南宁市的人均地区生产总值，见图 49 – 2。

	A	B	C	D
1	城市	年末总人口（万人）	地区生产总值（亿元）	人均GDP（亿元/万人）
2	南宁市	707.37	4026.19	=C2/B2

图 49 - 2

（3）同理可计算北部湾城市群中北海市等其他 9 个城市的人均地区生产总值，见图 49 - 3。

	A	B	C	D
1	城市	年末总人口（万人）	地区生产总值（亿元）	人均GDP（亿元/万人）
2	南宁市	707.37	4026.19	5.691774
3	北海市	166.84	1213.3	7.272237
4	防城港市	91.24	696.82	7.637221
5	钦州市	387.65	1291.96	3.3328
6	玉林市	674.59	1615.46	2.394729
7	崇左市	243.35	1016.49	4.17707
8	湛江市	777.77	3008.39	3.867969
9	茂名市	747.17	3092.18	4.138523
10	阳江市	282.81	1350.31	4.774619
11	海口市	160.43	1510.51	9.415384

图 49 - 3

（4）使用公式 B12 = SUM(B2:B11)，计算北部湾城市群中南宁市等 10 个城市的年末人口总量，见图 49 - 4。

	A	B	C	D
1	城市	年末总人口（万人）	地区生产总值（亿元）	人均GDP（亿元/万人）
2	南宁市	707.37	4026.19	5.691774
3	北海市	166.84	1213.3	7.272237
4	防城港市	91.24	696.82	7.637221
5	钦州市	387.65	1291.96	3.3328
6	玉林市	674.59	1615.46	2.394729
7	崇左市	243.35	1016.49	4.17707
8	湛江市	777.77	3008.39	3.867969
9	茂名市	747.17	3092.18	4.138523
10	阳江市	282.81	1350.31	4.774619
11	海口市	160.43	1510.51	9.415384
12	总量	=SUM(B2:B11)		52.70
13	T			
14		SUM(**number1**, [number2], ...)		
15				

图 49 - 4

（5）同理可计算北部湾城市群中南宁市等 10 个城市的地区生产总值总量和人均地区

生产总值总量，见图 49 – 5。

图 49 – 5

（6）使用公式 E2 = D2/$D$12，计算北部湾城市群中南宁市的 y_i，见图 49 – 6。

图 49 – 6

（7）同理可计算北部湾城市群中北海市等其他 9 个城市的 y_i，见图 49 – 7。

（8）使用公式 F2 = B2/$B$12，计算北部湾城市群中南宁市的 p_i，见图 49 – 8。

（9）同理可计算北部湾城市群中北海市等其他 9 个城市的 p_i，见图 49 – 9。

（10）使用公式 G2 = F2 * log(F2/E2)，计算北部湾城市群中南宁市的 T_i，见图 49 – 10。

（11）同理可计算北部湾城市群中北海市等其他 9 个城市的 T_i，见图 49 – 11。

（12）使用公式 B13 = SUM(G2: G11)，计算北部湾城市群中南宁市等 10 个城市的泰尔指数，见图 49 – 12。

	A	B	C	D	E
1	城市	年末总人口（万人）	地区生产总值（亿元）	人均GDP（亿元/万人）	y_i
2	南宁市	707.37	4026.19	5.691774	0.107999
3	北海市	166.84	1213.3	7.272237	0.137987
4	防城港市	91.24	696.82	7.637221	0.144912
5	钦州市	387.65	1291.96	3.3328	0.063238
6	玉林市	674.59	1615.46	2.394729	0.045439
7	崇左市	243.35	1016.49	4.17707	0.079258
8	湛江市	777.77	3008.39	3.867969	0.073393
9	茂名市	747.17	3092.18	4.138523	0.078526
10	阳江市	282.81	1350.31	4.774619	0.090596
11	海口市	160.43	1510.51	9.415384	0.178652

图 49 – 7

	A	B	C	D	E	F
1	城市	年末总人口（万人）	地区生产总值（亿元）	人均GDP（亿元/万人）	y_i	p_i
2	南宁市	707.37	4026.19	5.691774	0.107999	=B2/$B$12
3	北海市	166.84	1213.3	7.272237	0.137987	0.039356
4	防城港市	91.24	696.82	7.637221	0.144912	0.021523
5	钦州市	387.65	1291.96	3.3328	0.063238	0.091444
6	玉林市	674.59	1615.46	2.394729	0.045439	0.159131
7	崇左市	243.35	1016.49	4.17707	0.079258	0.057404
8	湛江市	777.77	3008.39	3.867969	0.073393	0.18347
9	茂名市	747.17	3092.18	4.138523	0.078526	0.176252
10	阳江市	282.81	1350.31	4.774619	0.090596	0.066713
11	海口市	160.43	1510.51	9.415384	0.178652	0.037844
12	总量	4239.22	18821.61	52.70		

图 49 – 8

	A	B	C	D	E	F
1	城市	年末总人口（万人）	地区生产总值（亿元）	人均GDP（亿元/万人）	y_i	p_i
2	南宁市	707.37	4026.19	5.691774	0.107999	0.166863
3	北海市	166.84	1213.3	7.272237	0.137987	0.039356
4	防城港市	91.24	696.82	7.637221	0.144912	0.021523
5	钦州市	387.65	1291.96	3.3328	0.063238	0.091444
6	玉林市	674.59	1615.46	2.394729	0.045439	0.159131
7	崇左市	243.35	1016.49	4.17707	0.079258	0.057404
8	湛江市	777.77	3008.39	3.867969	0.073393	0.18347
9	茂名市	747.17	3092.18	4.138523	0.078526	0.176252
10	阳江市	282.81	1350.31	4.774619	0.090596	0.066713
11	海口市	160.43	1510.51	9.415384	0.178652	0.037844

图 49 – 9

图 49 - 10

	A	B	C	D	E	F	G
1	城市	年末总人口（万人）	地区生产总值（亿元）	人均GDP（亿元/万人）	y_i	p_i	T_i
2	南宁市	707.37	4026.19	5.691774	0.107999	0.166863	0.031528
3	北海市	166.84	1213.3	7.272237	0.137987	0.039356	-0.02144
4	防城港市	91.24	696.82	7.637221	0.144912	0.021523	-0.01783
5	钦州市	387.65	1291.96	3.3328	0.063238	0.091444	0.014647
6	玉林市	674.59	1615.46	2.394729	0.045439	0.159131	0.086619
7	崇左市	243.35	1016.49	4.17707	0.079258	0.057404	-0.00804
8	湛江市	777.77	3008.39	3.867969	0.073393	0.18347	0.073005
9	茂名市	747.17	3092.18	4.138523	0.078526	0.176252	0.061885
10	阳江市	282.81	1350.31	4.774619	0.090596	0.066713	-0.00887
11	海口市	160.43	1510.51	9.415384	0.178652	0.037844	-0.02551

图 49 - 11

	A	B	C	D	E	F	G
1	城市	年末总人口（万人）	地区生产总值（亿元）	人均GDP（亿元/万人）	y_i	p_i	T_i
2	南宁市	707.37	4026.19	5.691774	0.107999	0.166863	0.031528
3	北海市	166.84	1213.3	7.272237	0.137987	0.039356	-0.02144
4	防城港市	91.24	696.82	7.637221	0.144912	0.021523	-0.01783
5	钦州市	387.65	1291.96	3.3328	0.063238	0.091444	0.014647
6	玉林市	674.59	1615.46	2.394729	0.045439	0.159131	0.086619
7	崇左市	243.35	1016.49	4.17707	0.079258	0.057404	-0.00804
8	湛江市	777.77	3008.39	3.867969	0.073393	0.18347	0.073005
9	茂名市	747.17	3092.18	4.138523	0.078526	0.176252	0.061885
10	阳江市	282.81	1350.31	4.774619	0.090596	0.066713	-0.00887
11	海口市	160.43	1510.51	9.415384	0.178652	0.037844	-0.02551
12	总量	4239.22	18821.61	52.70			
13	T	0.186001					

图 49 - 12

4. 结论

通过计算得出 2019 年北部湾城市群中的南宁市等 10 个城市的泰尔指数为 0.1860，该值趋近于 0，表明北部湾城市群中城市间的收入差距水平相对较小。

050 变异系数公式

一、通式

1. 应用价值

通过运用"变异系数公式"，比较两组数据离散程度大小。如果两组数据的测量尺度相差太大，或者数据量纲不同，直接使用标准差来进行比较不合适，此时就应当消除测量尺度和量纲的影响，而变异系数可以做到这一点，它是原始数据标准差与原始数据平均数的比值。变异系数没有量纲，可以进行客观比较，用于反映数据离散程度的绝对值。其数据大小不仅受"变量值离散程度"的影响，而且还受"变量值平均水平大小"的影响。对由比率标量计算出来的数值有着重要的意义。

2. 数据说明

（1）所需数据：选取人口密度、地区生产总值、国际贸易额（进、出口贸易额）、人均耕地资源、城镇化率等数据。

（2）数据获取途径：《中国城市统计年鉴》及各市的统计年鉴。

3. 模型详解

$$V_i = \frac{\sigma_i}{\bar{x}_i} \quad (i = 1, 2, \cdots, n)$$

其中，V_i 为第 i 项指标的变异系数；σ_i 为第 i 项指标的标准差；$\bar{x}_i$ 为第 i 项指标的平均数。

4. 相关结论

（1）读者可通过"变异系数公式"计算出结果：一般来说，变量值平均水平越高，其离散程度的测度值相对越大，反之变量值平均水平越低，其离散程度的测度值相对越小，并结合实际研究目标进行进一步分析。

（2）读者可将"变异系数"应用在概率论的许多分支中，比如"更新理论""排队理论"和"可靠性理论"。在这些理论中，指数分布通常比正态分布更为常见。由于指数分布的标准差等于其平均值，所以它的变异系数等于1。变异系数小于1的分布，比如爱尔朗分布（低差别的），而变异系数大于1的分布，如超指数分布（高差别的），并结合实际研究目标进行进一步分析。

二、算例

1. 应用价值

在此，选取 2018 年北部湾城市群中南宁市等 10 个城市的 GDP、年末人口数据作为例子计算变异系数，分别反映 GDP、年末人口数据的离散程度。

2. 数据说明

（1）所需数据：选取 2018 年北部湾城市群中南宁市等 10 个城市的 GDP、年末人口数据。

（2）数据获取途径：2019 年中国城市统计年鉴。

3. 在 Excel 表中的具体步骤

（1）录入二维原始数据，即录入 2018 年北部湾城市群中南宁市等 10 个城市的 GDP、年末人口数据，见图 50 − 1。

	A	B	C
1	城市	GDP（亿元）	年末总人口（万人）
2	南宁市	4026.19	707.37
3	北海市	1213.3	166.84
4	钦州市	1291.96	387.65
5	防城港市	696.82	91.24
6	玉林市	1615.46	674.59
7	崇左市	1016.49	243.35
8	湛江市	3008.39	777.77
9	茂名市	3092.18	747.17
10	阳江市	1350.31	282.81
11	海口市	1510.51	160.43

图 50 − 1

（2）使用公式 B12 = STDEVP(B2: B11)，计算北部湾城市群中南宁市等 10 个城市地区生产总值的标准差，见图 50 − 2。

	A	B	C	D	E
1	城市	GDP（亿元）	年末总人口（万人）		
2	南宁市	4026.19	707.37		
3	北海市	1213.3	166.84		
4	钦州市	1291.96	387.65		
5	防城港市	696.82	91.24		
6	玉林市	1615.46	674.59		
7	崇左市	1016.49	243.35		
8	湛江市	3008.39	777.77		
9	茂名市	3092.18	747.17		
10	阳江市	1350.31	282.81		
11	海口市	1510.51	160.43		
12	标准差	=STDEVP(B2:B11)			
13	平均值	STDEVP(**number1**, [number2], ...)			
14	Vi				

图 50 − 2

（3）同理可计算北部湾城市群中南宁市等 10 个城市年末总人口的标准差，见图 50 − 3。

（4）使用公式 B13 = AVERAGE(B2: B11)，计算北部湾城市群中南宁市等 10 个城市地区生产总值的平均值，见图 50 − 4。

（5）同理可计算北部湾城市群中南宁市等 10 个城市年末总人口的平均值，见图 50 − 5。

	A	B	C	D	E	F
1	城市	GDP（亿元）	年末总人口（万人）			
2	南宁市	4026.19	707.37			
3	北海市	1213.3	166.84			
4	钦州市	1291.96	387.65			
5	防城港市	696.82	91.24			
6	玉林市	1615.46	674.59			
7	崇左市	1016.49	243.35			
8	湛江市	3008.39	777.77			
9	茂名市	3092.18	747.17			
10	阳江市	1350.31	282.81			
11	海口市	1510.51	160.43			
12	标准差	1037.865564	=STDEVP(C2:C11)			
13	平均值	1882.161				
14	V_i	0.551422309	STDEVP(**number1**, [number2], ...)			
15						

图 50 – 3

	A	B	C	D	E
1	城市	GDP（亿元）	年末总人口（万人）		
2	南宁市	4026.19	707.37		
3	北海市	1213.3	166.84		
4	钦州市	1291.96	387.65		
5	防城港市	696.82	91.24		
6	玉林市	1615.46	674.59		
7	崇左市	1016.49	243.35		
8	湛江市	3008.39	777.77		
9	茂名市	3092.18	747.17		
10	阳江市	1350.31	282.81		
11	海口市	1510.51	160.43		
12	标准差	1037.865564	259.404297		
13	平均值	=AVERAGE(B2:B11)			
14	V_i		AVERAGE(**number1**, [number2], ...)		
15					

图 50 – 4

	A	B	C	D	E	F
1	城市	GDP（亿元）	年末总人口（万人）			
2	南宁市	4026.19	707.37			
3	北海市	1213.3	166.84			
4	钦州市	1291.96	387.65			
5	防城港市	696.82	91.24			
6	玉林市	1615.46	674.59			
7	崇左市	1016.49	243.35			
8	湛江市	3008.39	777.77			
9	茂名市	3092.18	747.17			
10	阳江市	1350.31	282.81			
11	海口市	1510.51	160.43			
12	标准差	1037.865564	259.404297			
13	平均值	1882.161	=AVERAGE(C2:C11)			
14	V_i	0.551422309	AVERAGE(**number1**, [number2], ...)			
15						

图 50 – 5

（6）使用公式 B14＝B12/B13，计算北部湾城市群中南宁市等 10 个城市的地区生产总值这一指标的变异系数，见图 50 – 6。

	A	B
12	标准差	1037.865564
13	平均值	1882.161
14	Vᵢ	=B12/B13

图 50 – 6

（7）同理可计算北部湾城市群中南宁市等 10 个城市年末总人口这一指标的变异系数，见图 50 – 7。

	A	B	C
1	城市	GDP（亿元）	年末总人口（万人）
2	南宁市	4026.19	707.37
3	北海市	1213.3	166.84
4	钦州市	1291.96	387.65
5	防城港市	696.82	91.24
6	玉林市	1615.46	674.59
7	崇左市	1016.49	243.35
8	湛江市	3008.39	777.77
9	茂名市	3092.18	747.17
10	阳江市	1350.31	282.81
11	海口市	1510.51	160.43
12	标准差	1037.865564	259.404297
13	平均值	1882.161	423.92
14	Vᵢ	0.551422309	0.61191516

图 50 – 7

4. 结论

从图 50 – 7 中可以看出 2018 年北部湾城市群中的南宁市等 10 个城市 GDP 数据的变异系数值约为 0.5514，表明 GDP 数据平均水平较高，区域的离散程度较大；年末人口数据的变异系数值约为 0.6119，表明年末人口数据平均水平也相对较高，区域的离散程度也较大。

051　利用变异系数的指标权重公式

一、通式

1. 应用价值

当研究的系统较为复杂时，通过运用"利用变异系数的指标权重公式"，确定各指标的权重，有利于客观地反映指标的相对重要程度，规避专家赋权的主观性，防止因指标量纲不同对权重产生的影响。

2. 数据说明

（1）所需数据：选取物资资本、人力资本、人口密度、地区生产总值、国际贸易额（进、出口贸易额）、人均耕地资源、城镇化率等数据。

（2）数据获取途径：《中国城市统计年鉴》及各市的统计年鉴。

3. 模型详解

$$V_i = \frac{\sigma_i}{\bar{x}_i} \quad (i = 1, 2, \cdots, n)$$

$$w_i = V_i \bigg/ \sum_{i=1}^{n} V_i \quad (i = 1, 2, \cdots, n)$$

其中，V_i 为第 i 项指标的变异系数；σ_i 为第 i 项指标的标准差；$\bar{x}_i$ 为第 i 项指标的平均数。

4. 相关结论

读者可运用"利用变异系数的指标权重公式"，计算指标权重。在评价指标体系中，指标选取的差异性越大，越能反映被评价单位的差距；反之，指标选取的差异性越小，越难以反映被评价单位的差距。并以此结合实际研究目标进行进一步分析。

二、算例

1. 应用价值

在此，选取 2018 年北部湾城市群中南宁市等 10 个城市的 GDP、年末人口数据作为例子计算利用变异系数的指标权重，分别反映 GDP、年末人口数据的离散程度。

2. 数据说明

（1）所需数据：选取 2018 年北部湾城市群中南宁市等 10 个城市的 GDP、年末人口数据。

（2）数据获取途径：2019 年中国城市统计年鉴。

3. 在 Excel 表中的具体步骤

（1）录入二维原始数据，即录入 2018 年北部湾城市群中南宁市等 10 个城市的 GDP、年末人口数据，见图 51 - 1。

	A	B	C
1	城市	GDP（亿元）	年末总人口（万人）
2	南宁市	4026.19	707.37
3	北海市	1213.3	166.84
4	钦州市	1291.96	387.65
5	防城港市	696.82	91.24
6	玉林市	1615.46	674.59
7	崇左市	1016.49	243.35
8	湛江市	3008.39	777.77
9	茂名市	3092.18	747.17
10	阳江市	1350.31	282.81
11	海口市	1510.51	160.43

图 51 - 1

（2）使用公式 B12 = STDEVP(B2: B11)，计算北部湾城市群中南宁市等 10 个城市地区生产总值的标准差，见图 51 - 2。

	A	B	C	D
1	城市	GDP（亿元）	年末总人口（万人）	
2	南宁市	4026.19	707.37	
3	北海市	1213.3	166.84	
4	钦州市	1291.96	387.65	
5	防城港市	696.82	91.24	
6	玉林市	1615.46	674.59	
7	崇左市	1016.49	243.35	
8	湛江市	3008.39	777.77	
9	茂名市	3092.18	747.17	
10	阳江市	1350.31	282.81	
11	海口市	1510.51	160.43	
12	标准差	=STDEVP(B2:B11)		
13	平均值			
14	V_i	(STDEVP(**number1**, [number2], ...)		

图 51 - 2

（3）同理可计算北部湾城市群中南宁市等 10 个城市年末总人口的标准差，见图51 - 3。

	A	B	C
1	城市	GDP（亿元）	年末总人口（万人）
2	南宁市	4026.19	707.37
3	北海市	1213.3	166.84
4	钦州市	1291.96	387.65
5	防城港市	696.82	91.24
6	玉林市	1615.46	674.59
7	崇左市	1016.49	243.35
8	湛江市	3008.39	777.77
9	茂名市	3092.18	747.17
10	阳江市	1350.31	282.81
11	海口市	1510.51	160.43
12	标准差	1037.865564	259.404297

图 51 - 3

（4）使用公式 B13 = AVERAGE(B2: B11)，计算北部湾城市群中南宁市等 10 个城市地区生产总值的平均值，见图 51 - 4。

	A	B	C	D	E
1	城市	GDP（亿元）	年末总人口（万人）		
2	南宁市	4026.19	707.37		
3	北海市	1213.3	166.84		
4	钦州市	1291.96	387.65		
5	防城港市	696.82	91.24		
6	玉林市	1615.46	674.59		
7	崇左市	1016.49	243.35		
8	湛江市	3008.39	777.77		
9	茂名市	3092.18	747.17		
10	阳江市	1350.31	282.81		
11	海口市	1510.51	160.43		
12	标准差	1037.865564	259.404297		
13	平均值	=AVERAGE(B2:B11)			
14	V_i	AVERAGE(**number1**, [number2], ...)			
15	w_i				

图 51-4

（5）同理可计算北部湾城市群中南宁市等 10 个城市年末总人口的平均值，见图 51-5。

	A	B	C
1	城市	GDP（亿元）	年末总人口（万人）
2	南宁市	4026.19	707.37
3	北海市	1213.3	166.84
4	钦州市	1291.96	387.65
5	防城港市	696.82	91.24
6	玉林市	1615.46	674.59
7	崇左市	1016.49	243.35
8	湛江市	3008.39	777.77
9	茂名市	3092.18	747.17
10	阳江市	1350.31	282.81
11	海口市	1510.51	160.43
12	标准差	1037.865564	259.404297
13	平均值	1882.161	423.92

图 51-5

（6）使用公式 B14 = B12/B13，计算北部湾城市群中南宁市等 10 个城市的地区生产总值这一指标的变异系数，见图 51-6。

（7）同理可计算北部湾城市群中南宁市等 10 个城市年末总人口这一指标的变异系数，见图 51-7。

（8）使用公式 B15 = B14/SUM($B$14: $C$14)，计算北部湾城市群中南宁市等 10 个城市地区生产总值这一指标变异系数的权重，见图 51-8。

	A	B
1	城市	GDP（亿元）
2	南宁市	4026.19
3	北海市	1213.3
4	钦州市	1291.96
5	防城港市	696.82
6	玉林市	1615.46
7	崇左市	1016.49
8	湛江市	3008.39
9	茂名市	3092.18
10	阳江市	1350.31
11	海口市	1510.51
12	标准差	1037.865564
13	平均值	1882.161
14	V_i	=B12/B13

图 51－6

	A	B	C
1	城市	GDP（亿元）	年末总人口（万人）
2	南宁市	4026.19	707.37
3	北海市	1213.3	166.84
4	钦州市	1291.96	387.65
5	防城港市	696.82	91.24
6	玉林市	1615.46	674.59
7	崇左市	1016.49	243.35
8	湛江市	3008.39	777.77
9	茂名市	3092.18	747.17
10	阳江市	1350.31	282.81
11	海口市	1510.51	160.43
12	标准差	1037.865564	259.404297
13	平均值	1882.161	423.92
14	V_i	0.551422309	0.61191516

图 51－7

	A	B	C	D
14	V_i	0.551422309	0.61191516	
15	w_i	=B14/SUM($B$14:$C$14)		
16		SUM(**number1**, [number2], …)		
17				

图 51－8

（9）同理可计算北部湾城市群中南宁市等 10 个城市年末总人口这一指标变异系数的权重，见图 51－9。

	A	B	C
1	城市	GDP（亿元）	年末总人口（万人）
2	南宁市	4026.19	707.37
3	北海市	1213.3	166.84
4	钦州市	1291.96	387.65
5	防城港市	696.82	91.24
6	玉林市	1615.46	674.59
7	崇左市	1016.49	243.35
8	湛江市	3008.39	777.77
9	茂名市	3092.18	747.17
10	阳江市	1350.31	282.81
11	海口市	1510.51	160.43
12	标准差	1037.865564	259.404297
13	平均值	1882.161	423.92
14	V_i	0.551422309	0.61191516
15	w_i	0.474000301	0.5259997

图 51 – 9

4. 结论

从图 51 – 9 中可看出 2018 年北部湾城市群中的南宁市等 10 个城市的 GDP、年末人口数据变异系数的权重分别为 0.4740、0.5260，GDP 指标的差异性小于年末人口指标的差异性，反映该城市群 GDP 的差距小于年末人口的差距。

052　崔—王（T – W）指数公式

一、通式

1. 应用价值

"崔—王指数公式"是利用分顺序公理："扩散增加"和"两极分化"，推导出的极化测度指数，它对丰富所研究区域的城市空间极化现象的科学认识有着重要的应用价值。

2. 数据说明

（1）所需数据：选取衡量经济发展水平的数据，包括生产水平和生活水平数据。例如，可以选取国内生产总值、固定资产投资、职工平均工资和人均可支配收入等数据。

（2）数据获取途径：相关地区的统计年鉴及该地区的国民经济和社会发展统计公报。

3. 模型详解

$$TW = \frac{\theta}{N} \sum_{i=1}^{k} \pi_i \left| \frac{Y_i - m}{m} \right|'$$

其中，N 为总人口；π_i 为 i 地区的人口；k 为地区数；Y_i 为 i 地区的人均 GDP；m 为所有 i 地区的人均 GDP 的中间值；θ 为正的常数标量；r ∈（0，1）。

4. 相关结论

读者可通过"崔—王指数公式"进行计算，TW 指数值域处于（0，1），当 TW = 0 时，是无极化；当 TW = 1 时，是完全极化。TW 指数越趋向 1，表明极化程度越高；反之，TW 指数越趋向 0，表明极化程度越低。并以此结合实际研究目标进行进一步分析。

二、算例

1. 应用价值

在此，选取 2017 年北部湾城市群中南宁市等 11 个城市的年末户籍人口、人均地区生产总值数据作为例子计算崔—王指数，反映这些城市之间的极化程度关系。

2. 数据说明

（1）所需数据：选取 2017 年北部湾城市群中南宁市等 11 个城市的年末户籍人口、人均地区生产总值数据。由于 θ 为正的常数标量值，这里为了简便计算，笔者将 θ 取值 0.5。

（2）数据获取途径：2018 年中国城市统计年鉴。

3. 在 Excel 表中的具体步骤

（1）录入二维原始数据，即录入 2017 年北部湾城市群中南宁市等 11 个城市的年末户籍人口、人均地区生产总值数据，见图 52 – 1。

	A 城市	B 年末户籍人口（万人）	C 人均地区生产总值(元)
2	南宁市	771	55901
3	北海市	178	72581
4	防城港市	99	73601
5	钦州市	415	39243
6	玉林市	733	27708
7	崇左市	252	48564
8	湛江市	848	41107
9	茂名市	811	49406
10	阳江市	300	52969
11	海口市	178	66042
12	儋州市	97	35569

图 52 – 1

（2）使用公式 B13 = SUM(B2: B12)，计算北部湾城市群中南宁市等 11 个城市年末户籍人口总和，见图 52 – 2。

	A 城市	B 年末户籍人口（万人）	C 人均地区生产总值（元）	D 中间量	E
2	南宁市	771	55901	101.357	
3	北海市	178	72581	83.4949	
4	防城港市	99	73601	48.4821	
5	钦州市	415	39243	85.3671	
6	玉林市	733	27708	321.917	
7	崇左市	252	48564	4.2947	
8	湛江市	848	41107	142.443	
9	茂名市	811	49406	0	
10	阳江市	300	52969	21.635	
11	海口市	178	66042	59.9362	
12	儋州市	97	35569	27.1665	
13	总人口	=SUM(B2:B12)		人均GDP中间值	
14	k	SUM(**number1**, [number2], ...)			

图 52 – 2

（3）使用公式 C13 = MEDIAN(C2: C12)，计算北部湾城市群中南宁市等 11 个城市人均地区生产总值的中间值，见图 52 - 3。

	A	B	C	D	E	F
1	城市	年末户籍人口（万人）	人均地区生产总值（元）	中间量		
2	南宁市	771	55901	101.357		
3	北海市	178	72581	83.4949		
4	防城港市	99	73601	48.4821		
5	钦州市	415	39243	85.3671		
6	玉林市	733	27708	321.917		
7	崇左市	252	48564	4.2947		
8	湛江市	848	41107	142.443		
9	茂名市	811	49406	0		
10	阳江市	300	52969	21.635		
11	海口市	178	66042	59.9362		
12	儋州市	97	35569	27.1665		
13	总人口	4682	=MEDIAN(C2:C12)			
14	k	11	MEDIAN(**number1**, [number2], ...)			

图 52 - 3

（4）使用公式 B14 = COUNT(B2: B12)，计算所选取的北部湾城市群中城市的个数 k，见图 52 - 4。

	A	B	C	D
1	城市	年末户籍人口（万人）	人均地区生产总值（元）	中间量
2	南宁市	771	55901	101.357
3	北海市	178	72581	83.4949
4	防城港市	99	73601	48.4821
5	钦州市	415	39243	85.3671
6	玉林市	733	27708	321.917
7	崇左市	252	48564	4.2947
8	湛江市	848	41107	142.443
9	茂名市	811	49406	0
10	阳江市	300	52969	21.635
11	海口市	178	66042	59.9362
12	儋州市	97	35569	27.1665
13	总人口	4682	49406	人均GDP中间值
14	k	=COUNT(B2:B12)		
15	θ	COUNT(**value1**, [value2], ...)		
16	TW			

图 52 - 4

（5）使用公式 B15 = 0.5，由于 θ 为正的常数标量值，这里为了简便计算，笔者将 θ 取值 0.5，见图 52 - 5。

	A	B
15	θ	=0.5

图 52-5

（6）使用公式 D2 = B2 * ABS((C2 - $C$13)/$C$13)，计算北部湾城市群中南宁市在 TW 指数公式的中间量，见图 52-6。

	A	B	C	D	E	F
1	城市	年末户籍人口（万人）	人均地区生产总值（元）	中间量		
2	南宁市	771	55901	=B2*ABS((C2-$C$13)/$C$13)		
3	北海市	178	72581	83.4949		
4	防城港市	99	73601	48. ABS(number)		
5	钦州市	415	39243	85.3671		
6	玉林市	733	27708	321.917		
7	崇左市	252	48564	4.2947		
8	湛江市	848	41107	142.443		
9	茂名市	811	49406	0		
10	阳江市	300	52969	21.635		
11	海口市	178	66042	59.9362		
12	儋州市	97	35569	27.1665		
13	总人口	4682	49406	人均GDP中间值		

图 52-6

（7）同理可计算北部湾城市群中北海市、防城港市等 10 个城市在 TW 指数公式的中间量，见图 52-7。

	A	B	C	D
1	城市	年末户籍人口（万人）	人均地区生产总值(元)	中间量
2	南宁市	771	55901	101.357
3	北海市	178	72581	83.4949
4	防城港市	99	73601	48.4821
5	钦州市	415	39243	85.3671
6	玉林市	733	27708	321.917
7	崇左市	252	48564	4.2947
8	湛江市	848	41107	142.443
9	茂名市	811	49406	0
10	阳江市	300	52969	21.635
11	海口市	178	66042	59.9362
12	儋州市	97	35569	27.1665

图 52-7

（8）使用公式 B16 = B15/B13 * SUM(D2: D12)，计算北部湾城市群中南宁市等 11 个城市的 TW 指数，见图 52-8。

	A	B	C	D
1	城市	年末户籍人口（万人）	人均地区生产总值（元）	中间量
2	南宁市	771	55901	101.357
3	北海市	178	72581	83.4949
4	防城港市	99	73601	48.4821
5	钦州市	415	39243	85.3671
6	玉林市	733	27708	321.917
7	崇左市	252	48564	4.2947
8	湛江市	848	41107	142.443
9	茂名市	811	49406	0
10	阳江市	300	52969	21.635
11	海口市	178	66042	59.9362
12	儋州市	97	35569	27.1665
13	总人口	4682	49406	人均GDP中间值
14	k	11		
15	θ	0.5		
16	TW	0.095696		

图 52 - 8

4. 结论

从图 52 - 8 中可以看出 2017 年北部湾城市群中的南宁市等 11 个城市的崔—王（TW）指数值为 0.0957。TW 指数越趋向 0，表明在年末户籍人口、人均地区生产总值因素影响下的北部湾城市群中 11 个城市的极化程度很低。

053 基尼系数公式

一、通式

1. 应用价值

通过构建"基尼系数"，可用以衡量一个国家或地区居民收入差距，反映居民之间贫富差异程度的数量界线，可以较客观、直观地反映和监测居民之间的贫富差距，预报、预警和防止居民之间出现贫富两极分化，对丰富所研究区域的城市收入分配的不均等程度有着重要的应用价值。

2. 数据说明

（1）所需数据：实际收入分配、收入分配绝对平等、不平等程度、相关因素的数量、各相关因素在相关地区绝对均匀分布时的比重、各相关因素的实际份额、相关因素的累计份额。

（2）数据获取途径：历年各港口统计公报。

3. 模型详解

$$G = \frac{1}{\bar{y}} \sum_{i=1}^{N} \sum_{j=1}^{N} f(y_i) f(y_j) |y_i - y_j|$$

其中，y_i 为 i 区域的人均 GDP；$\bar{y}$ 为 y_i 的平均值；$f(y_i)$ 和 $f(y_j)$ 分别为 i 和 j 区域的人口占全部区域人口的比重。

4. 相关结论

读者可将"基尼系数"的计算结果进行等级划分，若 G 值低于 0.2，表示指数等级极低（居民收入高度平均）；若 G 值处在 0.2～0.29，表示指数等级低（居民收入比较平均）；若 G 值处在 0.3～0.39，表示指数等级中（居民收入相对合理）；若 G 值处在 0.4～0.59，表示指数等级高（居民收入差距较大）；若 G 值处在 0.6 以上，表示指数等级极高（居民收入差距悬殊）。并以此结合实际研究目标进行进一步分析。

二、算例

1. 应用价值

在此，选取 2017 年北部湾城市群中南宁市、北海市的人均地区生产总值数据作为例子计算基尼系数，反映南宁市与北海市两个城市之间的极化程度关系。

2. 数据说明

（1）所需数据：选取 2017 年北部湾城市群中南宁市、北海市的人均地区生产总值数据。

（2）数据获取途径：2018 年广西统计年鉴。

3. 在 Excel 表中的具体步骤

（1）录入二维原始数据，即录入 2017 年北部湾城市群中南宁市、北海市的人均地区生产总值数据，见图 53 -1。

	A	B
1	城市	人均地区生产总值(元)
2	南宁市	55901
3	北海市	72581

图 53 -1

（2）使用公式 B4 = SUM(B2: B3)，计算北部湾城市群中南宁市、北海市的人均地区生产总值的总量，见图 53 -2。

	A	B	C	D	E
1	城市	人均地区生产总值(元)	比重		
2	南宁市	55901	0.43509		
3	北海市	72581	0.56491		
4	总量	=SUM(B2:B3)			
5	均值	SUM(**number1**, [number2], ...)			

图 53 -2

（3）使用公式 B5 = AVERAGE(B2: B3)，计算北部湾城市群中南宁市、北海市的人均地区生产总值的总量均值，见图 53 – 3。

图 53 – 3

（4）使用公式 C2 = B2/$B$4，计算北部湾城市群中南宁市的人均地区生产总值占两个城市总的人均生产总值的比重，见图 53 – 4。

图 53 – 4

（5）同理可计算北部湾城市群中北海市的人均地区生产总值占两个城市总的人均生产总值的比重，见图 53 – 5。

图 53 – 5

（6）使用公式 B6 = 1/B5 ∗ C2 ∗ C3 ∗ ABS(B2 – B3)，计算北部湾城市群中南宁市、北海市两个城市的基尼系数值，见图 53 – 6。

图 53 – 6

4. 结论

从图 53 - 6 中可以看出 2017 年北部湾城市群中的南宁市、北海市两个城市的基尼系数值为 0.063818（此值低于 0.2），表示指数等级极低，即该指数高度平均，南宁市与北海市两地区居民收入差距不大。

054　P 指数公式

一、通式

1. 应用价值

"P 指数公式"可以用于测度城市的极化程度，该指数是根据排序公理提出的一个不受选取区域限制的测量中产阶级减少与极化的新的直观的极化指数方法。与 KZ 指数、Estebn - Ray 指数相似，也可用以表示区域之间的极化水平，判断所研究区域（如某城市群）的城市的空间极化程度。它对丰富所研究区域的城市空间极化现象的科学认识有着重要的应用价值。

2. 数据说明

（1）所需数据：选取人口、GDP 数据（各年 GDP 的当年价格）、行政区划（对变动区域进行重新整合，并对相关数据进行校正，大大提高了数据的精确度和研究的可信度）等数据。

（2）数据获取途径：相关地区相关年份《中国城市统计年鉴》《中国区域经济统计年鉴》《中国县市统计年鉴》等。

3. 模型详解

$$P = (T - G)\frac{\mu}{m}$$

$$T = \frac{(\mu^U - \mu^L)}{\mu}$$

其中，P 为地区经济发展的总体极化指数；T 为与中位数相关的偏差；G 为基尼系数；μ 为人均 GDP 的均值；m 为人均 GDP 排序后的中位数；μ^U 为高于中位数那部分的人均 GDP 的均值；μ^L 为低于中位数的那部分人均 GDP 的平均值。

4. 相关结论

读者可通过对"P 指数"进行计算，获得计算结果，判断所研究区域（如某城市群）的城市的空间极化程度。总体而言，差异的分布变化和极化分布变化呈现出一定的相关性，大部分省份差异的扩大或缩小，必然带来极化的增强或减弱，但差异的扩大或缩小与极化的增强或减弱并非完全成正向关联。并以此结合实际研究目标进行进一步分析。

二、算例

1. 应用价值

在此，选取 2017 年北部湾城市群中南宁市、北海市等 11 个城市的人均地区生产总值数据作为例子计算 P 指数，反映这些城市之间的极化程度关系。

2. 数据说明

（1）所需数据：选取 2017 年北部湾城市群中南宁市、北海市等 11 个城市的人均地区生产总值数据。由于基尼系数 G 的求法在前面"053 基尼系数公式"中已经提过，这里为了简便计算，笔者将 G 取值 0.3。

（2）数据获取途径：2018 年中国城市统计年鉴。

3. 在 Excel 表中的具体步骤

（1）在 Sheet1 表中，录入二维原始数据，即录入 2017 年北部湾城市群中南宁市、北海市等 11 个城市的人均地区生产总值数据，见图 54 – 1。

	A	B
1	城市	人均地区生产总值（元）
2	南宁市	55901
3	北海市	72581
4	防城港市	73601
5	钦州市	39243
6	玉林市	27708
7	崇左市	48564
8	湛江市	41107
9	茂名市	49406
10	阳江市	52969
11	海口市	66042
12	儋州市	35569

图 54 – 1

（2）使用公式 B13 = SUM(B2:B12)，计算北部湾城市群中南宁市、北海市等 11 个城市的人均地区生产总值的总量，见图 54 – 2。

	A	B	C	D
1	城市	人均地区生产总值（元）	城市	人均地区生产总值（元）
2	南宁市	55901	南宁市	55901
3	北海市	72581	北海市	72581
4	防城港市	73601	防城港市	73601
5	钦州市	39243	茂名市	49406
6	玉林市	27708	阳江市	52969
7	崇左市	48564	海口市	66042
8	湛江市	41107	均值	61750
9	茂名市	49406		
10	阳江市	52969		
11	海口市	66042		
12	儋州市	35569		
13	总量	=SUM(B2:B12)		
14	均值	SUM(**number1**, [number2], ...)		

图 54 – 2

（3）使用公式 B14 = AVERAGE(B2: B12)，计算南宁市、北海市等 11 个城市的人均地区生产总值的总量的均值，见图 54 - 3。

图 54 - 3

（4）使用公式 B15 = MEDIAN(B2: B12)，计算南宁市、北海市等 11 个城市的人均地区生产总值的中位数，见图 54 - 4。

图 54 - 4

（5）在 Sheet2 表中，粘贴（1）中录入的二维原始数据，选中 B2 至 B12 的数据，见图 54 - 5。

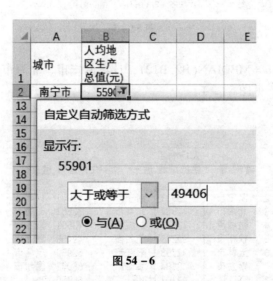

图 54 - 5

（6）单击右键选择"筛选"这个选项中的"按所选单元格的值筛选"，点击后出现"数据筛选"，选中"大于等于"，其中填入该组中位数的数值"49406"，见图 54 - 6。

图 54 - 6

（7）由以上方式可得到筛选后的公式，见图 54 - 7。

图 54 - 7

（8）将"Sheet2 表"中筛选后的数据以"数值方式"粘贴至"Sheet1 表"，见图 54 – 8。

	C	D
1	城市	人均地区生产总值（元）
2	南宁市	55901
3	北海市	72581
4	防城港市	73601
5	茂名市	49406
6	阳江市	52969
7	海口市	66042
8	均值	61750

图 54 – 8

（9）在 Sheet3 表中，粘贴（1）中录入的二维原始数据，选中 B2 至 B12 的数据，见图 54 – 9。

	A	B
1	城市	人均地区生产总值(元)
2	南宁市	55901
3	北海市	72581
4	防城港市	73601
5	钦州市	39243
6	玉林市	27708
7	崇左市	48564
8	湛江市	41107
9	茂名市	49406
10	阳江市	52969
11	海口市	66042
12	儋州市	35569

图 54 – 9

（10）单击右键选择"筛选"这个选项中的"按所选单元格的值筛选"，点击后出现"数据筛选"，选中"小于等于"，其中填入该组中位数的数值"49406"，见图 54 – 10。

图 54 – 10

（11）由以上方式可得到筛选后的公式，见图54-11。

	A	B
1	城市	人均地区生产总值(元)
2	南宁市	5590
5	钦州市	39243
6	玉林市	27708
7	崇左市	48564
8	湛江市	41107
9	茂名市	49406
12	儋州市	35569

图 54-11

（12）将"Sheet3 表"中筛选后的数据以"数值方式"粘贴至"Sheet1 表"，见图 54-12。

	E	F
1	城市	人均地区生产总值(元)
2	钦州市	39243
3	玉林市	27708
4	崇左市	48564
5	湛江市	41107
6	茂名市	49406
7	儋州市	35569

图 54-12

（13）使用公式 D8 = AVERAGE(D2 : D7)，计算所选取的南宁市、北海市等 11 个城市中"大于等于49406"的城市的人均地区生产总值的总量的均值，见图 54-13。

	C	D	E	F	G	H
1	城市	人均地区生产总值(元)	城市	人均地区生产总值(元)		
2	南宁市	55901	钦州市	39243		
3	北海市	72581	玉林市	27708		
4	防城港市	73601	崇左市	48564		
5	茂名市	49406	湛江市	41107		
6	阳江市	52969	茂名市	49406		
7	海口市	66042	儋州市	35569		
8	均值	=AVERAGE(D2:D7)	40266.17			
9		AVERAGE(**number1**, [number2], ...)				
10						

图 54-13

（14）同理可以计算所选取的南宁市、北海市等 11 个城市中"小于等于 49406"的城市的人均地区生产总值的总量的均值，见图 54 – 14。

图 54 – 14

（15）由基尼系数 G 的求法在前面"053 基尼系数公式"中已经提过，这里为了简便计算，笔者将 G 取值 0.3，见图 54 – 15。

图 54 – 15

（16）使用公式 B17 =（D8 – F8）/B14，计算北部湾城市群中南宁市、北海市等 11 个城市的与中位数相关的偏差 T 值，见图 54 – 16。

图 54 – 16

（17）使用公式 B18 =（B17 – B16）*（B14/B15），计算北部湾城市群中南宁市、北海市等 11 个城市的 P 指数，见图 54 – 17。

图 54 – 17

4. 结论

从图 54 – 17 中可以看出 2017 年北部湾城市群中的南宁市、北海市等 11 个城市的 P 指数为 0.12423，表明北部湾城市群城市的空间极化程度较低，对丰富所研究区域的城市空间极化现象的科学认识有着重要的应用价值。

055 标准差指数公式

一、通式

1. 应用价值

通过"标准差指数公式"可以从相对意义方面分析所研究城市的区域城镇化格局时空演变的规律，为构建有序的区域空间结构、协调区域城镇化发展提供决策依据，对丰富所研究区域城镇化格局时空演变的科学认识有着重要的应用价值。

2. 数据说明

（1）所需数据：选取人口密度、GDP 增长率、国际贸易总额（进、出口总额）、人均耕地资源、城镇化率等数据。

（2）数据获取途径：各区域相关年份的统计年鉴。

3. 模型详解

$$S = \sqrt{\frac{1}{n} \sum_{i=1}^{n} (Y_i - \bar{Y})^2}$$

其中，Y_i 为 i 地区的相关因素，$\bar{Y}$ 为 n 个地区的平均相关因素。

4. 相关结论

读者可通过"标准差指数公式"进行计算，获得计算结果，判断所研究区域（如某城市群）的城镇化水平的区域差异。标准差是总体各单位标准值与其平均数离差平方的算术平均数的平方根，反映一组数据离散程度最常用的一种量化形式，是表示精确度的重要指标，反映组内个体间的离散程度。S 越大，说明相对差距越大；S 越小，说明相对差距越小，以此结合实际研究目标进行进一步分析。

二、算例

1. 应用价值

在此，选取 2018 年北部湾城市群中南宁市、北海市等 10 个城市的 GDP 数据作为例子计算标准差指数，客观准确地反映该区域 GDP 数据的离散程度。

2. 数据说明

（1）所需数据：选取 2018 年北部湾城市群中南宁市、北海市等 10 个城市的 GDP 数据。

（2）数据获取途径：2019 年中国城市统计年鉴。

3. 在 Excel 表中的具体步骤

（1）录入二维原始数据，即录入 2018 年北部湾城市群中南宁市、北海市等 10 个城市的 GDP 数据，见图 55 - 1。

	A	B
1	城市	GDP（亿元）
2	南宁市	4026.19
3	北海市	1213.3
4	钦州市	1291.96
5	防城港市	696.82
6	玉林市	1615.46
7	崇左市	1016.49
8	湛江市	3008.39
9	茂名市	3092.18
10	阳江市	1350.31
11	海口市	1510.51

图 55 - 1

（2）使用公式 B12 = STDEVP(B2: B11)，计算北部湾城市群中南宁市、北海市等 10 个城市的 GDP 数据的标准差，见图 55 - 2。

	A	B
1	城市	GDP（亿元
2	南宁市	4026.19
3	北海市	1213.3
4	钦州市	1291.96
5	防城港市	696.82
6	玉林市	1615.46
7	崇左市	1016.49
8	湛江市	3008.39
9	茂名市	3092.18
10	阳江市	1350.31
11	海口市	1510.51
12	标准差	1037.866

图 55 - 2

4. 结论

从图 5 – 22 中可以看出 2018 年北部湾城市群中南宁市、北海市等 10 个城市的 GDP 数据的标准差值为 1037.8656，该值相对较大，可以判断北部湾城市群中这 10 个城市的相对差距较大，即区域的差异较大。

056   相对发展率指数公式

一、通式

1. 应用价值

"相对发展率（NICH）指数"用来衡量各区域在某一时期相对于整体研究区域的发展速度，反映各区域某一时间段相关因素的变化与该时期内整个区域相关因素的变化关系。对所研究区域相关因素发展的空间分异进行计量分析，揭示该区域相关因素的空间布局、行业集聚与演化的规律性。

2. 数据说明

（1）所需数据：选取人口密度、GDP 增长率、国际贸易总额（进、出口总额）、人均耕地资源、城镇化率等数据。

（2）数据获取途径：各区域相关年份的统计年鉴。

3. 模型详解

$$\mathrm{NICH} = \frac{Y_{2i} - Y_{1i}}{Y_2 - Y_1}$$

其中，Y_{1i}、Y_{2i} 为 i 地区初期和末期的相关因素；Y_1 和 Y_2 为整体在初期和末期的相关因素。

4. 相关结论

读者可将"NICH 指数"的计算结果进行等级划分，将所研究区域划分为高水平区、较高水平区、中等水平区、较低水平区、低水平区五种类型，并以此结合实际研究目标进行进一步分析。

二、算例

1. 应用价值

在此，选取 2019 年北部湾城市群中南宁市、北海市等 5 个城市的 GDP 数据作为例子计算相对发展率指数，反映这 5 个城市在 2019 年第一产业产量的初期与期末的变化与该时期内整个区域第一产业的变化关系。

2. 数据说明

（1）所需数据：选取 2019 年北部湾城市群中南宁市、北海市等 5 个城市的第一产业增加值数据。由于第一产业产量的初期与期末差值为第一产业增加值，故为了简便计算数据选取几个城市的增量值直接表示期初与期末的差值。

（2）数据获取途径：2020 年的广西统计年鉴。

3. 在 Excel 表中的具体步骤

（1）录入二维原始数据，即录入 2019 年北部湾城市群中南宁市、北海市等 5 个城市的第一产业增加值数据，见图 56 – 1。

	A	B
1	城市	第一产业增加值（亿元）
2	南宁市	507.27
3	北海市	211.7
4	防城港市	109.42
5	钦州市	279.78
6	崇左市	170.2

图 56 – 1

（2）使用公式 B7 = SUM(B2: B6)，计算北部湾城市群中南宁市、北海市等 5 个城市的第一产业增加值的总量，见图 56 – 2。

	A	B	C	D	E
1	城市	第一产业增加值（亿元）	NICH		
2	南宁市	507.27	0.39681		
3	北海市	211.7	0.1656		
4	防城港市	109.42	0.08559		
5	钦州市	279.78	0.21886		
6	崇左市	170.2	0.13314		
7	总量	=SUM(B2:B6)			
8		SUM(**number1**, [number2], ...)			
9					

图 56 – 2

（3）使用公式 C2 = B2/$B$7，计算北部湾城市群中南宁市第一产业增加值的相对发展率，见图 56 – 3。

	A	B	C
1	城市	第一产业增加值（亿元）	NICH
2	南宁市	507.27	=B2/$B$7
3	北海市	211.7	0.1656
4	防城港市	109.42	0.08559
5	钦州市	279.78	0.21886
6	崇左市	170.2	0.13314
7	总量	1278.37	

图 56 – 3

（4）同理可计算所选取北海市等 4 个城市第一产业增加值的相对发展率，见图 56 – 4。

	A	B	C
1	城市	第一产业增加值（亿元）	NICH
2	南宁市	507.27	0.39681
3	北海市	211.7	0.1656
4	防城港市	109.42	0.08559
5	钦州市	279.78	0.21886
6	崇左市	170.2	0.13314
7	总量	1278.37	

图 56 – 4

4. 结论

从图 56 – 4 中可以看出 2019 年北部湾城市群中南宁市、北海市等 5 个城市的第一产业增加值的相对发展率，相对来说：南宁市的相对发展率最大，其经济发展水平相对较高；防城港市的相对发展率最小，其经济发展水平相对较低。

057 Balassa 指数公式

一、通式

1. 应用价值

通过构建"Balassa 指数"，可以获取所研究城市的显著性优势，有利于衡量产业内贸易水平。Balassa 指数通过相关产业在所研究国家或地区出口中所占的份额与世界或整个区域群体贸易中该产业贸易所占份额之比来表示，剔除了所研究国家或地区总量波动的影响，可以较好地反映国家或地区相关产业的出口优势。它对丰富所研究区域的商品的进出口贸易的科学认识有着重要的应用价值。

2. 数据说明

（1）所需数据：选取人口密度、GDP 增长率、国际贸易总额（进、出口总额）、人均耕地资源、城镇化率等数据。

（2）数据获取途径：各区域相关年份的统计年鉴、国务院发展研究中心信息网（http：//www. drcnet. com. cn/www/int/）。

3. 模型详解

$$A_i = \frac{|X_i - M_i|}{(X_i + M_i)}, \ 0 \leqslant A_i \leqslant 1$$

其中，i 为产业；X 为出口额；M 为进口额；A_i 为 Balassa 指数，与产业内贸易呈反比例关系。

4. 相关结论

读者可通过对"Balassa 指数"进行计算，获得计算结果，衡量所研究区域（如某城市群）的显示性比较优势指数。该指数是计算一个特定产业部门在一个城市出口中所占的份额，表明该区域是否已实现专业化，是否具有比较优势，并以此结合实际研究目标进行进一步分析。

二、算例

1. 应用价值

在此，选取 2019 年北部湾城市群中南宁市、北海市等 4 个城市的出口总额、进口总额数据作为例子计算 Balassa 指数，衡量北部湾城市群中各城市的显著性比较优势。

2. 数据说明

（1）所需数据：选取 2019 年北部湾城市群中南宁市、北海市等 4 个城市的出口总额、进口总额数据。

（2）数据获取途径：2020 年广西统计年鉴。

3. 在 Excel 表中的具体步骤

（1）录入二维原始数据，即录入 2019 年北部湾城市群中南宁市、北海市等 4 个城市的出口总额、进口总额数据，见图 57 - 1。

	A	B	C
1	城市	出口总额（万元）	进口总额（万元）
2	南宁市	3639055	3838836
3	北海市	1288768	1652234
4	防城港市	2413149	5636335
5	崇左市	13002374	5931537

图 57 - 1

（2）使用公式 D2 = ABS(C2 - B2)/(C2 + B2)，计算北部湾城市群中南宁市的 Balassa 指数，见图 57 - 2。

	A	B	C	D	E
1	城市	出口总额（万元）	进口总额（万元）	A	
2	南宁市	3639055	3838836	=ABS(C2-B2)/(C2+B2)	
3	北海市	1288768	1652234	ABS(number)	
4	防城港市	2413149	5636335		

图 57 - 2

（3）同理可计算所选取北海市等 3 个城市的 Balassa 指数，见图 57 - 3。

⊿	A	B	C	D
1	城市	出口总额 （万元）	进口总额 （万元）	A
2	南宁市	3639055	3838836	0.02672
3	北海市	1288768	1652234	0.12359
4	防城港市	2413149	5636335	0.40042
5	崇左市	13002374	5931537	0.37345

图 57 – 3

4. 结论

从图 57 – 3 中可以看出 2019 年北部湾城市群中南宁市、北海市等 4 个城市的 Balassa 指数，其中防城港市的 Balassa 指数值为 0.4004，说明该城市产业内贸易水平相对较低；南宁市的 Balassa 指数为 0.0267，说明该城市产业内贸易水平相对较高。

058　Grubel and Lloyd 指数公式

一、通式

1. 应用价值

"Grubel and Lloyd（GL）指数"是对"Balassa 指数"进行的修正，能够直接度量两个国家或地区的产业内贸易情况，是较具科学性与权威性的产业内贸易测量指标，对丰富所研究区域商品的进出口贸易的科学认识有着重要的应用价值。

2. 数据说明

（1）所需数据：选取人口密度、GDP 增长率、国际贸易总额（进、出口总额）、人均耕地资源、城镇化率等数据。

（2）数据获取途径：各区域相关年份的统计年鉴、国务院发展研究中心信息网（http：//www.drcnet.com.cn/www/int/）。

3. 模型详解

$$GL_i = 1 - \frac{|X_i - M_i|}{(X_i + M_i)} = 1 - A_i$$

其中，i 为产业；X 为出口额；M 为进口额；A_i 为 Balassa 指数（参考"057　Balassa 指数公式"）。

4. 相关结论

读者可通过对"GL 指数"进行计算，获得计算结果，衡量所研究区域（如某城市群）的给定产品分类水平。GL 指数取值范围为 [0，1]，越接近 1 表示该国第 i 类产品产业内贸易程度越高；反之，越接近 0 表示该国第 i 类产品产业内贸易程度越低。

二、算例

1. 应用价值

在此，选取 2019 年北部湾城市群中南宁市、北海市等 4 个城市的出口总额、进口总额数据作为例子计算 GL 指数，衡量北部湾城市群中各城市的相关产业进出口贸易程度。

2. 数据说明

（1）所需数据：选取 2019 年北部湾城市群中南宁市、北海市等 4 个城市的出口总额、进口总额数据。

（2）数据获取途径：2020 年广西统计年鉴。

3. 在 Excel 表中的具体步骤

（1）录入二维原始数据，即 2019 年北部湾城市群中南宁市、北海市等 4 个城市的出口总额、进口总额数据，见图 58 - 1。

	A	B	C
1	城市	出口总额（万元）	进口总额（万元）
2	南宁市	3639055	3838836
3	北海市	1288768	1652234
4	防城港市	2413149	5636335
5	崇左市	13002374	5931537

图 58 - 1

（2）使用公式 D2 = ABS(C2 - B2)/(C2 + B2)，计算北部湾城市群中南宁市的 Balassa 指数，见图 58 - 2。

	A	B	C	D	E
1	城市	出口总额（万元）	进口总额（万元）	A	
2	南宁市	3639055	3838836	=ABS(C2-B2)/(C2+B2)	
3	北海市	1288768	1652234	ABS(number)	
4	防城港市	2413149	5636335		

图 58 - 2

（3）同理可计算所选取北海市等 3 个城市的 Balassa 指数，见图 58 - 3。

	A	B	C	D
1	城市	出口总额（万元）	进口总额（万元）	A
2	南宁市	3639055	3838836	0.02672
3	北海市	1288768	1652234	0.12359
4	防城港市	2413149	5636335	0.40042
5	崇左市	13002374	5931537	0.37345

图 58 - 3

（4）使用公式 E2 = 1 - D2，计算北部湾城市群中南宁市的 GL 指数，见图 58 - 4。

图 58 −4

（5）同理可计算所选取北海市等 3 个城市的 GL 指数，见图 58 −5。

图 58 −5

4. 结论

从图 58 −5 中可以看出 2019 年北部湾城市群中南宁市、北海市等 4 个城市的 GL 指数，其中防城港市的 GL 指数值为 0.59958，说明该城市的产业内贸易程度相对较低一些；南宁市的 GL 指数为 0.97328，说明该城市的产业内贸易程度相对较高一些。

059　赫芬达尔指数公式

一、通式

1. 应用价值

"赫芬达尔指数公式"可以用于测量产业集中度。它是指一个行业中各市场竞争主体所占行业总收入或总资产百分比的平方和，可以用于计量市场份额的变化，即市场中厂商规模的离散度。对丰富所研究区域市场内各个竞争主体的市场份额、各个竞争主体之外的市场结构的科学认识有着重要的应用价值。

2. 数据说明

（1）所需数据：选取各个竞争主体的市场总规模、市场份额、员工人数、相关地区就业人数、相关产业的竞争主体个数。

（2）数据获取途径：各区域相关年份的统计年鉴、中国经济普查年鉴、国民经济行业分类。

3. 模型详解

$$S_i = \frac{x_i}{T}$$

$$H = \sum_{i=1}^{n} S_i^2$$

其中，x_i 为各竞争主体的规模；T 为市场的总规模；S_i 为第 i 各竞争主体的市场份额；n 表示该行业的竞争主体总数。

4. 相关结论

读者可通过"赫芬达尔指数公式"进行计算，将计算结果进行等级划分。一般来说，H 数值越大，说明行业内竞争主体间竞争程度越大，集聚程度越高；反之，H 数值越小，说明行业内竞争主体间竞争程度越小，集聚程度越低。随着集聚结构的发展，指数值也会相应发生变化，以此结合实际研究目标进行进一步分析。

二、算例

1. 应用价值

在此，选取 2018 年北部湾城市群中南宁市、北海市等 10 个城市的 GDP 数据作为例子计算赫芬达尔指数。为了简便计算，用各城市的 GDP 数据来表示各竞争主体的规模，以总的 GDP 数据表示市场的总规模。

2. 数据说明

（1）所需数据：选取 2018 年北部湾城市群中南宁市、北海市等 10 个城市的 GDP 数据。

（2）数据获取途径：2019 年中国城市统计年鉴。

3. 在 Excel 表中的具体步骤

（1）录入二维原始数据，即录入 2018 年北部湾城市群中南宁市、北海市等 10 个城市的 GDP 数据，见图 59 - 1。

	A	B
1	城市	GDP（亿元
2	南宁市	4026.19
3	北海市	1213.3
4	钦州市	1291.96
5	防城港市	696.82
6	玉林市	1615.46
7	崇左市	1016.49
8	湛江市	3008.39
9	茂名市	3092.18
10	阳江市	1350.31
11	海口市	1510.51

图 59 - 1

（2）使用公式 B12 = SUM(B2:B11)，计算北部湾城市群中南宁市、北海市等 10 个城市的 GDP 总量，见图 59 - 2。

	A	B	C	D	E
1	城市	GDP（亿元）	S_i	S_i^2	
2	南宁市	4026.19	0.21391	0.04576	
3	北海市	1213.3	0.06446	0.00416	
4	钦州市	1291.96	0.06864	0.00471	
5	防城港市	696.82	0.03702	0.00137	
6	玉林市	1615.46	0.08583	0.00737	
7	崇左市	1016.49	0.05401	0.00292	
8	湛江市	3008.39	0.15984	0.02555	
9	茂名市	3092.18	0.16429	0.02699	
10	阳江市	1350.31	0.07174	0.00515	
11	海口市	1510.51	0.08025	0.00644	
12	总量	=SUM(B2:B11)			
13	H				
14		SUM(**number1**, [number2], ...)			
15					

图 59 - 2

（3）使用公式 C2 = B2/$B$12，计算北部湾城市群中南宁市 GDP 占所选取的北部湾城市群中 10 个城市 GDP 总量的比重，见图 59 - 3。

	A	B	C
1	城市	GDP（亿元）	S_i
2	南宁市	4026.19	=B2/$B$12
3	北海市	1213.3	0.06446
4	钦州市	1291.96	0.06864
5	防城港市	696.82	0.03702
6	玉林市	1615.46	0.08583
7	崇左市	1016.49	0.05401
8	湛江市	3008.39	0.15984
9	茂名市	3092.18	0.16429
10	阳江市	1350.31	0.07174
11	海口市	1510.51	0.08025
12	总量	18821.61	

图 59 - 3

（4）同理可分别计算所选取北海市、钦州市等 9 个城市 GDP 占所选取的北部湾城市群中 10 个城市 GDP 总量的比重，见图 59 - 4。

	A	B	C
1	城市	GDP（亿元）	S_i
2	南宁市	4026.19	0.21391
3	北海市	1213.3	0.06446
4	钦州市	1291.96	0.06864
5	防城港市	696.82	0.03702
6	玉林市	1615.46	0.08583
7	崇左市	1016.49	0.05401
8	湛江市	3008.39	0.15984
9	茂名市	3092.18	0.16429
10	阳江市	1350.31	0.07174
11	海口市	1510.51	0.08025
12	总量	18821.61	

图 59 - 4

（5）使用公式 D2 = POWER（C2，2），计算北部湾城市群中南宁市 GDP 占所选取的北部湾城市群中 10 个城市 GDP 总量的比重的平方，见图 59 – 5。

	A	B	C	D	E	F
1	城市	GDP（亿元）	S_i	S_i^2		
2	南宁市	4026.19	0.21391	=POWER(C2,2)		
3	北海市	1213.3	0.06446			
4	钦州市	1291.96	0.06864	POWER(**number**, power)		
5	防城港市	696.82	0.03702	0.00137		

图 59 – 5

（6）同理可以计算所选取北海市、钦州市等 9 个城市 GDP 占所选取的北部湾城市群中 10 个城市 GDP 总量的比重的平方，见图 59 – 6。

	A	B	C	D
1	城市	GDP（亿元）	S_i	S_i^2
2	南宁市	4026.19	0.21391	0.04576
3	北海市	1213.3	0.06446	0.00416
4	钦州市	1291.96	0.06864	0.00471
5	防城港市	696.82	0.03702	0.00137
6	玉林市	1615.46	0.08583	0.00737
7	崇左市	1016.49	0.05401	0.00292
8	湛江市	3008.39	0.15984	0.02555
9	茂名市	3092.18	0.16429	0.02699
10	阳江市	1350.31	0.07174	0.00515
11	海口市	1510.51	0.08025	0.00644

图 59 – 6

（7）使用公式 B13 = SUM（D2：D11），计算北部湾城市群中南宁市、北海市等 10 个城市的赫芬达尔指数，见图 59 – 7。

	A	B	C	D
1	城市	GDP（亿元）	S_i	S_i^2
2	南宁市	4026.19	0.21391	0.04576
3	北海市	1213.3	0.06446	0.00416
4	钦州市	1291.96	0.06864	0.00471
5	防城港市	696.82	0.03702	0.00137
6	玉林市	1615.46	0.08583	0.00737
7	崇左市	1016.49	0.05401	0.00292
8	湛江市	3008.39	0.15984	0.02555
9	茂名市	3092.18	0.16429	0.02699
10	阳江市	1350.31	0.07174	0.00515
11	海口市	1510.51	0.08025	0.00644
12	总量	18821.61		
13	H	0.13040666		

图 59 – 7

4. 结论

从图 59 - 7 中可以看出，2018 年北部湾城市群中南宁市、北海市等 10 个城市的赫芬达尔指数值约为 0.1304，该值相对较小，表明北部湾城市群间的城市行业内竞争主体间竞争程度相对较小，集聚程度也相对较低。

060 不均衡指数公式

一、通式

1. 应用价值

通过运用"不均衡指数公式"，分析相关地区 GDP 与人口在空间分布上是否均衡，对被比较方案在成本、收益等方面的差额部分进行分析，进而对方案进行比较、选优。该方法可以用于计算"效益—成本比""效果—成本比"和"效用—成本比"等指标，对丰富所研究区域的人口与经济要素的集聚变化情况的科学认识有着重要的应用价值。

2. 数据说明

（1）所需数据：选取人口密度、GDP 增长率、国际贸易总额（进、出口总额）、人均耕地资源、城镇化率等数据。

（2）数据获取途径：所研究区域相关年份的统计年鉴、全国人口普查、《中国城市统计年鉴》和《中国区域经济统计年鉴》等。

3. 模型详解

$$E = \sqrt{\frac{\sum_i^n \left[\frac{\sqrt{2}}{2}(x_i - y_i) \right]^2}{n}}$$

其中，E 为不均衡指数；x_i 为 i 地区 GDP 占所研究区域总 GDP 的比重；y_i 为 i 地区人口占所研究区域总人口的比重。

4. 相关结论

读者可通过"不均衡指数公式"进行计算，获得计算结果，判断所研究区域（如某城市群）的人口与经济要素的空间耦合关系。E 值越小，表示人口与 GDP 空间分布耦合程度越高，表明地区经济发展与人口规模越均衡；E 值越大，则表示人口与 GDP 空间分布耦合程度越低，地区人口规模与经济集聚越不相均衡。并以此结合实际研究目标进行进一步分析。

二、算例

1. 应用价值

在此，选取 2017 年北部湾城市群城市中南宁市、北海市等 11 个城市的地区生产总值、年末户籍人口数据，分析相关地区 GDP 与人口在空间分布上是否相均衡。

2. 数据说明

（1）所需数据：选取 2017 年北部湾城市群城市中南宁市、北海市等 11 个城市的地区生产总值、年末户籍人口数据。

（2）数据获取途径：2018 年中国城市统计年鉴。

3. 在 Excel 表中的具体步骤

（1）录入二维原始数据，即录入 2017 年北部湾城市群城市中南宁市、北海市等 11 个城市的地区生产总值、年末户籍人口数据，见图 60-1。

	A	B	C
1	城市	地区生产总值（万元）	年末户籍人口（万人）
2	南宁市	40269053	771
3	北海市	12133010	178
4	防城港市	6968185	99
5	钦州市	12919647	415
6	玉林市	16154571	733
7	崇左市	10164916	252
8	湛江市	30083928	848
9	茂名市	30921768	811
10	阳江市	13503149	300
11	海口市	15105130	178
12	儋州市	3229693	97

图 60-1

（2）使用公式 B13 = COUNT(B2：B12)，计算北部湾城市群中所研究的城市个数，见图 60-2。

	A	B	C	D
1	城市	地区生产总值（万元）	年末户籍人口（万人）	x_i
2	南宁市	40269053	771	0.21033
3	北海市	12133010	178	0.06337
4	防城港市	6968185	99	0.0364
5	钦州市	12919647	415	0.06748
6	玉林市	16154571	733	0.08438
7	崇左市	10164916	252	0.05309
8	湛江市	30083928	848	0.15713
9	茂名市	30921768	811	0.16151
10	阳江市	13503149	300	0.07053
11	海口市	15105130	178	0.0789
12	儋州市	3229693	97	0.01687
13	n	=COUNT(B2,B12)		
14	总量			
15	E^2	COUNT(**value1**, [value2], ...)		

图 60-2

（3）使用公式 B14 = SUM(B2: B12)，计算北部湾城市群城市中南宁市、北海市等11个城市总的地区生产总值，见图60 – 3。

	A	B	C	D
1	城市	地区生产总值（万元）	年末户籍人口（万人）	x_i
2	南宁市	40269053	771	0.21033
3	北海市	12133010	178	0.06337
4	防城港市	6968185	99	0.0364
5	钦州市	12919647	415	0.06748
6	玉林市	16154571	733	0.08438
7	崇左市	10164916	252	0.05309
8	湛江市	30083928	848	0.15713
9	茂名市	30921768	811	0.16151
10	阳江市	13503149	300	0.07053
11	海口市	15105130	178	0.0789
12	儋州市	3229693	97	0.01687
13	n	11		
14	总量	=SUM(B2:B12)		
15	E^2			
16	E	SUM(**number1**, [number2], ...)		

图60 – 3

（4）同理可计算北部湾城市群中南宁市、北海市等11个城市总的年末户籍人口，见图60 – 4。

	A	B	C	D	E
1	城市	地区生产总值（万元）	年末户籍人口（万人）	x_i	y_i
2	南宁市	40269053	771	0.21033	0.16467
3	北海市	12133010	178	0.06337	0.03802
4	防城港市	6968185	99	0.0364	0.02114
5	钦州市	12919647	415	0.06748	0.08864
6	玉林市	16154571	733	0.08438	0.15656
7	崇左市	10164916	252	0.05309	0.05382
8	湛江市	30083928	848	0.15713	0.18112
9	茂名市	30921768	811	0.16151	0.17322
10	阳江市	13503149	300	0.07053	0.06408
11	海口市	15105130	178	0.0789	0.03802
12	儋州市	3229693	97	0.01687	0.02072
13	n	11			
14	总量	191453050	=SUM(C2:C12)		
15	E^2	0.00201055			
16	E	0.04483919	SUM(**number1**, [number2], ...)		

图60 – 4

（5）使用公式 D2 = B2/B$14，计算南宁市地区生产总值占所研究的北部湾城市群总的地区生产总值的比重，见图60 – 5。

	A	B	C	D
1	城市	地区生产总值（万元）	年末户籍人口（万人）	x_i
2	南宁市	40269053	771	=B2/B$14
3	北海市	12133010	178	0.06337
4	防城港市	6968185	99	0.0364
5	钦州市	12919647	415	0.06748
6	玉林市	16154571	733	0.08438
7	崇左市	10164916	252	0.05309
8	湛江市	30083928	848	0.15713
9	茂名市	30921768	811	0.16151
10	阳江市	13503149	300	0.07053
11	海口市	15105130	178	0.0789
12	儋州市	3229693	97	0.01687
13	n	11		
14	总量	191453050	4682	

图 60 – 5

（6）同理可计算北海市、防城港市等 10 个城市的地区生产总值占所研究的北部湾城市群总的地区生产总值的比重，见图 60 – 6。

	A	B	C	D
1	城市	地区生产总值（万元）	年末户籍人口（万人）	x_i
2	南宁市	40269053	771	0.21033
3	北海市	12133010	178	0.06337
4	防城港市	6968185	99	0.0364
5	钦州市	12919647	415	0.06748
6	玉林市	16154571	733	0.08438
7	崇左市	10164916	252	0.05309
8	湛江市	30083928	848	0.15713
9	茂名市	30921768	811	0.16151
10	阳江市	13503149	300	0.07053
11	海口市	15105130	178	0.0789
12	儋州市	3229693	97	0.01687

图 60 – 6

（7）使用公式 E2 = C2/C$14，计算南宁市年末户籍人口占所研究的北部湾城市群总的年末户籍人口的比重，见图 60 – 7。

（8）同理可以计算北海市、防城港市等 10 个城市的年末户籍人口占所研究的北部湾城市群总的年末户籍人口的比重，见图 60 – 8。

（9）使用公式 F2 = SQRT(2) * (D2 – E2)，计算南宁市不均衡指数的中间项，见图 60 – 9。

	A	B	C	D	E
1	城市	地区生产总值（万元）	年末户籍人口（万人）	x_i	y_i
2	南宁市	40269053	771	0.21033	=C2/C$14
3	北海市	12133010	178	0.06337	0.03802
4	防城港市	6968185	99	0.0364	0.02114
5	钦州市	12919647	415	0.06748	0.08864
6	玉林市	16154571	733	0.08438	0.15656
7	崇左市	10164916	252	0.05309	0.05382
8	湛江市	30083928	848	0.15713	0.18112
9	茂名市	30921768	811	0.16151	0.17322
10	阳江市	13503149	300	0.07053	0.06408
11	海口市	15105130	178	0.0789	0.03802
12	儋州市	3229693	97	0.01687	0.02072
13	n	11			
14	总量	191453050	4682		

图 60-7

	A	B	C	D	E
1	城市	地区生产总值（万元）	年末户籍人口（万人）	x_i	y_i
2	南宁市	40269053	771	0.21033	0.16467
3	北海市	12133010	178	0.06337	0.03802
4	防城港市	6968185	99	0.0364	0.02114
5	钦州市	12919647	415	0.06748	0.08864
6	玉林市	16154571	733	0.08438	0.15656
7	崇左市	10164916	252	0.05309	0.05382
8	湛江市	30083928	848	0.15713	0.18112
9	茂名市	30921768	811	0.16151	0.17322
10	阳江市	13503149	300	0.07053	0.06408
11	海口市	15105130	178	0.0789	0.03802
12	儋州市	3229693	97	0.01687	0.02072

图 60-8

	A	B	C	D	E	F	G
1	城市	地区生产总值（万元）	年末户籍人口（万人）	x_i	y_i	中间项	
2	南宁市	40269053	771	0.21033	0.16467	=SQRT(2)*(D2-E2)	
3	北海市	12133010	178	0.06337	0.03802		
4	防城港市	6968185	99	0.0364	0.02114	SQRT(**number**)	
5	钦州市	12919647	415	0.06748	0.08864		

图 60-9

（10）同理可计算北海市、防城港市等 10 个城市的不均衡指数的中间项，见图 60 - 10。

	A	B	C	D	E	F
1	城市	地区生产总值（万元）	年末户籍人口（万人）	x_i	y_i	中间项
2	南宁市	40269053	771	0.21033	0.16467	0.06457
3	北海市	12133010	178	0.06337	0.03802	0.03586
4	防城港市	6968185	99	0.0364	0.02114	0.02157
5	钦州市	12919647	415	0.06748	0.08864	-0.0299
6	玉林市	16154571	733	0.08438	0.15656	-0.1021
7	崇左市	10164916	252	0.05309	0.05382	-0.001
8	湛江市	30083928	848	0.15713	0.18112	-0.0339
9	茂名市	30921768	811	0.16151	0.17322	-0.0166
10	阳江市	13503149	300	0.07053	0.06408	0.00913
11	海口市	15105130	178	0.0789	0.03802	0.05781
12	儋州市	3229693	97	0.01687	0.02072	-0.0054

图 60 - 10

（11）使用公式 B15 = SUMSQ(F2: F12)/B13，计算北部湾城市群中南宁市、北海市等 11 个城市不均衡指数的平方，见图 60 - 11。

	A	B	C	D	E	F
1	城市	地区生产总值（万元）	年末户籍人口（万人）	x_i	y_i	中间项
2	南宁市	40269053	771	0.21033	0.16467	0.0645/
3	北海市	12133010	178	0.06337	0.03802	0.03586
4	防城港市	6968185	99	0.0364	0.02114	0.02157
5	钦州市	12919647	415	0.06748	0.08864	-0.0299
6	玉林市	16154571	733	0.08438	0.15656	-0.1021
7	崇左市	10164916	252	0.05309	0.05382	-0.001
8	湛江市	30083928	848	0.15713	0.18112	-0.0339
9	茂名市	30921768	811	0.16151	0.17322	-0.0166
10	阳江市	13503149	300	0.07053	0.06408	0.00913
11	海口市	15105130	178	0.0789	0.03802	0.05781
12	儋州市	3229693	97	0.01687	0.02072	-0.0054
13	n	11				
14	总量	191453050	4682			
15	E^2	=SUMSQ(F2:F12)/B13				
16	E	SUMSQ(number1, [number2], ...)				

图 60 - 11

（12）使用公式 B16 = POWER(B15, 0.5)，计算北部湾城市群中南宁市、北海市等 11 个城市不均衡指数，见图 60 - 12。

图 60 – 12

4. 结论

通过对"不均衡指数"进行计算，获得计算结果，得到北部湾城市群城市中南宁市、北海市等 11 个城市的不均衡指数值约为 0.0448，该值相对较小，表明该城市群中人口与 GDP 空间分布耦合程度越高，该地区经济发展与人口规模相对均衡。

061 剩余职工指数公式

一、通式

1. 应用价值

通过运用"剩余职工指数公式"，可以获取所研究城市的"城市空间的扩张类型""扩张强度的速率和程度""形态紧凑度"等方面的城市发展特征，为分析所研究区域城市发展过程中城市空间扩张特征、变化过程以及分异原因等方面问题提供支撑。对丰富所研究区域的城市发展历程的科学认识有着重要的应用价值。

2. 数据说明

（1）所需数据：可以选取人口密度、GDP 增长率、国际贸易总额（进、出口总额）、人均耕地资源、城镇化率等数据。

（2）数据获取途径：各区域相关年份的统计年鉴。

3. 模型详解

$$B_i = e_i - \frac{E_i}{E_t}e_t$$

其中，B_i 为剩余职工指数；e_i 为相关城市 i 部门的就业人数；e_t 为相关城市总的就业人数；E_i 为相关区域 i 部门的就业人数；E_t 为相关区域总的就业人数。

$$NB_i = e_i - B_i$$

其中，NB_i 为 i 部门从事非基本活动的就业人数。

4. 相关结论

读者可通过将"剩余职工指数"的计算结果进行等级划分，当剩余职工指数的值小于 0 时，表示相关部门只为本地服务；当剩余职工指数大于 0 时，剩余职工指数表示相关部门从事基本活动的就业人数。并以此结合实际研究目标进行进一步分析。

二、算例

1. 应用价值

在此，选取 2019 年北部湾城市群中南宁市、北海市与防城港市等 5 个城市的制造业从业人数、总从业人数数据作为例子计算剩余职工指数。

2. 数据说明

（1）所需数据：选取 2019 年北部湾城市群中南宁市、北海市与防城港市等 5 个城市的制造业从业人数、总从业人数数据。为了简便算法，将所选取的 5 个城市作为一个整体，计算其剩余职工指数。

（2）数据获取途径：2020 年广西统计年鉴。

3. 在 Excel 表中的具体步骤

（1）录入二维原始数据，即录入北部湾城市群中南宁市、北海市与防城港市等 5 个城市的制造业从业人数、总从业人数数据，见图 61 - 1。

	A	B	C
1	城市	制造业从业人数（人）	总从业人数（人）
2	南宁市	94370	1090054
3	北海市	25224	138268
4	防城港市	3973	73565
5	钦州市	21089	210161
6	崇左市	15960	132409

图 61 - 1

（2）使用公式 B7 = SUM(B2: B6)，计算北部湾城市群中南宁市、北海市等 5 个城市制造业从业人员人数的总量，见图 61 - 2。

	A	B	C	D
1	城市	制造业从业人数（人）	总从业人数（人）	B_i
2	南宁市	94370	1090054	-12097
3	北海市	25224	138268	11719.2
4	防城港市	3973	73565	-3212.2
5	钦州市	21089	210161	562.334
6	崇左市	15960	132409	3027.46
7	总量	=SUM(B2:B6)		
8				
9		SUM(**number1**, [number2], ...)		
10				

图 61 - 2

（3）同理可计算北部湾城市群中南宁市、北海市等 5 个城市总的就业人数的总量，见图 61 -3。

	A	B	C	D	E
1	城市	制造业从业人数（人）	总从业人数（人）	B$_i$	NB$_i$
2	南宁市	94370	1090054	-12097	106466.82
3	北海市	25224	138268	11719.2	13504.794
4	防城港市	3973	73565	-3212.2	7185.1779
5	钦州市	21089	210161	562.334	20526.666
6	崇左市	15960	132409	3027.46	12932.539
7	总量	160616	=SUM(C2:C6)		
8					
9			SUM(**number1**, [number2], ...)		
10					

图 61 -3

（4）使用公式 D2 = B2 - $B$7/$C$7 * C2，计算北部湾城市群中南宁市的剩余职工指数，见图 61 -4。

	A	B	C	D	E
1	城市	制造业从业人数（人）	总从业人数（人）	B$_i$	NB$_i$
2	南宁市	94370	1090054	=B2-$B$7/$C$7*C2	
3	北海市	25224	138268	11719.2	13504.8
4	防城港市	3973	73565	-3212.2	7185.177
5	钦州市	21089	210161	562.334	20526.66
6	崇左市	15960	132409	3027.46	12932.53
7	总量	160616	1644457		

图 61 -4

（5）同理可计算北部湾城市群中北海市、防城港市等 4 个城市的剩余职工指数，见图 61 -5。

	A	B	C	D
1	城市	制造业从业人数（人）	总从业人数（人）	B$_i$
2	南宁市	94370	1090054	-12097
3	北海市	25224	138268	11719.2
4	防城港市	3973	73565	-3212.2
5	钦州市	21089	210161	562.334
6	崇左市	15960	132409	3027.46

图 61 -5

（6）使用公式 E2 = B2 - D2，计算北部湾城市群中南宁市相关部门从事非基本活动的就业人数，见图 61 -6。

图 61 - 6

（7）同理可计算北部湾城市群中北海市、防城港市等 4 个城市相关部门从事非基本活动的从业人数，见图 61 - 7。

图 61 - 7

4. 结论

通过对"剩余职工指数"进行计算，获得计算结果，得到北部湾城市群城市中南宁市、北海市等 5 个城市的剩余职工指数值。其中，南宁市和防城港市的剩余职工指数的值小于 0，表示制造行业只为本地服务；北海市、钦州市和崇左市的剩余职工指数大于 0，表示其制造行业从事基本活动的从业人数。

062　人口职能指数公式

一、通式

1. 应用价值

通过运用"人口职能指数公式"，计算相关区域内城市人口规模，从而分析相关地区的人口与经济实力之间的关系。从各城市人口等数据与所研究地区的可达性和经济联系总量等方面分析城市的中心职能强度。该公式也可以用于分析国内生产总值、科技水平、固定资产投资和产业结构等职能指数。

2. 数据说明

（1）所需数据：选取城镇人口数据计算人口职能指数。当计算国内生产总值职能指数时，可以考虑城市 GDP 等数据；当计算科技水平职能指数时，可以考虑各城市专业技术职称人数等数据；当计算固定资产投资职能指数时，可以考虑固定资产投资额等数据。

（2）数据获取途径：某年份相关地区统计年鉴、《中国城市统计年鉴》。

3. 模型详解

$$K_{pi} = P_i \left/ \left(\frac{1}{n} \sum_{i=1}^{n} P_i \right) \right.$$

其中，P_i 为城镇人口数；K_{pi} 为人口职能指数。

4. 相关结论

读者可通过"人口职能指数公式"进行计算，获得计算结果，判断所研究区域（如某城市群）的某城市人口对于周边地区的吸引强度，同理运用该公式分析国内生产总值、科技水平、固定资产投资和产业结构等职能指数，反映一个城市对周边区域的经济辐射作用，说明所研究区域的中心度强度，并以此结合实际研究目标进行进一步分析。

二、算例

1. 应用价值

在此，选取 2019 年北部湾城市群中南宁市、防城港市等的城镇人口数据，分析相关区域内城市人口规模，计算得到人口职能指数。为简便计算，将所选取的城市看作一个整体考虑。

2. 数据说明

（1）所需数据：选取 2019 年北部湾城市群中南宁市、防城港市等的城镇人口数据。

（2）数据获取途径：2020 年广西统计年鉴。

3. 在 Excel 表中的具体步骤

（1）录入二维原始数据，即录入南宁市、防城港市等的城镇人口（P_i）数据，见图 62 – 1。

	A	B
1	城市	城镇人口 P_i（万人）
2	南宁市	353.11
3	钦州市	83.5
4	北海市	58.94
5	防城港市	39.73

图 62 – 1

（2）使用公式 B6 = COUNT(B2:B5)，计算北部湾城市群中所研究的城市个数，见图 62 – 2。

	A	B	C	D
1	城市	城镇人口 P_i（万人）	K_{pi}	
2	南宁市	353.11	47253.2	
3	钦州市	83.5	11174	
4	北海市	58.94	7887.35	
5	防城港市	39.73	5316.67	
6	n	=COUNT(B2:B5)		
7				
8		COUNT(value1, [value2], ...)		

图 62 – 2

（3）使用公式 C2 = B2 * (1/$B$6 * SUM($B$2:$B$5))，计算北部湾城市群中南宁市的人口职能指数，见图 62 - 3。

图 62 - 3

（4）同理可计算北部湾城市群中钦州市、北海市等 3 个城市的人口职能指数，见图 62 - 4。

图 62 - 4

4. 结论

通过对"人口职能指数"进行计算，获得计算结果，得到北部湾城市群中南宁市、钦州市等 4 个城市的人口职能指数值。判断所研究城市群的相关城市人口对于周边地区的吸引强度，其中最大值为南宁市的人口职能指数值 47253.2，最小值为防城港市的人口职能指数值 5316.67。

063 中心职能强度

一、通式

1. 应用价值

通过构建"中心职能强度"，从各城市本身的经济实力和规模、各城市与所研究地区的可达性和经济联系总量、城市流强度等多个角度，分析各城市与整个城市群的区域联系大小。它对丰富所研究区域的中心性强度的科学认识有着重要的应用价值。

2. 数据说明

（1）所需数据：当计算人口职能指数时，可以考虑城镇人口数据；当计算国内生产总值职能指数时，可以考虑城市 GDP 等数据；当计算科技水平职能指数时，可以考虑各城市专业技术职称人数等数据；当计算固定资产投资职能指数时，可以考虑固定资产投资额等数据。

（2）数据获取途径：相关地区统计年鉴、《中国城市统计年鉴》。

3. 模型详解

该公式是在"062 人口职能指数公式"的基础上，扩展计算人口职能指数以外的GDP、科技、固定资产投资和产业结构职能指数，从而计算各城市的中心职能强度指数，该指数计算公式为：

$$K_{ei} = \frac{K_{pi} + K_{gi} + K_{si} + K_{ci} + K_{di}}{5}$$

其中，K_{ei} 为中心职能强度指数；K_{pi} 为人口职能指数；K_{gi} 为国内生产总值职能指数；K_{si} 为科技水平职能指数；K_{ci} 为固定资产投资职能指数；K_{di} 为产业结构职能指数。

4. 相关结论

读者可通过对"中心职能测度"进行计算，获得计算结果，判断所研究区域（如某城市群）的某城市对于周边地区的吸引强度，可以反映一个城市对周边区域的经济辐射作用，说明所研究区域的中心度强度。并以此结合实际研究目标进行进一步分析。

二、算例

1. 应用价值

在此，选取 2019 年北部湾城市群中南宁市的人口、国内生产总值、科技水平、固定资产投资和产业结构等职能指数的相关数据，分析相关区域内城市人口规模，计算人口职能指数。为简便计算，将所选取的城市看作一个整体考虑。

2. 数据说明

（1）所需数据：选取 2019 年北部湾城市群中南宁市的人口、国内生产总值、科技水平、固定资产投资和产业结构等职能指数的相关数据。读者可通过"062 人口职能指数公式"分别计算这些职能指数。这里为了简便计算，选取南宁市作为例子，即：假定南宁市的人口、国内生产总值、科技水平、固定资产投资和产业结构等职能指数值均为 50000。

（2）数据获取途径：2020 年广西统计年鉴。

3. 在 Excel 表中的具体步骤

（1）录入二维原始数据，即录入北部湾城市群中南宁市的 K_{pi} 为人口职能指数、K_{gi} 为国内生产总值职能指数、K_{si} 为科技水平职能指数、K_{ci} 为固定资产投资职能指数、K_{di} 为产业结构职能指数，见图 63 - 1。

	A	B	C	D	E	F
1	城市	K_{pi}	K_{gi}	K_{si}	K_{ci}	K_{di}
2	南宁市	50000	50000	50000	50000	50000

图 63 - 1

（2）使用公式 B3 = SUM(B2: F2)/5，计算北部湾城市群中南宁市的中心职能强度指数，见图 63 - 2。

	A	B	C	D	E	F
1	城市	K_{pi}	K_{gi}	K_{si}	K_{ci}	K_{di}
2	南宁市	50000	50000	50000	50000	50000
3	K_{gi}	50000				

图 63 - 2

4. 结论

通过对"中心职能强度指数"进行计算，获得计算结果，得到北部湾城市群城市中南宁市的中心职能强度指数值为 50000。表明南宁市对于周边地区的吸引强度经济辐射作用较为均衡。

064 广义熵指数（GE）公式

一、通式

1. 应用价值

通过运用"广义熵指数公式"，可以衡量城乡协调发展程度的高低，并进行相应的地区分解。平均对数偏差和变异系数都属于广义熵指数。运用该指数可以较好地反映差距，对丰富所研究区域发展程度的科学认识有着重要的应用价值。

2. 数据说明

（1）所需数据：选取物资资本、人力资本、人口密度、GDP 增长率、国际贸易总额（进、出口总额）、人均耕地资源、城镇化率等数据进行研究。例如，可以选取就业人数、资本存量、总收入、人口、经济发展水平、相关产业实物资本。

（2）数据获取途径：相关年份的《中国旅游统计年鉴》和《中经网统计数据库》和相关区域旅游管理部门的统计数据及其抽样调查数据、模拟的数据。

3. 模型详解

参照肖罗克斯和考埃尔（Shorrocks & Cowell）的研究方法，设定下面的公式：

$$GE(\alpha) = \frac{1}{\alpha(\alpha - 1)} \cdot \left[\frac{1}{n} \sum_{i=1}^{n} \left(\frac{|y_{1i} - y_{2i}|}{\mu} \right)^{\alpha} - 1 \right]$$

其中，GE 为所研究区域相关因素间的不均衡指数；y_{1i}、y_{2i} 为各区域相关因素；n 为区域样本个数；μ 为总体均值。

4. 相关结论

读者可通过"广义熵指数公式"进行计算，获得计算结果。广义熵指数的一个特点是：α 越大，该指数对于分布顶端的差异敏感性越大，α 越小，则对于分布底端的差异敏感性越大；这个系列指数具有对称性、样本可加性、可分解性和比例不变性。广义熵系数满足"皮古—塔尔图恩转移原理"，在完全平衡的时候，系数等于 0，在完全不平衡的时候系数为 1。并以此结合实际研究目标进行进一步分析。

二、算例

1. 应用价值

在此，选取 2019 年北部湾城市群中南宁市等 5 个城市的城镇居民人均可支配收入、农村居民人均可支配收入、城乡居民人均可支配收入数据作为例子计算广义熵指数，研究北部湾城市群中各城市城乡收入不均衡程度。

2. 数据说明

（1）所需数据：选取 2019 年北部湾城市群中南宁市等 5 个城市的城镇居民人均可支配收入、农村居民人均可支配收入、城乡居民人均可支配收入数据。这里为了简便计算，令 $\alpha = 0.5$。

（2）数据获取途径：2020 年广西统计年鉴。

3. 在 Excel 表中的具体步骤

（1）录入二维原始数据，即录入 2019 年北部湾城市群中所选取城市的城镇居民人均可支配收入、农村居民人均可支配收入等数据，见图 64-1。

	A 城市	B 城镇居民人均可支配收入（元）	C 农村居民人均可支配收入（元）	D 城乡居民人均可支配收入（元）
2	南宁市	37675	15047	28929
3	北海市	36602	15510	27684
4	防城港市	36385	15962	27679
5	钦州市	35732	14149	22556
6	玉林市	36113	16348	25882

图 64-1

（2）使用公式 B7 = 0.5，这里为了简便计算，令常数 $\alpha = 0.5$，见图 64-2。

	A 城市	B 城镇居民人均可支配收入（元）
2	南宁市	37675
3	北海市	36602
4	防城港市	36385
5	钦州市	35732
6	玉林市	36113
7	α	=0.5

图 64-2

（3）使用公式 B8 = COUNT(B2 : B6)，计算北部湾城市群中所选取的城市个数，见图 64 - 3。

图 64 - 3

（4）使用公式 D7 = AVERAGE(D2 : D6)，计算北部湾城市群中城乡居民人均可支配收入的均值（即居民人均可支配收入的总体均值），见图 64 - 4。

图 64 - 4

（5）使用公式 E2 = POWER(ABS(B2 - C2)/$D$7,$B$7)，计算北部湾城市群中南宁市广义熵指数的中间项，见图 64 - 5。

图 64 - 5

（6）同理可计算北部湾城市群中北海市、防城港市等 4 个城市广义熵指数的中间项，见图 64 - 6。

	A	B	C	D	E
1	城市	城镇居民人均可支配收入（元）	农村居民人均可支配收入（元）	城乡居民人均可支配收入（元）	中间项
2	南宁市	37675	15047	28929	0.9233
3	北海市	36602	15510	27684	0.8914
4	防城港市	36385	15962	27679	0.8771
5	钦州市	35732	14149	22556	0.9017
6	玉林市	36113	16348	25882	0.8629

图 64 - 6

（7）使用公式 $B9 = 1/(B7 * (B7 - 1)) * (1/B8 * SUM(E2:E6) - 1)$，计算北部湾城市群中南宁市、北海市等城市的广义熵指数，见图 64 - 7。

	A	B	C	D	E
1	城市	城镇居民人均可支配收入（元）	农村居民人均可支配收入（元）	城乡居民人均可支配收入（元）	中间项
2	南宁市	37675	15047	28929	0.9233
3	北海市	36602	15510	27684	0.8914
4	防城港市	36385	15962	27679	0.8771
5	钦州市	35732	14149	22556	0.9017
6	玉林市	36113	16348	25882	0.8629
7	α	0.5	总体均值	26546	
8	N	5			
9	GE	0.4349			

图 64 - 7

4. 结论

通过对"广义熵指数"进行计算，得到北部湾城市群城市中南宁市的广义熵指数值为 0.4349，表明南宁市、防城港市等城市之间的城乡收入不均衡程度较高。

065　脱钩模型

一、通式

1. 应用价值

通过构建"脱钩模型"，可以衡量经济增长与环境压力之间的脱钩状况，从而确定经济是否能够可持续发展。综合考虑总量和相对量这两个指标的变化情况，通过细分脱钩状态，有利于建立较为完整的脱钩指标评价体系。

2. 数据说明

（1）所需数据：选取资源环境因素与经济增长数据。具体来说，可以选取人口、人均 GDP、生物质、化石燃料、金属矿物、工业矿物、建筑矿物、废水排放量、废弃排放量、固体废弃物、城市生活垃圾、耗散性物质等数据。

（2）数据获取途径：相关年份的《中国环境年鉴》《中国环境统计年鉴》和所研究地区统计年鉴。

3. 模型详解

$$T = \frac{\Delta I}{I} \bigg/ \frac{\Delta G}{G}$$

其中，T 为物质流和经济增长之间的脱钩弹性；$\frac{\Delta I}{I}$ 和 $\frac{\Delta G}{G}$ 分别为物质流和 GDP 的相对变化量。

4. 相关结论

（1）读者可通过将"脱钩模型"的计算结果进行等级划分，依据给定期间的弹性值 T 的大小（T < 0，0 ≤ T ≤ 1，或 T > 1）和环境压力 I 和 GDP 的变化趋势（ΔI > 0 或 ΔI < 0，ΔG > 0 或 ΔG < 0）将脱钩状态分为六种类型强脱钩（SD）、弱脱钩（WD）、衰退脱钩（RD）、扩张负脱钩（END）、弱负脱钩（WND）、强负脱钩（SND）。并以此结合实际研究目标进行进一步分析。

（2）读者可通过对"脱钩弹性"进行划分，当 T ≥ 1 时，即物质流发展速度同步或快于经济增长速度，两者处在挂钩阶段；T = 1 时，是挂钩与相对脱钩的转折点，T 值越大，表明经济增长对物质流的依赖程度越高；当 T 在（0，1）时，即物质流发展速度慢于经济增长速度，处在相对脱钩阶段，T 值越小表明物质流的利用效率越高，经济增长对物质流消费依赖程度降低；当 T = 0 即物质流消费不变或环境压力维持现状条件下，仍能维持经济增长。

二、算例

1. 应用价值

在此，选取 2019 年和 2020 年北部湾城市群中南宁市的地区生产总值（表示经济增长）、工业用电量（表示物质流）数据作为例子计算"脱钩模型"的脱钩弹性，衡量经济增长与环境压力之间的脱钩状况，从而确定南宁市的经济是否能够可持续发展。

2. 数据说明

（1）所需数据：选取 2019 年和 2020 年北部湾城市群中南宁市的地区生产总值、工业用电量数据。

（2）数据获取途径：2020 年和 2021 年广西统计年鉴、广西壮族自治区统计局网站。

3. 在 Excel 表中的具体步骤

（1）录入二维原始数据，即录入 2019 年和 2020 年北部湾城市群中南宁市的地区生产总值、工业用电量数据，见图 65 - 1。

	A	B	C
1	年份	地区生产总值（亿元）	工业用电量（亿千瓦时）
2	2020	4726.34	83.85
3	2019	4506.56	82.24

图 65 - 1

（2）使用公式 B4 =((B2 - B3)/B2)/((C2 - C3)/C2)，计算南宁市的脱钩弹性，见图 65 - 2。

	A	B	C
1	年份	地区生产总值（亿元）	工业用电量（亿千瓦时）
2	2020	4726.34	83.85
3	2019	4506.56	82.24
4	T	2.421811848	

图 65 - 2

4. 结论

通过对"脱钩模型"进行计算，获得计算结果，得到北部湾城市群城市中南宁市的脱钩弹性值为 2.4218，此时 T > 1，即工业用电量变化速度快于经济增长速度，两者处在挂钩阶段。

066 地区环境相对损害指数公式

一、通式

1. 应用价值

通过运用"地区环境相对损害指数（EVI）公式"，可以获取所研究城市的环境污染状况，有利于分析总体环境污染状况的变化趋势，说明污染产业转移所导致的环境污染变化的区域差异，对改善所研究区域的环境污染状况有着重要的应用价值。

2. 数据说明

（1）所需数据：采用水体污染中的化学需氧量、大气污染中 SO_2 排放量和陆地污染中的工业固体废弃物产生量三种污染物排放量作为衡量环境污染水平的指标。

（2）数据获取途径：相关年份的国泰安数据库、国家统计局网站以及《中国工业统计年鉴》《中国环境年鉴》《中国统计年鉴》。

3. 模型详解

为了分析简便，假设环境承载量的地区单位面积与全国平均水平一致，那么可以用国土面积表示环境承载量，地区环境相对损害指数（EVI）公式为：

$$EVI = (RD \div CD)/(RC \div CC) = (RD \div CD)/(RA \div CA) = RD_A/CD_A$$

其中，RD 为地区污染排放量；CD 为全国污染排放量；RC 为地区环境承载量；CC 为全国环境承载量；RA 为地区面积；CA 为全国面积；RD_A 为地区地均污染量；CD_A 为全国地均污染量。

4. 相关结论

读者可通过"地区环境相对损害指数公式"进行计算，获得计算结果，判断所研究区域（如某城市群）的环境污染状况。地区环境损害指数增加，表明该地区每平方千米污染负荷量增加的速度大于全国每平方千米污染负荷量增加的速度；地区环境损害指数减小，表明该地区每平方千米污染负荷量增加的速度小于全国每平方千米污染负荷量增加的速度。并以此结合实际研究目标进行进一步分析。

二、算例

1. 应用价值

在此，选取 2017 年我国和北部湾城市群中南宁市的化学需氧量、地区面积数据作为例子计算地区环境相对损害指数，衡量南宁市的环境污染状况。

2. 数据说明

（1）所需数据：选取 2017 年我国和北部湾城市群中南宁市的化学需氧量、地区面积数据。笔者为了简便计算，用化学需氧量表示地区污染排放量。

（2）数据获取途径：2018 年广西统计年鉴、中国环境年鉴和广西壮族自治区统计局网站。

3. 在 Excel 表中的具体步骤

（1）录入二维原始数据，即录入 2017 年我国和北部湾城市群中南宁市的化学需氧量、地区面积数据，见图 66 – 1。

	A	B	C
1	区域	化学需氧量（万吨）	地区面积（万平方千米）
2	南宁市	10.12	2.21
3	全国	2143.98	960

图 66 – 1

（2）使用公式 B4 =（B2/B3）/（C2/C3），计算南宁市的地区环境相对损害指数，见图 66 – 2。

	A	B	C
1	区域	化学需氧量（万吨）	地区面积（万平方千米）
2	南宁市	10.12	2.21
3	全国	2143.98	960
4	EVI	2.050400703	

图 66 – 2

4. 结论

通过对"地区环境相对损害指数"进行计算，得到北部湾城市群中南宁市的地区环境相对损害指数值为 2.0504，表明南宁市每平方千米污染负荷量增加的速度大于全国每平方千米污染负荷量增加的速度。

区域经济评估类

067　地理集中度公式

一、通式

1. 应用价值

通过运用"地理集中度公式",有利于分析各城市的相关产业在区域空间的集聚程度。通过对相关部门的生产、相关地区收入、相关人员收入协调度进行分析,对推进主产区生产与地区经济、相关人员收入协调发展,缓解或消除财政困境,实现增产增收、地区经济稳步发展、收入明显提高、国家生产安全保障的多方共赢局面有着重要的实用价值。

2. 数据说明

(1) 所需数据:选取相关部门生产、相关地区收入、相关人员收入等数据。

(2) 数据获取途径:中国经济与社会发展统计数据库、Wind 数据库以及相关地区统计公报和历年《中国统计年鉴》。

3. 模型详解

$$R_{X_i} = \frac{X_i \times \sum X_i}{T_i \times \sum T_i}$$

其中,R_{X_i} 为相关时段所研究地区 i 的相关部门的相关产品的地理集中度;X_i 为所研究地区 i 的相关部门的生产产量;T_i 为所研究地区 i 的区域面积。

4. 相关结论

读者可通过"地理集中度公式"进行计算,得出计算结果。地理集中度表示相关产业在区域空间的集聚程度,当数值较小时,集中度相对较低;反之,当数值较大时,集中度相对较高。并以此结合实际研究目标进行进一步分析。

二、算例

1. 应用价值

在此,选取 2011 年北部湾城市群中的工业总产值、行政区域土地面积数据作为例子计算地理集中度,研究北部湾城市群中各城市相关产业在区域空间的集聚程度。

2. 数据说明

(1) 所需数据:选取 2011 年北部湾城市群中的工业总产值、行政区域土地面积数据。

(2) 数据获取途径:2012 年中国城市统计年鉴。

3. 在 Excel 表中的具体步骤

(1) 录入二维原始数据,即录入 2011 年北部湾城市群中各城市的工业总产值、行政区域土地面积数据,见图 67 - 1。

图 67 - 1

（2）使用公式 B12 = SUM(B2: B11)，计算北部湾城市群中南宁市、北海市等 10 个城市工业总产值的总量，见图 67 - 2。

图 67 - 2

（3）同理可计算北部湾城市群中南宁市、北海市等 10 个城市行政区域土地面积的总量，见图 67 - 3。

（4）使用公式 D2 = (B2/ $B$12)/(C2/ $C$12)，计算北部湾城市群中南宁市的地理集中度，见图 67 - 4。

（5）同理可计算北部湾城市群中北海市、防城港市等 9 个城市的地理集中度，见图 67 - 5。

	C	D	E
1	行政区域土地面积(平方千米)	地理集中度	
2	22244	0.8754	
3	3337	2.8390	
4	6222	1.1384	
5	10843	0.9311	
6	12835	0.7398	
7	17386	0.2410	
8	13325	1.1900	
9	11425	1.4347	
10	7956	1.3894	
11	2305	2.0667	
12	=SUM(C2:C11)		
13	SUM(**number1**, [number2], ...)		

图 67 – 3

	A	B	C	D	E	F
1	城市	工业总产值(当年价格)(全市)(万元)	行政区域土地面积(平方千米)	地理集中度		
2	南宁市	21093267	22244	=(B2/$B$12)/(C2/$C$12)		
3	北海市	10262010	3337	2.8390		
4	防城港市	7672323	6222	1.1384		
5	钦州市	10936318	10843	0.9311		
6	玉林市	10285371	12835	0.7398		
7	崇左市	4538927	17386	0.2410		
8	湛江市	17176719	13325	1.1900		
9	茂名市	17755168	11425	1.4347		
10	阳江市	11974226	7956	1.3894		
11	海口市	5160173	2305	2.0667		
12	总量	116854502	107878			

图 67 – 4

	A	B	C	D
1	城市	工业总产值(当年价格)(全市)(万元)	行政区域土地面积(平方千米)	地理集中度
2	南宁市	21093267	22244	0.8754
3	北海市	10262010	3337	2.8390
4	防城港市	7672323	6222	1.1384
5	钦州市	10936318	10843	0.9311
6	玉林市	10285371	12835	0.7398
7	崇左市	4538927	17386	0.2410
8	湛江市	17176719	13325	1.1900
9	茂名市	17755168	11425	1.4347
10	阳江市	11974226	7956	1.3894
11	海口市	5160173	2305	2.0667
12	总量	116854502	107878	

图 67 – 5

4. 结论

通过对北部湾城市群中城市的"地理集中度"进行计算，获得计算结果，其中玉林市的数值最小为 0.7398，表明该城市的集中度相对较低；北海市的数值最大为 2.8390，表明该城市的集中度相对较高。

068　R 指数

一、通式

1. 应用价值

"R 指数"是相关时段所研究地区 i 的相关产品集聚水平与收入集中程度的比值，有利于对某一地区的相关部门的生产、相关收入等分析。该指数对推进主产区生产与地区经济协调发展，缓解或消除财政困境，实现增产增收、地区经济稳步发展、收入明显提高、国家生产安全保障的多方共赢局面有着重要的实用价值。

2. 数据说明

（1）所需数据：选取相关部门生产、相关地区收入、相关人员收入等数据。

（2）数据获取途径：中国经济与社会发展统计数据库、Wind 数据库以及相关地区统计公报和历年《中国统计年鉴》。

3. 模型详解

$$R_i = \frac{x_i}{y_i} = \frac{X_i \times \sum Y_i}{Y_i \times \sum X_i}$$

其中，x_i、y_i 分别为相关时段所研究地区 i 的相关产品集聚水平、收入集中程度的集中程度（参见"067 地理集中度公式"）；X_i、Y_i 分别为相关时段所研究地区 i 的相关产品产量、收入。

4. 相关结论

读者可通过运用"地理集中度的分析方法"对相关部门的生产、地方财政收入协调度的集聚水平有初步的了解。当 $R_i > 1.20$ 时，表明相关产品集聚水平大于收入集中水平；当 $R_i < 0.80$ 时，表明相关产品集聚水平小于收入集中水平；当 R_i 在 [0.80，1.20] 时，表明相关产品集聚水平与收入集中水平基本协调一致。并以此结合实际研究目标进行进一步分析。

二、算例

1. 应用价值

在此，选取 2011 年北部湾城市群中的工业总产值、行政区域土地面积数据作为例子计算地理集中度，研究北部湾城市群中的各城市的相关产业在区域空间的集聚程度。

2. 数据说明

（1）所需数据：选取 2011 年北部湾城市群中各城市的工业总产值、行政区域土地面积数据。

（2）数据获取途径：2012 年中国城市统计年鉴。

3. 在 Excel 表中的具体步骤

（1）录入二维原始数据，即录入 2011 年北部湾城市群中各城市的工业总产值、行政区域土地面积数据，见图 68 - 1。

	A	B	C
1	城市	工业总产值(当年价格)(全市)（万元）	行政区域土地面积（平方千米）
2	南宁市	21093267	22244
3	北海市	10262010	3337
4	防城港市	7672323	6222
5	钦州市	10936318	10843
6	玉林市	10285371	12835
7	崇左市	4538927	17386
8	湛江市	17176719	13325
9	茂名市	17755168	11425
10	阳江市	11974226	7956
11	海口市	5160173	2305

图 68 - 1

（2）使用公式 B12 = SUM(B2: B11)，计算北部湾城市群中南宁市、北海市等 10 个城市工业总产值的总量，见图 68 - 2。

	A	B	C	D
1	城市	工业总产值(当年价格)（全市）（万元）	行政区域土地面积（平方千米）	R_i
2	南宁市	21093267	22244	0.875424
3	北海市	10262010	3337	2.838989
4	防城港市	7672323	6222	1.138372
5	钦州市	10936318	10843	0.931127
6	玉林市	10285371	12835	0.739795
7	崇左市	4538927	17386	0.241013
8	湛江市	17176719	13325	1.190037
9	茂名市	17755168	11425	1.434683
10	阳江市	11974226	7956	1.389441
11	海口市	5160173	2305	2.066716
12	总量	=SUM(B2:B11)	107878	
13		SUM(**number1**, [number2], ...)		
14				

图 68 - 2

（3）同理可计算北部湾城市群中南宁市、北海市等 10 个城市行政区域土地面积的总量，见图 68 – 3。

	A	B	C	D	E
1	城市	工业总产值(当年价格)(全市)（万元）	行政区域土地面积(平方千米)	R_i	
2	南宁市	21093267	22244	0.87542	
3	北海市	10262010	3337	2.83899	
4	防城港市	7672323	6222	1.13837	
5	钦州市	10936318	10843	0.93113	
6	玉林市	10285371	12835	0.7398	
7	崇左市	4538927	17386	0.24101	
8	湛江市	17176719	13325	1.19004	
9	茂名市	17755168	11425	1.43468	
10	阳江市	11974226	7956	1.38944	
11	海口市	5160173	2305	2.06672	
12	总量	116854502	=SUM(C2:C11)		
13					
14			SUM(**number1**, [number2], ...)		
15					

图 68 – 3

（4）使用公式 D2 =（B2 ∗ $C$12)/(C2 ∗ $B$12)，计算北部湾城市群中南宁市的 R 指数，见图 68 – 4。

	A	B	C	D	E	F
1	城市	工业总产值(当年价格)(全市)（万元）	行政区域土地面积(平方千米)	R_i		
2	南宁市	21093267	22244	=(B2∗$C$12)/(C2∗$B$12)		
3	北海市	10262010	3337	2.838989		
4	防城港市	7672323	6222	1.138372		
5	钦州市	10936318	10843	0.931127		
6	玉林市	10285371	12835	0.739795		
7	崇左市	4538927	17386	0.241013		
8	湛江市	17176719	13325	1.190037		
9	茂名市	17755168	11425	1.434683		
10	阳江市	11974226	7956	1.389441		
11	海口市	5160173	2305	2.066716		
12	总量	116854502	107878			

图 68 – 4

（5）同理可计算北部湾城市群中北海市、防城港市等 9 个城市的 R 指数，见图 68 – 5。

图 68 – 5

4. 结论

通过对"R指数"进行计算,可知北海市、茂名市、阳江市和海口市的 R_i 大于 1.20,表明这些地区行政区域土地集聚水平大于工业总产值的集中水平;玉林市的 R_i 小于 0.80,表明该城市的行政区域土地集聚水平小于工业总产值的集中水平。北部湾城市群中的其他城市的 $R_i \in [0.80,1.20]$,表明这些城市的行政区域土地集聚水平与工业总产值的集中水平基本协调一致。

069 HM 指数公式

一、通式

1. 应用价值

通过运用"HM指数公式",测算各城市群之间贸易的相互依赖程度,为测算所研究区域的出口对其经济增长的贡献等方面问题提供支撑,对丰富所研究区域城市群之间依赖程度的科学认识有着重要的应用价值。

2. 数据说明

(1) 所需数据:选取进口额、出口额和进出口贸易总额、贸易总额年均增速、关税税率、贸易顺差、贸易逆差等数据。

(2) 数据获取途径:所研究区域相关年份的统计年鉴、国际贸易中心数据库(International Trade Centre)。

3. 模型详解

$$HM_j = \frac{x_{ij}}{x_i} \times \left(1 - \frac{m_{ij}}{m_j}\right)$$

其中,x_{ij} 为 i 国家或地区到 j 国家或地区的出口总额;m_{ij} 为 i 国家或地区到 j 国家或地区的进口总额；x_i 为 j 国家或地区的总出口额；m_j 为 j 国家或地区的总进口额。

4. 相关结论

读者可以通过计算"HM 指数"，得到计算结果并将该指数进行等级划分。该指数主要用来衡量一个国家或地区出口对于另一国家或地区市场的依赖程度，其取值范围为 0 ~ 1，该指数越接近 1，表明该国家或地区出口对于另一国家或地区市场的依赖程度越大；反之，该指数越接近 0，表明该国家或地区出口对于另一国家或地区市场的依赖程度越小。

二、算例

1. 应用价值

在此，选取 2016 年北部湾城市群中南宁市、北海市等 10 个城市的货物出口额、货物进口额数据作为例子计算 HM 指数，衡量一个国家或地区出口对于另一国家或地区市场的依赖程度。

2. 数据说明

（1）所需数据：选取 2016 年北部湾城市群中南宁市、北海市等 10 个城市的货物出口额、货物进口额数据。

（2）数据获取途径：2017 年中国城市统计年鉴。

3. 在 Excel 表中的具体步骤

（1）录入二维原始数据，即录入 2016 年北部湾城市群中南宁市、北海市等 10 个城市的货物出口额、货物进口额数据，见图 69 – 1。

	A	B	C
1	地区	货物出口额（万元）	货物进口额（万元）
2	南宁市	407743	489257
3	北海市	171760	169687
4	防城港市	170280	965768
5	钦州市	170944	330795
6	玉林市	36467	13301
7	崇左市	1321816	663339
8	湛江市	190422	321501
9	茂名市	144400	57100
10	阳江市	167500	43100
11	海口市	81837	229091

图 69 – 1

（2）使用公式 B12 = SUM（B2：B11），计算北部湾城市群中南宁市、北海市等 10 个城市货物出口额的总量，见图 69 – 2。

（3）同理可计算北部湾城市群中南宁市、北海市等 10 个城市货物进口额的总量，见图 69 – 3。

（4）使用公式 D2 = B2/\$B\$12 * (1 – C2/\$C\$12)，计算北部湾城市群中南宁市的 HM 指数，见图 69 – 4。

	A	B	C	D
1	地区	货物出口额（万元）	货物进口额（万元）	HM$_j$
2	南宁市	407743	489257	0.12119
3	北海市	171760	169687	0.05689
4	防城港市	170280	965768	0.04198
5	钦州市	170944	330795	0.05369
6	玉林市	36467	13301	0.01268
7	崇左市	1321816	663339	0.36838
8	湛江市	190422	321501	0.05999
9	茂名市	144400	57100	0.04956
10	阳江市	167500	43100	0.05773
11	海口市	81837	229091	0.02659
12	总量	=SUM(B2:B11)		
13				
14		**SUM**(number1, [number2], ...)		
15				

图 69 – 2

	A	B	C	D	E
1	地区	货物出口额（万元）	货物进口额（万元）	HM$_j$	
2	南宁市	407743	489257	0.12119	
3	北海市	171760	169687	0.05689	
4	防城港市	170280	965768	0.04198	
5	钦州市	170944	330795	0.05369	
6	玉林市	36467	13301	0.01268	
7	崇左市	1321816	663339	0.36838	
8	湛江市	190422	321501	0.05999	
9	茂名市	144400	57100	0.04956	
10	阳江市	167500	43100	0.05773	
11	海口市	81837	229091	0.02659	
12	总量	2863169	=SUM(C2:C11)		
13					
14			SUM(**number1**, [number2], ...)		
15					

图 69 – 3

	A	B	C	D	E
1	地区	货物出口额（万元）	货物进口额（万元）	HM$_j$	
2	南宁市	407743	489257	=B2/$B$12*(1-C2/$C$12)	
3	北海市	171760	169687	0.05689	
4	防城港市	170280	965768	0.04198	
5	钦州市	170944	330795	0.05369	
6	玉林市	36467	13301	0.01268	
7	崇左市	1321816	663339	0.36838	
8	湛江市	190422	321501	0.05999	
9	茂名市	144400	57100	0.04956	
10	阳江市	167500	43100	0.05773	
11	海口市	81837	229091	0.02659	
12	总量	2863169	3282939		

图 69 – 4

（5）同理可计算北部湾城市群中北海市、防城港市等9个城市的HM指数，见图69-5。

	A	B	C	D
1	地区	货物出口额（万元）	货物进口额（万元）	HMⱼ
2	南宁市	407743	489257	0.12119
3	北海市	171760	169687	0.05689
4	防城港市	170280	965768	0.04198
5	钦州市	170944	330795	0.05369
6	玉林市	36467	13301	0.01268
7	崇左市	1321816	663339	0.36838
8	湛江市	190422	321501	0.05999
9	茂名市	144400	57100	0.04956
10	阳江市	167500	43100	0.05773
11	海口市	81837	229091	0.02659
12	总量	2863169	3282939	

图 69-5

4. 结论

通过运用"HM指数公式"，计算得到北部湾城市群中南宁市、北海市等10个城市的HM指数，崇左市的HM指数值最大，为0.36838，表明该地区出口对于其他国家或地区市场的依赖程度相对较大；玉林市的HM指数值最小，为0.01268，表明该地区出口对于其他国家或地区市场的依赖程度相对较小。

070 经济社会综合发展度模型

一、通式

1. 应用价值

通过构建"经济社会综合发展度模型"，基于分系统测度得到经济社会综合发展度。运用极差法对原始数据进行标准化处理，确定工业化、城市化、现代化等指标的权重，从而构建经济社会综合发展度模型。该模型对区域经济发展具有重要现实意义，有助于为所研究城市群经济社会综合发展提供建议与对策。

2. 数据说明

（1）所需数据：选取工业化指数（工业产出比重、工业就业比重、工业人均产值、工业劳动生产率、工业产值利润率、工业利用外资率）；城镇化指数（人口城镇化率、人均消费指数、文化发展指数、医疗发展指数、社会保障指数、基础设施指数）；农业现代化指数（农业劳动生产率、农业人均农产品量、农业机械化率、农业灌溉指数、农村发展指数、农民生活质量指数）；信息化指数（信息产业产值比、邮电业务指数、互联网宽带普及度、移动电话普及度、信息人才指数、科技投入指数）；绿色化指数（森林覆盖率、大气环境指数、水环境指数、能源消耗指数、生活绿色化指数、经济循环利用指数）等数据。

（2）数据获取途径：《中国城市统计年鉴》《中国区域经济统计年鉴》及各地市国民经济和社会发展统计公报等，个别缺失数据由插值法补齐，地理信息基础数据来源于国家地理信息中心1∶400万数据库。

3. 指标体系构建

（1）数据标准化与权重：采用极差法对原始数据进行标准化处理，以消除不同量纲对结果的影响。采用主客观赋权相结合的方法确定指标权重，首先鉴于五个分系统在经济社会协调发展中具有同等重要性，确定一级指标层权重均为0.2，其次采用熵值法和AHP相结合的方法确定二级指标层权重。

（2）指标体系为：工业化指数、城镇化指数、农业现代化指数、信息化指数和绿色化指数。

4. 模型详解

（1）分系统测度模型：建立工业化指数 $U(g)$、城镇化指数 $U(c)$、农业现代化指数 $U(n)$、信息化指数 $U(x)$ 和绿色化指数 $U(l)$ 等分系统测度模型，其计算公式为：

$$U(g) = \sum_{i=1}^{m} \alpha_i g_i$$

$$U(c) = \sum_{j=1}^{m} \beta_j c_j$$

$$U(n) = \sum_{k=1}^{m} \gamma_k n_k$$

$$U(x) = \sum_{q=1}^{m} \delta_q x_q$$

$$U(l) = \sum_{s=1}^{m} \varepsilon_s l_s$$

其中，α_i、β_j、γ_k、δ_q、ε_s 为权重；g_i、c_j、n_k、x_q、l_s 为对应的指标值；m 为指标个数。

（2）基于分系统测度得到经济社会综合发展度，公式为：

$$T = 1/5 [U(g) + U(c) + U(n) + U(x) + U(l)]$$

5. 相关结论

（1）读者可通过"发展度模型"进行计算，获得计算结果，将经济社会协调发展水平进行分级体系，判断所研究区域（如某城市群）的城市的协调发展水平。并以此结合实际研究目标进行进一步分析。

（2）读者可通过对"协调度分级"进行计算，获得计算结果，当协调度值小于等于0.284时，则为一级低级协调；当协调度值为（0.284，0.366〕时，则为二级较低协调；当协调度值为（0.366，0.447〕时，则为三级中级协调；当协调度值为（0.447，0.556〕时，则为四级较高协调；当协调度值为大于0.556时，则为五级高级协调。并以此结合实际研究目标进行进一步分析。

二、算例

1. 应用价值

在此，选取主观赋权的方法确定指标权重。假定南宁市的权重 α_i、β_j、γ_k、δ_q、ε_s 均

为 0.2；对应的指标值 g_i、c_j、n_k、x_q、l_s 均为 1；指标个数 m 为 1。

2. 数据说明

（1）所需数据：选取南宁市的权重 α_i、β_j、γ_k、δ_q、ε_s 均为 0.2；对应的指标值 g_i、c_j、n_k、x_q、l_s 均为 1；指标个数 m 为 1。

（2）数据获取途径：相关年份相关区域的统计年鉴。

3. 在 Excel 表中的具体步骤

（1）录入二维原始数据，即录入南宁市的权重 α_i、β_j、γ_k、δ_q、ε_s 均为 0.2；对应的指标值 g_i、c_j、n_k、x_q、l_s 均为 1；指标个数 m 为 1 的数据，见图 70 – 1。

	A	B	C	D
1	α	0.2	g	1
2	β	0.2	c	1
3	γ	0.2	n	1
4	δ	0.2	x	1
5	ε	0.2	l	1

图 70 – 1

（2）使用公式 F1 = B1 * D1，计算北部湾城市群中南宁市受指标 g_i 影响的测度模型，见图 70 – 2。

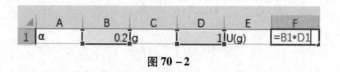

	A	B	C	D	E	F
1	α	0.2	g	1	U(g)	=B1*D1

图 70 – 2

（3）同埋叫计算北部湾城市群中南宁市受指标 c_j、n_k、x_q、l_s 影响的测度模型，见图 70 – 3。

	A	B	C	D	E	F
1	α	0.2	g	1	U(g)	0.2
2	β	0.2	c	1	U(c)	0.2
3	γ	0.2	n	1	U(n)	0.2
4	δ	0.2	x	1	U(x)	0.2
5	ε	0.2	l	1	U(l)	0.2

图 70 – 3

（4）使用公式 B6 = COUNT(B1:B5)，计算北部湾城市群中南宁市受影响的指标个数 N，见图 70 – 4。

（5）使用公式 D6 = 1/B6 * SUM(F1:F5)，计算北部湾城市群中南宁市基于分系统测度得到经济社会综合发展度，见图 70 – 5。

	A	B	C	D	E
1	α	0.2	g	1	U(g)
2	β	0.2	c	1	U(c)
3	γ	0.2	n	1	U(n)
4	δ	0.2	x	1	U(x)
5	ε	0.2	l	1	U(l)
6	N	=COUNT(B1:B5)		0.2	
7					
8		COUNT(**value1**, [value2], ...)			

图 70－4

	A	B	C	D	E	F
1	α	0.2	g	1	U(g)	0.2
2	β	0.2	c	1	U(c)	0.2
3	γ	0.2	n	1	U(n)	0.2
4	δ	0.2	x	1	U(x)	0.2
5	ε	0.2	l	1	U(l)	0.2
6	N	5	T	0.2		

图 70－5

4. 结论

通过“基于分系统测度得到经济社会综合发展度”计算南宁市的城市协调发展水平，协调度值为 0.2，小于 0.284，为一级低级协调，以此结合实际研究目标进行进一步分析。

071 指标的归一化公式

一、通式

1. 应用价值

“指标的归一化公式”就是将需要处理的数据，通过某种算法处理后，限制在所需要的范围。归一化方法有两种形式：一种是将数据变为（0，1）之间的小数；另一种是通过将量纲的表达式变换为无量纲的表达式。它对丰富所研究区域的基本距离的科学认识有着重要的应用价值。

2. 数据说明

（1）所需数据：选取人口密度、GDP 增长率、国际贸易总额（进、出口总额）、人均耕地资源、城镇化率等数据。

（2）数据获取途径：各区域相关年份的统计年鉴、环境状况公报，以及该区域的统计信息网和中国宏观数据挖掘分析系统中的数据资源。

3. 模型详解

正向指标的计算公式：

$$y = \frac{x - \text{minValue}}{\text{maxValue} - \text{minValue}}$$

负向指标的计算公式：

$$y = \frac{\text{maxValue} - x}{\text{maxValue} - \text{minValue}}$$

其中，x、y 分别为转换前、后的值；maxValue、minValue 分别为样本的最大值和最小值。

4. 相关结论

读者可通过对数据进行"归一化处理"，将数量级不同的数据统一映射到同一区间范围。由于每个指标的取值大小和计量单位差别较大，为了使所研究的各项指标和影响因素在进行加权计算之前对分类结果的影响程度相同，对所需的数据进行标准归一化处理。并以此结合实际研究目标进行进一步分析。

二、算例

1. 应用价值

在此，选取 2018 年北部湾城市群中南宁市、北海市等 10 个城市的 GDP 数据作为例子进行指标的归一化处理，使 GDP 数据落入一个较小的特定区间。

2. 数据说明

（1）所需数据：选取 2018 年北部湾城市群中南宁市、北海市等 10 个城市的 GDP 数据。

（2）数据获取途径：2019 年中国城市统计年鉴。

3. 在 Excel 表中的具体步骤

（1）录入二维原始数据，即录入 2018 年北部湾城市群中南宁市、北海市等 10 个城市的 GDP 数据，见图 71 - 1。

	A	B
1	城市	GDP（亿元）
2	南宁市	4026.19
3	北海市	1213.3
4	钦州市	1291.96
5	防城港市	696.82
6	玉林市	1615.46
7	崇左市	1016.49
8	湛江市	3008.39
9	茂名市	3092.18
10	阳江市	1350.31
11	海口市	1510.51

图 71 - 1

（2）使用公式 B12 = MAX(B2:B11)，计算北部湾城市群中南宁市、北海市等 10 个城市 GDP 的最大值，见图 71 - 2。

（3）使用公式 B13 = MIN(B2:B11)，计算北部湾城市群中南宁市、北海市等 10 个城市 GDP 的最小值，见图 71 - 3。

（4）使用公式 C2 = (B2 - \$B\$13)/(\$B\$12 - \$B\$13)，计算北部湾城市群中南宁市的正向指标，见图 71 - 4。

	A	B	C	D	E
1	城市	GDP（亿元）	正向指标	负向指标	
2	南宁市	4026.19	1	0	
3	北海市	1213.3	0.15513	0.84487	
4	钦州市	1291.96	0.17875	0.82125	
5	防城港市	696.82	0	1	
6	玉林市	1615.46	0.27592	0.72408	
7	崇左市	1016.49	0.09602	0.90398	
8	湛江市	3008.39	0.6943	0.3057	
9	茂名市	3092.18	0.71946	0.28054	
10	阳江市	1350.31	0.19628	0.80372	
11	海口市	1510.51	0.2444	0.7556	
12	max	=MAX(B2:B11)			
13	min	MAX(**number1**, [number2], ...)			

图 71－2

	A	B	C	D	E
1	城市	GDP（亿元）	正向指标	负向指标	
2	南宁市	4026.19	1	0	
3	北海市	1213.3	0.15513	0.84487	
4	钦州市	1291.96	0.17875	0.82125	
5	防城港市	696.82	0	1	
6	玉林市	1615.46	0.27592	0.72408	
7	崇左市	1016.49	0.09602	0.90398	
8	湛江市	3008.39	0.6943	0.3057	
9	茂名市	3092.18	0.71946	0.28054	
10	阳江市	1350.31	0.19628	0.80372	
11	海口市	1510.51	0.2444	0.7556	
12	max	4026.19			
13	min	=MIN(B2:B11)			
14		MIN(**number1**, [number2], ...)			

图 71－3

	A	B	C	D	E
1	城市	GDP（亿元）	正向指标	负向指标	
2	南宁市	4026.19	=(B2-$B$13)/($B$12-$B$13)		
3	北海市	1213.3	0.15513	0.84487	
4	钦州市	1291.96	0.17875	0.82125	
5	防城港市	696.82	0	1	
6	玉林市	1615.46	0.27592	0.72408	
7	崇左市	1016.49	0.09602	0.90398	
8	湛江市	3008.39	0.6943	0.3057	
9	茂名市	3092.18	0.71946	0.28054	
10	阳江市	1350.31	0.19628	0.80372	
11	海口市	1510.51	0.2444	0.7556	
12	max	4026.19			
13	min	696.82			

图 71－4

（5）同理可计算北部湾城市群中北海市、钦州市等 9 个城市的正向指标，见图 71－5。

	A	B	C
1	城市	GDP（亿元）	正向指标
2	南宁市	4026.19	1
3	北海市	1213.3	0.15513
4	钦州市	1291.96	0.17875
5	防城港市	696.82	0
6	玉林市	1615.46	0.27592
7	崇左市	1016.49	0.09602
8	湛江市	3008.39	0.6943
9	茂名市	3092.18	0.71946
10	阳江市	1350.31	0.19628
11	海口市	1510.51	0.2444
12	max	4026.19	
13	min	696.82	

图 71 - 5

（6）使用公式 D2 =（$B$12 - B2)/($B$12 - $B$13），计算北部湾城市群中南宁市的负向指标，见图 71 - 6。

	A	B	C	D	E	F
1	城市	GDP（亿元）	正向指标	负向指标		
2	南宁市	4026.19	1	=($B$12-B2)/($B$12-$B$13)		
3	北海市	1213.3	0.15513	0.84487		
4	钦州市	1291.96	0.17875	0.82125		
5	防城港市	696.82	0	1		
6	玉林市	1615.46	0.27592	0.72408		
7	崇左市	1016.49	0.09602	0.90398		
8	湛江市	3008.39	0.6943	0.3057		
9	茂名市	3092.18	0.71946	0.28054		
10	阳江市	1350.31	0.19628	0.80372		
11	海口市	1510.51	0.2444	0.7556		
12	max	4026.19				
13	min	696.82				

图 71 - 6

（7）同理可计算北部湾城市群中北海市、钦州市等 9 个城市的负向指标，见图 71 - 7。

	A	B	C	D
1	城市	GDP（亿元）	正向指标	负向指标
2	南宁市	4026.19	1	0
3	北海市	1213.3	0.15513	0.84487
4	钦州市	1291.96	0.17875	0.82125
5	防城港市	696.82	0	1
6	玉林市	1615.46	0.27592	0.72408
7	崇左市	1016.49	0.09602	0.90398
8	湛江市	3008.39	0.6943	0.3057
9	茂名市	3092.18	0.71946	0.28054
10	阳江市	1350.31	0.19628	0.80372
11	海口市	1510.51	0.2444	0.7556
12	max	4026.19		
13	min	696.82		

图 71 - 7

4. 结论

读者可对数据进行"归一化处理",将北部湾城市群中南宁市、北海市等 10 个城市的 GDP 数据统一映射到(0,1)这一区间范围,有利于数据之间的比较分析。

072 信息熵模型

一、通式

1. 应用价值

"信息熵模型"是根据指标本身包含的信息熵确定指标权重的方法,可以有效减少权重确定过程中的主观干扰,反映信息的不确定性。对于研究城市发展过程中,城市应对风险能力有着重要的应用价值。

2. 数据说明

(1)所需数据:选取能够表征土地资源、自然和社会经济属性特征的变量,建立综合评价指标体系。具体来说,可以包括社会经济水平、区域发展优势等数据。

(2)数据获取途径:相关年份相关地区的统计年鉴、《中华人民共和国全国分县市人口统计资料》《中国教育统计年鉴》、Landsat TM 影像的解译、1:25 万数字高程模型(DEM)、相关区域及周边地区的气象站点、地图数字化。

3. 指标体系构建

根据各项指标的熵值大小,计算变异程度,确定权重,主要步骤为:

(1)计算第 i 个县(市、区)第 j 个指标值的比重:

$$X_{ij} = x_{ij} \bigg/ \sum_{i=1}^{m} x_{ij}$$

(2)计算指标信息熵:

$$e_j = -\frac{1}{\ln m} \sum_{i=1}^{m} (X_{ij} \times \ln X_{ij}), \quad 0 \leq e_j \leq 1$$

(3)信息冗余度:

$$d_j = 1 - e_j$$

(4)指标权重计算:

$$w_j = d_j \bigg/ \sum_{i=1}^{n} d_j$$

其中,x_{ij} 为标准化后的值;m 为区域个数;e_j 为指标信息熵;d_j 为信息冗余度;w_j 为指标权重。

4. 相关结论

读者可通过"信息熵模型"的步骤进行计算,获得计算结果,确定指标权重,表征各指标的差异程度。某项指标的熵值越小,则有序度越高,对评价目标的重要性越大;反之,熵值越大,则有序度越低,对评价目标的重要性越小。并以此结合实际研究目标进行进一步分析。

二、算例

1. 应用价值

在此，选取 2018 年北部湾城市群中南宁市、北海市等 10 个城市的 GDP 数据作为例子建立信息熵模型，反映信息的不确定性。

2. 数据说明

（1）所需数据：选取 2018 年北部湾城市群中南宁市、北海市等 10 个城市的 GDP 数据。通过"071 指标的归一化公式"中的"正向指标公式"，对所选取的 GDP 数据进行标准化处理。

（2）数据获取途径：2019 年的中国城市统计年鉴。

3. 在 Excel 表中的具体步骤

（1）录入二维原始数据，即录入 2018 年北部湾城市群中南宁市、北海市等城市的 GDP 数据，见图 72 – 1。

	A	B
1	城市	GDP（亿元）
2	南宁市	4026.19
3	北海市	1213.3
4	钦州市	1291.96
5	防城港市	696.82
6	玉林市	1615.46
7	崇左市	1016.49
8	湛江市	3008.39
9	茂名市	3092.18
10	阳江市	1350.31
11	海口市	1510.51

图 72 – 1

（2）使用公式 B12 = MAX(B2: B11)，计算北部湾城市群中南宁市、北海市等城市 GDP 的最大值，见图 72 – 2。

	A	B	C	D
1	城市	GDP（亿元）	正向指标	X_i
2	南宁市	4026.19	1	0.28088
3	北海市	1213.3	0.1551284	0.04357
4	钦州市	1291.96	0.1787545	0.05021
5	防城港市	696.82	0	0
6	玉林市	1615.46	0.2759201	0.0775
7	崇左市	1016.49	0.0960152	0.02697
8	湛江市	3008.39	0.6942965	0.19501
9	茂名市	3092.18	0.7194634	0.20208
10	阳江市	1350.31	0.1962804	0.05513
11	海口市	1510.51	0.2443976	0.06865
12	max	=MAX(B2:B11)		
13	min			
14	m	MAX(**number1**, [number2], ...)		
15	lnm			

图 72 – 2

（3）使用公式 B13 = MIN(B2: B11)，计算北部湾城市群中南宁市、北海市等城市 GDP 的最小值，见图 72 - 3。

	A	B	C	D	
1	城市	GDP （亿元）	正向指标	X_{ij}	ln
2	南宁市	4026.19	1	0.28088	
3	北海市	1213.3	0.1551284	0.04357	
4	钦州市	1291.96	0.1787545	0.05021	
5	防城港市	696.82	0	0	/
6	玉林市	1615.46	0.2759201	0.0775	
7	崇左市	1016.49	0.0960152	0.02697	
8	湛江市	3008.39	0.6942965	0.19501	
9	茂名市	3092.18	0.7194634	0.20208	
10	阳江市	1350.31	0.1962804	0.05513	
11	海口市	1510.51	0.2443976	0.06865	
12	max	4026.19			
13	min	=MIN(B2:B11)			
14	m				
15	lnm	2	MIN(**number1**, [number2], ...)		
16					

图 72 - 3

（4）使用公式 C2 = (B2 - $B$13)/($B$12 - $B$13)，计算北部湾城市群中南宁市的正向指标，见图 72 - 4。

	A	B	C	D	E
1	城市	GDP （亿元）	正向指标	X_{ij}	lnX_{ij}
2	南宁市	4026.19	=(B2-$B$13)/($B$12-$B$13)		
3	北海市	1213.3	0.1551284	0.043572	-3.133334
4	钦州市	1291.96	0.1787545	0.050208	-2.991574
5	防城港市	696.82	0	0	/
6	玉林市	1615.46	0.2759201	0.0775	-2.557477
7	崇左市	1016.49	0.0960152	0.026969	-3.613082
8	湛江市	3008.39	0.6942965	0.195013	-1.634689
9	茂名市	3092.18	0.7194634	0.202082	-1.599082
10	阳江市	1350.31	0.1962804	0.055131	-2.898044
11	海口市	1510.51	0.2443976	0.068646	-2.678791
12	max	4026.19			
13	min	696.82			

图 72 - 4

（5）同理可计算北部湾城市群中北海市、钦州市等城市的正向指标，见图 72 - 5。

（6）使用公式 B14 = COUNT(B2: B11)，计算北部湾城市群中所选取的城市个数 m，见图 72 - 6。

（7）使用公式 B15 = ln(B14)，计算北部湾城市群中所选取的城市个数 m 的 ln 值，见图 72 - 7。

（8）使用公式 D2 = C2/SUM($C$2: $C$11)，计算北部湾城市群中南宁市的指标值的比重，见图 72 - 8。

	A	B	C
1	城市	GDP（亿元）	正向指标
2	南宁市	4026.19	1
3	北海市	1213.3	0.1551284
4	钦州市	1291.96	0.1787545
5	防城港市	696.82	0
6	玉林市	1615.46	0.2759201
7	崇左市	1016.49	0.0960152
8	湛江市	3008.39	0.6942965
9	茂名市	3092.18	0.7194634
10	阳江市	1350.31	0.1962804
11	海口市	1510.51	0.2443976

图 72 - 5

	A	B	C	D
1	城市	GDP（亿元）	正向指标	X_{ij}
2	南宁市	4026.19	1	0.28088
3	北海市	1213.3	0.1551284	0.04357
4	钦州市	1291.96	0.1787545	0.05021
5	防城港市	696.82	0	0
6	玉林市	1615.46	0.2759201	0.0775
7	崇左市	1016.49	0.0960152	0.02697
8	湛江市	3008.39	0.6942965	0.19501
9	茂名市	3092.18	0.7194634	0.20208
10	阳江市	1350.31	0.1962804	0.05513
11	海口市	1510.51	0.2443976	0.06865
12	max	4026.19		
13	min	696.82		
14	m	=COUNT(B2:B11)		
15	lnm			
16		COUNT(**value1**, [value2], ...)		
17				

图 72 - 6

	A	B	C
14	m	10	
15	lnm	=LN(B14)	
16		LN(**number**)	
17			

图 72 - 7

	A	B	C	D	E	F
1	城市	GDP（亿元）	正向指标	X_{ij}	lnX_{ij}	e_j
2	南宁市	4026.19	1	=C2/SUM($C$2:$C$11)		
3	北海市	1213.3	0.1551284	0.04 SUM(**number1**, [number2], ...)		
4	钦州市	1291.96	0.1787545	0.050208	-2.991574	0.0652319
5	防城港市	696.82	0	0	/	/
6	玉林市	1615.46	0.2759201	0.0775	-2.557477	0.0860792
7	崇左市	1016.49	0.0960152	0.026969	-3.613082	0.0423176
8	湛江市	3008.39	0.6942965	0.195013	-1.634689	0.1384469
9	茂名市	3092.18	0.7194634	0.202082	-1.599082	0.1403403
10	阳江市	1350.31	0.1962804	0.055131	-2.898044	0.0693881
11	海口市	1510.51	0.2443976	0.068646	-2.678791	0.0798618

图 72 - 8

（9）同理可计算北部湾城市群中北海市、钦州市等城市的指标值的比重，见图 72 –9。

	A	B	C	D
1	城市	GDP（亿元）	正向指标	X_{ij}
2	南宁市	4026.19	1	0.28088
3	北海市	1213.3	0.1551284	0.04357
4	钦州市	1291.96	0.1787545	0.05021
5	防城港市	696.82	0	0
6	玉林市	1615.46	0.2759201	0.0775
7	崇左市	1016.49	0.0960152	0.02697
8	湛江市	3008.39	0.6942965	0.19501
9	茂名市	3092.18	0.7194634	0.20208
10	阳江市	1350.31	0.1962804	0.05513
11	海口市	1510.51	0.2443976	0.06865

图 72 –9

（10）使用公式 E2 = ln（D2），计算北部湾城市群中南宁市的指标值的比重的 ln 值，见图 72 –10。

	A	B	C	D	E	F
1	城市	GDP（亿元）	正向指标	X_{ij}	$\ln X_{ij}$	e_j
2	南宁市	4026.19	1	0.280879	=LN(D2)	0.1548993
3	北海市	1213.3	0.1551284	0.043572	LN(**number**)	.0592927

图 72 –10

（11）同理可计算北部湾城市群中北海市、钦州市等城市的指标值的比重的 ln 值，见图 72 –11。

	A	B	C	D	E
1	城市	GDP（亿元）	正向指标	X_{ij}	$\ln X_{ij}$
2	南宁市	4026.19	1	0.28088	-1.269832
3	北海市	1213.3	0.1551284	0.04357	-3.133334
4	钦州市	1291.96	0.1787545	0.05021	-2.991574
5	防城港市	696.82	0	0	/
6	玉林市	1615.46	0.2759201	0.0775	-2.557477
7	崇左市	1016.49	0.0960152	0.02697	-3.613082
8	湛江市	3008.39	0.6942965	0.19501	-1.634689
9	茂名市	3092.18	0.7194634	0.20208	-1.599082
10	阳江市	1350.31	0.1962804	0.05513	-2.898044
11	海口市	1510.51	0.2443976	0.06865	-2.678791

图 72 –11

（12）使用公式 F2 = –1/$B$15 * （D2 * E2），计算北部湾城市群中南宁市 GDP 的信息熵，见图 72 –12。

	A	B	C	D	E	F	G
1	城市	GDP（亿元）	正向指标	X_{ij}	$\ln X_{ij}$	e_j	d_j
2	南宁市	4026.19	1	0.280879	-1.269832	=-1/$B$15*(D2*E2)	
3	北海市	1213.3	0.1551284	0.043572	-3.133334	0.0592927	0.9407073
4	钦州市	1291.96	0.1787545	0.050208	-2.991574	0.0652319	0.93476812
5	防城港市	696.82	0	0	/	/	/
6	玉林市	1615.46	0.2759201	0.0775	-2.557477	0.0860792	0.91392084
7	崇左市	1016.49	0.0960152	0.026969	-3.613082	0.0423176	0.95768244
8	湛江市	3008.39	0.6942965	0.195013	-1.634689	0.1384469	0.86155314
9	茂名市	3092.18	0.7194634	0.202082	-1.599082	0.1403403	0.85965965
10	阳江市	1350.31	0.1962804	0.055131	-2.898044	0.0693881	0.93061192
11	海口市	1510.51	0.2443976	0.068646	-2.678791	0.0798618	0.92013824
12	max	4026.19					
13	min	696.82					
14	m	10					
15	lnm	2.302585093					

图 72－12

（13）同理可计算北部湾城市群中北海市、钦州市等城市 GDP 的信息熵，见图 72－13。

	A	B	C	D	E	F
1	城市	GDP（亿元）	正向指标	X_{ij}	$\ln X_{ij}$	e_j
2	南宁市	4026.19	1	0.28088	-1.269832	0.1548993
3	北海市	1213.3	0.1551284	0.04357	-3.133334	0.0592927
4	钦州市	1291.96	0.1787545	0.05021	-2.991574	0.0652319
5	防城港市	696.82	0	0	/	/
6	玉林市	1615.46	0.2759201	0.0775	-2.557477	0.0860792
7	崇左市	1016.49	0.0960152	0.02697	-3.613082	0.0423176
8	湛江市	3008.39	0.6942965	0.19501	-1.634689	0.1384469
9	茂名市	3092.18	0.7194634	0.20208	-1.599082	0.1403403
10	阳江市	1350.31	0.1962804	0.05513	-2.898044	0.0693881
11	海口市	1510.51	0.2443976	0.06865	-2.678791	0.0798618

图 72－13

（14）使用公式 G2＝1－F2，计算北部湾城市群中南宁市的信息冗余度，见图 72－14。

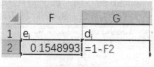

	F	G
1	e_j	d_j
2	0.1548993	=1-F2

图 72－14

（15）同理可计算北部湾城市群中北海市、钦州市等城市的信息冗余度，见图 72－15。

	A	B	C	D	E	F	G
1	城市	GDP（亿元）	正向指标	X_{ij}	lnX_{ij}	e_i	d_i
2	南宁市	4026.19	1	0.28088	-1.269832	0.1548993	0.84510068
3	北海市	1213.3	0.1551284	0.04357	-3.133334	0.0592927	0.9407073
4	钦州市	1291.96	0.1787545	0.05021	-2.991574	0.0652319	0.93476812
5	防城港市	696.82	0	0	/	/	/
6	玉林市	1615.46	0.2759201	0.0775	-2.557477	0.0860792	0.91392084
7	崇左市	1016.49	0.0960152	0.02697	-3.613082	0.0423176	0.95768244
8	湛江市	3008.39	0.6942965	0.19501	-1.634689	0.1384469	0.86155314
9	茂名市	3092.18	0.7194634	0.20208	-1.599082	0.1403403	0.85965965
10	阳江市	1350.31	0.1962804	0.05513	-2.898044	0.0693881	0.93061192
11	海口市	1510.51	0.2443976	0.06865	-2.678791	0.0798618	0.92013824

图 72 - 15

（16）使用公式 H2 = G2/SUM($G\$2: $G\$11)，计算北部湾城市群中南宁市 GDP 这一指标的权重，见图 72 - 16。

	G	H	I	J	K
1	d_i	w_i			
2	0.84510068	=G2/SUM($G$2.$G$11)			
3	0.9407073				
4	0.93476812	0.1...			
5	/	/ SUM(**number1**, [number2], ...)			
6	0.91392084	0.11194328			
7	0.95768244	0.1173035			
8	0.86155314	0.10552892			
9	0.85965965	0.10529699			
10	0.93061192	0.11398771			
11	0.92013824	0.11270483			

图 72 - 16

（17）同理可计算北部湾城市群中北海市、钦州市等城市 GDP 这一指标的权重，见图 72 - 17。

	A	B	C	D	E	F	G	H
1	城市	GDP（亿元）	正向指标	X_{ij}	lnX_{ij}	e_i	d_i	w_i
2	南宁市	4026.19	1	0.28088	-1.269832	0.1548993	0.84510068	0.10351371
3	北海市	1213.3	0.1551284	0.04357	-3.133334	0.0592927	0.9407073	0.11522426
4	钦州市	1291.96	0.1787545	0.05021	-2.991574	0.0652319	0.93476812	0.11449679
5	防城港市	696.82	0	0	/	/	/	/
6	玉林市	1615.46	0.2759201	0.0775	-2.557477	0.0860792	0.91392084	0.11194328
7	崇左市	1016.49	0.0960152	0.02697	-3.613082	0.0423176	0.95768244	0.1173035
8	湛江市	3008.39	0.6942965	0.19501	-1.634689	0.1384469	0.86155314	0.10552892
9	茂名市	3092.18	0.7194634	0.20208	-1.599082	0.1403403	0.85965965	0.10529699
10	阳江市	1350.31	0.1962804	0.05513	-2.898044	0.0693881	0.93061192	0.11398771
11	海口市	1510.51	0.2443976	0.06865	-2.678791	0.0798618	0.92013824	0.11270483
12	max	4026.19						
13	min	696.82						
14	m	10						
15	lnm	2.302585093						

图 72 - 17

4. 结论

通过"信息熵模型"的步骤进行计算，得到各城市的指标权重。其中北海市的权重值最大，为 0.1152，表示该城市的有序度较高，对评价目标的重要性较大；湛江市的权重值最小，为 0.1055，表明该城市的有序度较低，对评价目标的重要性较小。

073 城镇化水平指数公式

一、通式

1. 应用价值

"城镇化水平指数"反映人口向城镇聚集的过程和聚集程度，有利于分析一个国家或地区社会生产力的发展、科学技术的进步，有利于对产业结构进行及时调整。它对丰富所研究区域的城市发展历程的科学认识有着重要的应用价值。

2. 数据说明

（1）所需数据：选取耕地、建设用地、林地、水体、未利用地等数据。

（2）数据获取途径：各区域相关年份的统计年鉴、人口普查结果、中国科学院计算机网络信息中心地理空间数据云（http://www.gscloud.cn）。

3. 模型详解

城镇化进程中既有人口的城镇化，又有产业的城镇化。选取城镇人口占总人口比重（X_1）与相关因素产值占总产值比重（X_2）的综合指标来衡量城镇化水平，其权重分别设置为 a 和 b，并进行加权平均，得到城市工业化综合发展水平 X。其计算公式如下：

$$X = aX_1 + bX_2$$

其中，X_1 为城镇人口比重；X_2 为相关因素产值比重。

4. 相关结论

读者可将"城镇化水平"的计算结果划分为三个阶段：初级发展阶段、中期加速阶段和后期成熟阶段，并以此结合实际研究目标进行进一步分析。

二、算例

1. 应用价值

在此，选取 2012 年北部湾城市群中南宁市等 10 个城市的市辖区总人口、工业总产值数据作为例子计算城镇工业化水平，有利于简单分析北部湾城市群中各城市在工业总产值影响下的城镇化水平。

2. 数据说明

（1）所需数据：选取 2012 年北部湾城市群中相关城市的 GDP 数据。

（2）数据获取途径：2013 年中国城市统计年鉴。

3. 在 Excel 表中的具体步骤

（1）录入二维原始数据，即录入 2012 年北部湾城市群中的市辖区总人口、工业总产值数据，见图 73 – 1。

	城市	市辖区总人口（万人）	工业总产值(当年价格)（全市）（万元）
1	城市	市辖区总人口（万人）	工业总产值(当年价格)（全市）（万元）
2	南宁市	279.7	25571348
3	北海市	63.6	13043028
4	防城港市	55.3	9644105
5	钦州市	146.3	11305801
6	玉林市	106.4	12337037
7	崇左市	36.6	5250800
8	湛江市	159.2	20413655
9	茂名市	136.0	21461245
10	阳江市	68.6	15640855
11	海口市	163.2	4995512

图 73 – 1

（2）选取城镇人口占总人口比重（X_1）与相关因素产值占总产值比重（X_2）的综合指标来衡量城市化水平，其权重均设置为 0.5，见图 73 – 2。

	A	B
13	a	0.5
14	b	0.5

图 73 – 2

（3）使用公式 B12 = SUM(B2: B11)，计算北部湾城市群中南宁市、北海市等 10 个城市市辖区人口的总量，见图 73 – 3。

	城市	市辖区总人口（万人）	工业总产值(当年价格)（全市）（万元）	市辖区总人口比重
1	城市	市辖区总人口（万人）	工业总产值(当年价格)（全市）（万元）	市辖区总人口比重
2	南宁市	279.7	25571348	0.23022
3	北海市	63.6	13043028	0.05235
4	防城港市	55.3	9644105	0.04552
5	钦州市	146.3	11305801	0.12042
6	玉林市	106.4	12337037	0.08758
7	崇左市	36.6	5250800	0.03013
8	湛江市	159.2	20413655	0.13104
9	茂名市	136.0	21461245	0.11194
10	阳江市	68.6	15640855	0.05647
11	海口市	163.2	4995512	0.13433
12	总量	=SUM(B2:B11)		
13	a	SUM(**number1**, [number2], ...)		
14	b			

图 73 – 3

（4）同理可计算北部湾城市群中南宁市、北海市等 10 个城市工业总产值的总量，见图 73－4。

	C 工业总产值(当年价格)(全市)(万元)	D 市辖区总人口比重	E 工业总产值比重
1			
2	25571348	0.23022	0.18309
3	13043028	0.05235	0.09339
4	9644105	0.04552	0.06905
5	11305801	0.12042	0.08095
6	12337037	0.08758	0.08833
7	5250800	0.03013	0.0376
8	20413655	0.13104	0.14616
9	21461245	0.11194	0.15366
10	15640855	0.05647	0.11199
11	4995512	0.13433	0.03577
12	=SUM(C2:C11)		
13	SUM(**number1**, [number2], ...)		
14			

图 73－4

（5）使用公式 D2＝B2／$B$12，计算北部湾城市群中南宁市的市辖区人口在总量中所占比重，见图 73－5。

	A 城市	B 市辖区总人口(万人)	C 工业总产值(当年价格)(全市)(万元)	D 市辖区总人口比重
1				
2	南宁市	279.7	25571348	=B2/$B$12
3	北海市	63.6	13043028	0.05235
4	防城港市	55.3	9644105	0.04552
5	钦州市	146.3	11305801	0.12042
6	玉林市	106.4	12337037	0.08758
7	崇左市	36.6	5250800	0.03013
8	湛江市	159.2	20413655	0.13104
9	茂名市	136.0	21461245	0.11194
10	阳江市	68.6	15640855	0.05647
11	海口市	163.2	4995512	0.13433
12	总量	1214.9	139663386	

图 73－5

（6）同理可计算北部湾城市群中北海市、防城港市等 9 个城市的市辖区人口在总量中所占比重，见图 73－6。

（7）使用公式 E2＝C2／$C$12，计算北部湾城市群中南宁市的工业总产值在总量中所占比重，见图 73－7。

（8）同理可计算北部湾城市群中北海市、防城港市等 9 个城市的市辖区人口在总量中所占比重，见图 73－8。

	A	B	C	D
1	城市	市辖区总人口（万人）	工业总产值(当年价格)(全市)（万元）	市辖区总人口比重
2	南宁市	279.7	25571348	0.23022
3	北海市	63.6	13043028	0.05235
4	防城港市	55.3	9644105	0.04552
5	钦州市	146.3	11305801	0.12042
6	玉林市	106.4	12337037	0.08758
7	崇左市	36.6	5250800	0.03013
8	湛江市	159.2	20413655	0.13104
9	茂名市	136.0	21461245	0.11194
10	阳江市	68.6	15640855	0.05647
11	海口市	163.2	4995512	0.13433
12	总量	1214.9	139663386	

图 73 - 6

	C	D	E
1	工业总产值(当年价格)(全市)（万元）	市辖区总人口比重	工业总产值比重
2	25571348	0.23022	=C2/$C$12
3	13043028	0.05235	0.09339
4	9644105	0.04552	0.06905
5	11305801	0.12042	0.08095
6	12337037	0.08758	0.08833
7	5250800	0.03013	0.0376
8	20413655	0.13104	0.14616
9	21461245	0.11194	0.15366
10	15640855	0.05647	0.11199
11	4995512	0.13433	0.03577
12	139663386		

图 73 - 7

	A	B	C	D	E
1	城市	市辖区总人口（万人）	工业总产值(当年价格)(全市)（万元）	市辖区总人口比重	工业总产值比重
2	南宁市	279.7	25571348	0.23022	0.18309
3	北海市	63.6	13043028	0.05235	0.09339
4	防城港市	55.3	9644105	0.04552	0.06905
5	钦州市	146.3	11305801	0.12042	0.08095
6	玉林市	106.4	12337037	0.08758	0.08833
7	崇左市	36.6	5250800	0.03013	0.0376
8	湛江市	159.2	20413655	0.13104	0.14616
9	茂名市	136.0	21461245	0.11194	0.15366
10	阳江市	68.6	15640855	0.05647	0.11199
11	海口市	163.2	4995512	0.13433	0.03577
12	总量	1214.9	139663386		

图 73 - 8

（9）使用公式 F2 = \$B\$13 * D2 + \$B\$14 * E2，计算北部湾城市群中南宁市的城市工业化综合发展水平 X，见图73－9。

	A	B	C	D	E	F	G
1	城市	市辖区总人口（万人）	工业总产值(当年价格)(全市)（万元）	市辖区总人口比重	工业总产值比重	X	
2	南宁市	279.7	25571348	0.23022	0.18309	=$B$13*D2+$B$14*E2	
3	北海市	63.6	13043028	0.05235	0.09339	0.07287	
4	防城港市	55.3	9644105	0.04552	0.06905	0.05729	
5	钦州市	146.3	11305801	0.12042	0.08095	0.10069	
6	玉林市	106.4	12337037	0.08758	0.08833	0.08796	
7	崇左市	36.6	5250800	0.03013	0.0376	0.03386	
8	湛江市	159.2	20413655	0.13104	0.14616	0.1386	
9	茂名市	136.0	21461245	0.11194	0.15366	0.1328	
10	阳江市	68.6	15640855	0.05647	0.11199	0.08423	
11	海口市	163.2	4995512	0.13433	0.03577	0.08505	
12	总量	1214.9	139663386				
13	a	0.5					
14	b	0.5					

图73－9

（10）同理可计算北部湾城市群中北海市、防城港市等9个城市的城市工业化综合发展水平 X，见图73－10。

	A	B	C	D	E	F
1	城市	市辖区总人口（万人）	工业总产值(当年价格)(全市)（万元）	市辖区总人口比重	工业总产值比重	X
2	南宁市	279.7	25571348	0.23022	0.18309	0.20666
3	北海市	63.6	13043028	0.05235	0.09339	0.07287
4	防城港市	55.3	9644105	0.04552	0.06905	0.05729
5	钦州市	146.3	11305801	0.12042	0.08095	0.10069
6	玉林市	106.4	12337037	0.08758	0.08833	0.08796
7	崇左市	36.6	5250800	0.03013	0.0376	0.03386
8	湛江市	159.2	20413655	0.13104	0.14616	0.1386
9	茂名市	136.0	21461245	0.11194	0.15366	0.1328
10	阳江市	68.6	15640855	0.05647	0.11199	0.08423
11	海口市	163.2	4995512	0.13433	0.03577	0.08505
12	总量	1214.9	139663386			
13	a	0.5				
14	b	0.5				

图73－10

4. 结论

通过"城镇化水平模型"的方法，运用工业总产量数据计算得到北部湾城市群各城市的城镇化水平指数。由图73－10可知，各城市工业化综合发展水平 X 均小于0.1386，表明这些城市大多处于初级工业发展阶段。

074　完全分解模型

一、通式

1. 应用价值

"完全分解模型"是在传统分解模型的基础上提出的，消除分解过程中残差的影响，提高分解的准确性。该模型可运用于资源环境领域、产业生态化环境绩效评价方面。借鉴该方法构建不同生态化策略下的环境绩效分解模型，比较不同生态化策略下环境绩效的差异，分析工业经济规模、空间布局和技术进步等因素对生态化的影响作用，有利于促进经济发展方式转型目标的实现。

2. 数据说明

（1）所需数据：选取人口密度、GDP 增长率、国际贸易总额（进、出口总额）、人均耕地资源、城镇化率等数据。

（2）数据获取途径：各区域相关年份的统计年鉴、环境状况公报。

3. 模型详解

$$EP = T\sum_{i=1}^{n} S_i I_i$$

其中，EP 为环境绩效指标值；T 为工业经济规模（万元）；S_i 为地区 i 的工业经济规模 T_i 占所研究区域工业经济总规模 T 的比重，即 $S_i = T_i/T$，表示区域工业空间格局；I_i 为技术效应，用地区 i 的环境绩效指标值 EP_i 与该地区工业经济规模 T_i 的比值，即 $I_i = EP_i/T_i$；n 为研究区域内部地区划分个数。

4. 相关结论

读者可通过"完全分解模型"进行计算，获得计算结果，判断所研究区域（如某城市群）的生态环境绩效，衡量区域生态化水平，反映区域生态化的不同策略导向，有利于推动经济增长与资源环境的协调发展，推动末端治理策略向源头减量化、清洁生产等预防性策略转变，更好地促进区域可持续发展，并以此结合实际研究目标进行进一步分析。

二、算例

1. 应用价值

在此，选取 2019 年北部湾城市群中南宁市、北海市等相关城市的工业生产总值（表示工业经济规模）、污水年排放量（表示环境绩效指标值）数据作为例子计算城市工业化水平，有利于简单分析北部湾城市群中各城市的工业化水平。

2. 数据说明

（1）所需数据：选取 2019 年北部湾城市群中南宁市、北海市等相关城市的工业生产总值、污水年排放量数据。

（2）数据获取途径：2020 年广西统计年鉴。

3. 在 Excel 表中的具体步骤

（1）录入二维原始数据，即录入 2019 年北部湾城市群中南宁市、北海市等的工业生产总值、污水年排放量数据，见图 74 – 1。

	A	B	C
1	城市	工业生产总值（亿元）	污水年排放量（万吨）
2	南宁市	583.48	42446.47
3	北海市	499.61	7079
4	防城港市	273.08	4165.11
5	钦州市	319.88	5936.1
6	玉林市	297.33	7532.06
7	崇左市	148.83	1778.29

图 74 – 1

（2）使用公式 B10 = COUNT(B2: B7)，计算北部湾城市群中所选取的相关城市的数量 n，见图 74 – 2。

	A	B	C	D
1	城市	工业生产总值（亿元）	污水年排放量（万吨）	各市工业生产总值占比
2	南宁市	583.48	42446.47	0.274939803
3	北海市	499.61	7079	0.23541968
4	防城港市	273.08	4165.11	0.128677181
5	钦州市	319.88	5936.1	0.150729664
6	玉林市	297.33	7532.06	0.140103948
7	崇左市	148.83	1778.29	0.070129723
8	T	2122.21		
9	EP	15947.44		
10	n	=COUNT(B2:B7)		
11		COUNT(**value1**, [value2], ...)		
12				

图 74 – 2

（3）使用公式 B8 = SUM(B2: B7)，计算北部湾城市群中所选取的相关城市工业产值总量 T，见图 74 – 3。

	A	B	C	D
1	城市	工业生产总值（亿元）	污水年排放量（万吨）	各市工业生产总值占比
2	南宁市	583.48	42446.47	0.274939803
3	北海市	499.61	7079	0.23541968
4	防城港市	273.08	4165.11	0.128677181
5	钦州市	319.88	5936.1	0.150729664
6	玉林市	297.33	7532.06	0.140103948
7	崇左市	148.83	1778.29	0.070129723
8	T	=SUM(B2:B7)		
9	EP	SUM(**number1**, [number2], ...)		

图 74 – 3

（4）使用公式 D2 = B2/$B$8，计算北部湾城市群中南宁市工业总产值占所选取城市总量的比重 S_1，见图74-4。

	A	B	C	D
1	城市	工业生产总值（亿元）	污水年排放量（万吨）	各市工业生产总值占比
2	南宁市	583.48	42446.47	=B2/$B$8
3	北海市	499.61	7079	0.2354197
4	防城港市	273.08	4165.11	0.1286772
5	钦州市	319.88	5936.1	0.1507297
6	玉林市	297.33	7532.06	0.1401039
7	崇左市	148.83	1778.29	0.0701297
8	T	2122.21		

图 74-4

（5）同理可计算北部湾城市群中北海市、防城港市等城市工业总产值占所选取城市总量的比重 S_i，见图74-5。

	A	B	C	D
1	城市	工业生产总值（亿元）	污水年排放量（万吨）	各市工业生产总值占比
2	南宁市	583.48	42446.47	0.2749398
3	北海市	499.61	7079	0.2354197
4	防城港市	273.08	4165.11	0.1286772
5	钦州市	319.88	5936.1	0.1507297
6	玉林市	297.33	7532.06	0.1401039
7	崇左市	148.83	1778.29	0.0701297
8	T	2122.21		

图 74-5

（6）使用公式 E2 = C2/$B$8，计算北部湾城市群中南宁市 I_1，见图74-6。

	A	B	C	D	E
1	城市	工业生产总值（亿元）	污水年排放量（万吨）	各市工业生产总值占比	各市污水年排放量占比
2	南宁市	583.48	42446.47	0.2749398	=C2/$B$8
3	北海市	499.61	7079	0.2354197	3.3356737
4	防城港市	273.08	4165.11	0.1286772	1.9626286
5	钦州市	319.88	5936.1	0.1507297	2.7971313
6	玉林市	297.33	7532.06	0.1401039	3.5491587
7	崇左市	148.83	1778.29	0.0701297	0.8379425
8	T	2122.21			

图 74-6

（7）同理可计算北部湾城市群中北海市、防城港市等城市的 I_i，见图74-7。

	A	B	C	D	E
1	城市	工业生产总值（亿元）	污水年排放量（万吨）	各市工业生产总值占比	各市污水年排放量占比
2	南宁市	583.48	42446.47	0.2749398	20.00107
3	北海市	499.61	7079	0.2354197	3.3356737
4	防城港市	273.08	4165.11	0.1286772	1.9626286
5	钦州市	319.88	5936.1	0.1507297	2.7971313
6	玉林市	297.33	7532.06	0.1401039	3.5491587
7	崇左市	148.83	1778.29	0.0701297	0.8379425
8	T	2122.21			

图74-7

（8）使用公式 $F2 = D2 * E2$，计算北部湾城市群中南宁市的中间量 $S_1 I_1$，见图74-8。

	D	E	F
1	各市工业生产总值占比	各市污水年排放量占比	$S_i I_i$
2	0.274939803	20.0010696	=D2*E2

图74-8

（9）同理可计算北部湾城市群中北海市、防城港市等城市的中间量 $S_i I_i$，见图74-9。

	A	B	C	D	E	F
1	城市	工业生产总值（亿元）	污水年排放量（万吨）	各市工业生产总值占比	各市污水年排放量占比	$S_i I_i$
2	南宁市	583.48	42446.47	0.274939803	20.0010696	5.49909
3	北海市	499.61	7079	0.23541968	3.33567366	0.78528
4	防城港市	273.08	4165.11	0.128677181	1.96262858	0.25255
5	钦州市	319.88	5936.1	0.150729664	2.79713129	0.42161
6	玉林市	297.33	7532.06	0.140103948	3.54915866	0.49725
7	崇左市	148.83	1778.29	0.070129723	0.83794252	0.05876

图74-9

（10）使用公式 $B9 = B8 * SUM(F2:F7)$，计算北部湾城市群中南宁市、北海市等6个城市构成的这一城市群的环境绩效指标值 EP，见图74-10。

	A	B	C	D	E	F
1	城市	工业生产总值（亿元）	污水年排放量（万吨）	各市工业生产总值占比	各市污水年排放量占比	S.l.
2	南宁市	583.48	42446.47	0.274939803	20.0010696	5.49909
3	北海市	499.61	7079	0.23541968	3.33567366	0.78528
4	防城港市	273.08	4165.11	0.128677181	1.96262858	0.25255
5	钦州市	319.88	5936.1	0.150729664	2.79713129	0.42161
6	玉林市	297.33	7532.06	0.140103948	3.54915866	0.49725
7	崇左市	148.83	1778.29	0.070129723	0.83794252	0.05876
8	T	2122.21				
9	EP	15947.44				
10	n	6				

图 74 – 10

4. 结论

通过"完全分解模型"的方法，对"生态环境绩效"进行计算，得出北部湾城市群中所选取城市的环境绩效指标值 EP 为 15947.44，表明该城市群经济增长与资源环境的发展较为协调。

区域旅游类

075　旅游客运联系强度公式

一、通式

1. 应用价值

通过运用"旅游客运联系强度公式"，可以获取所研究区域的"空间分布规律""空间结构""游客空间分布"等因素下的区域发展特征，有利于科学表征旅游客运的空间特征，为所研究区域在受到实际时空因素约束条件下的客运网络的整体空间结构特征等方面问题提供支撑的科学认识。

2. 数据说明

（1）所需数据：选取所研究区域的旅游客运数据，具体内容可以包括所研究区域的旅游客运包车的出行趟次、起讫点、行驶里程和平均运距、旅游客运量及旅游客运周转量等。

（2）数据获取途径：所研究区域相关年份的统计年鉴。

3. 模型详解

$$P_{(i,j)} = \frac{t_{(i,j)}}{T}(i \neq j)$$

其中，$P_{(i,j)}$ 为旅游城市 i 和 j 之间的旅游流联系强度；T 为所研究的相关区域总的旅游客运周转量；$t_{(i,j)}$ 为旅游城市 i 和 j 之间的旅游客运周转量。

4. 相关结论

读者可通过"旅游客运联系强度公式"得到"游客空间选择""空间分布格局"等特征，能够判定旅游集聚与辐射能力，划分旅游客运空间网络的旅游城市等级，提供相应的政策措施。

二、算例

1. 应用价值

在此，选取 2019 年北部湾城市群中南宁市、北海市等 6 个城市入境旅游者人数数据作为例子计算旅游客运联系强度，判定该城市群旅游集聚与辐射能力。其中，用入境旅游者人数简单表示旅游客运周转量。

2. 数据说明

（1）所需数据：选取 2019 年北部湾城市群中南宁市、北海市等 6 个城市的入境旅游者人数。

（2）数据获取途径：2020 年广西统计年鉴。

3. 在 Excel 表中的具体步骤

（1）录入二维原始数据，即录入 2019 年北部湾城市群中南宁市、北海市等 6 个城市的入境旅游者人数，见图 75 – 1。

图 75 – 1

（2）使用公式 B8 = SUM(B2: B7)，计算北部湾城市群中所选取的南宁市、北海市等 6 个相关城市的入境旅游者人数 T，见图 75 – 2。

图 75 – 2

（3）使用公式 C2 = B2/$B$8，计算北部湾城市群中南宁市的城市入境旅游者人数占所选取的相关城市入境旅游者人数总量比重，见图 75 – 3。

图 75 – 3

（4）同理可计算北部湾城市群中北海市、防城港市等城市入境旅游者人数占所选取的相关城市入境旅游者人数总量比重，见图75 – 4。

	A	B	C
	城市	入境旅游者人数（人次）	P(1j)
1			
2	南宁市	689900	0.38784
3	北海市	176972	0.09949
4	防城港市	197533	0.11105
5	钦州市	83680	0.04704
6	玉林市	172621	0.09704
7	崇左市	458117	0.25754
8	T	1778823	

图 75 – 4

4. 结论

如图75 – 4所示，南宁市的入境旅游人数在北部湾城市群中占比最大，为0.38784，表明该城市与境外城市之间的联系强度较强，入境旅游者人数占比较高；钦州市的入境旅游人数在北部湾城市群中占比最小，为0.04704，表明该城市与境外城市之间的联系强度较弱，入境旅游者人数占比较低。

076　旅游城市首位度公式

一、通式

1. 应用价值

通过运用"旅游城市首位度"，在城镇体系中获取所研究区域中发展要素影响下最大旅游城市的集中程度，测量城市的区域主导性，从而反映旅游客运网络中旅游地中心性的强弱。一般用一个地区最大旅游城市与第二大旅游城市经济规模之比来表示这个最大旅游城市的首位度，表示该旅游国或地区的城市规模结构和人口集中程度。

2. 数据说明

（1）所需数据：选取所研究区域的旅游客运数据，具体内容可以包括所研究区域的旅游客运包车的出行趟次、起讫点、行驶里程和平均运距、旅游客运量及旅游客运周转量等。

（2）数据获取途径：所研究区域相关年份的统计年鉴。

3. 模型详解

$$M_i = \frac{P_{i1}}{P_{i2}}$$

其中，M_i为旅游城市i的首位度；P_{i1}为旅游城市i最高旅游客运联系强度；P_{i2}为旅游城市

i 次高旅游客运联系强度（由"075 旅游客运联系强度公式"得到）。

4. 相关结论

读者可通过"旅游城市首位度"推广应用"两城市指数"，是用旅游首位城市与第二位城市的人口规模之比的计算方法（$S = P_1/P_2$），有利于简化计算和易于理解的需要。并以此结合实际研究目标进行进一步分析。

二、算例

1. 应用价值

在此，选取 2019 年北部湾城市群中南宁市、北海市等 6 个城市入境旅游者人数作为例子计算旅游城市首位度，判定该城市群旅游集聚与辐射能力。

2. 数据说明

（1）所需数据：选取 2019 年北部湾城市群中南宁市、北海市等城市的入境旅游者人数数据。

（2）数据获取途径：2020 年广西统计年鉴。

3. 在 Excel 表中的具体步骤

（1）录入二维原始数据，即录入 2019 年北部湾城市群中南宁市、北海市等 6 个城市的入境旅游者人数，见图 76 - 1。

	A	B
1	城市	入境旅游者人数（人次）
2	南宁市	689900
3	北海市	176972
4	防城港市	197533
5	钦州市	83680
6	玉林市	172621
7	崇左市	458117

图 76 - 1

（2）使用公式 B8 = SUM(B2: B7)，计算北部湾城市群中所选取的南宁市、北海市等 6 个相关城市入境旅游者人数 T，见图 76 - 2。

（3）使用公式 C2 = B2/$B$8，计算北部湾城市群中南宁市的城市入境旅游者人数占所选取的相关城市入境旅游者人数总量比重，见图 76 - 3。

（4）同理可计算北部湾城市群中北海市、防城港市等城市的入境旅游者人数占所选取的相关城市入境旅游者人数总量比重，见图 76 - 4。

（5）选中"旅游客运联系强度"数据，单击右键，选中"排序"中的"降序"，按照"扩展选定区域"进行降序排序，从而表明城市的位序，即南宁市为首位城市，崇左市为次首位城市，见图 76 - 5。

	A	B	C	D	E
1	城市	入境旅游者人数（人次）	P(1j)		
2	南宁市	689900	0.38784		
3	北海市	176972	0.09949		
4	防城港市	197533	0.11105		
5	钦州市	83680	0.04704		
6	玉林市	172621	0.09704		
7	崇左市	458117	0.25754		
8	T	=SUM(B2:B7)			
9					
10		SUM(**number1**, [number2], ...)			
11					

图 76－2

	A	B	C
1	城市	入境旅游者人数（人次）	P(1j)
2	南宁市	689900	=B2/$B$8
3	北海市	176972	0.09949
4	防城港市	197533	0.11105
5	钦州市	83680	0.04704
6	玉林市	172621	0.09704
7	崇左市	458117	0.25754
8	T	1778823	

图 76－3

	A	B	C
1	城市	入境旅游者人数（人次）	P(1j)
2	南宁市	689900	0.38784
3	北海市	176972	0.09949
4	防城港市	197533	0.11105
5	钦州市	83680	0.04704
6	玉林市	172621	0.09704
7	崇左市	458117	0.25754

图 76－4

	A	B	C
1	城市	入境旅游者人数（人次）	P(1j)
2	南宁市	689900	0.38784
3	崇左市	458117	0.25754
4	防城港市	197533	0.11105
5	北海市	176972	0.09949
6	玉林市	172621	0.09704
7	钦州市	83680	0.04704

图 76－5

（6）最左边插入"位序（R1）"这一列单元格，使用公式 A2 = ROW(C2) – 1，计算南宁市的位序，见图 76 – 6。

	A	B	C
1	位序(R₁)	城市	入境旅游者人数（人次）
2	=ROW(C2)-1	南宁市	689900
3	ROW([reference])	市	458117
4	3	防城港市	197533

图 76 – 6

（7）同理可计算崇左市、防城港市的城市位序（Ri），见图 76 – 7。

	A	B	C	D
1	位序(Rᵢ)	城市	入境旅游者人数（人次）	P₍ᵢⱼ₎
2	1	南宁市	689900	0.38784
3	2	崇左市	458117	0.25754
4	3	防城港市	197533	0.11105
5	4	北海市	176972	0.09949
6	5	玉林市	172621	0.09704
7	6	钦州市	83680	0.04704

图 76 – 7

（8）使用公式 B9 = D2/D3，计算北部湾城市群中最高旅游客运联系强度与次高旅游客运联系强度旅游城市之间的比值，见图 76 – 8。

	A	B	C	D
1	位序(Rᵢ)	城市	入境旅游者人数（人次）	P₍ᵢⱼ₎
2	1	南宁市	689900	0.38784
3	2	崇左市	458117	0.25754
4	3	防城港市	197533	0.11105
5	4	北海市	176972	0.09949
6	5	玉林市	172621	0.09704
7	6	钦州市	83680	0.04704
8		T	1778823	
9	M	1.505947171		

图 76 – 8

4. 结论

通过对"旅游城市首位度"进行计算，获得计算结果，可知南宁市、崇左市的位序分别为 1 和 2，由此可得所研究区域北部湾城市群中这两个城市分别为最高旅游客运联系强度旅游城市、次高旅游客运联系强度旅游城市。该城市群中最高旅游客运联系强度与次高旅游客运联系强度旅游城市之间的比值为 1.5059，该方法用于测量南宁市的主导性地位，反映其顶头优势性，也表明区域中各种资源的集中程度。

077　旅游客运周转量公式

一、通式

1. 应用价值

"旅游客运周转量"反映一定时期内旅客运输工作总量，分析旅游客运的空间联系和分布格局，体现了旅游客流在研究区域的空间分布格局。该公式是运送旅客人数与运送距离的乘积，以人千米（或人海里）为计算单位，其影响因素主要是区域面积大小、城市布局状况、人民的物质文化生活水平等。

2. 数据说明

（1）所需数据：选取所研究区域的旅游客运数据，具体内容可以包括所研究区域的旅游客运包车的出行趟次、起讫点、行驶里程和平均运距、旅游客运量及旅游客运周转量等。

（2）数据获取途径：所研究区域相关年份的统计年鉴。

3. 模型详解

$$Z_i = X_i \times Y_i$$

其中，Z_i 为旅游城市 i 的旅游客运周转量；X_i 为旅游城市 i 的运送旅客人数；Y_i 为运送距离。

4. 相关结论

读者可通过"旅游客运周转量公式"，计算一定时期内旅客运输周转量，具体反映运输成本、客货运收入、劳动生产率和运输密度等指标。运用旅客周转量有利于为制订运输计划和考核运输任务完成情况提供依据，并以此结合实际研究目标进行进一步分析。

二、算例

1. 应用价值

在此，选取 2019 年广西壮族自治区的运送旅客人数、旅游客运周转量数据作为例子计算运送距离，分析该地区的旅游客运周转量，体现旅游客流在研究区域的空间分布格局。

2. 数据说明

（1）所需数据：选取 2019 年广西壮族自治区全区的运送旅客人数、旅游客运周转量数据。

（2）数据获取途径：2020 年广西统计年鉴、广西壮族自治区年度经济发展统计公报。

3. 在 Excel 表中的具体步骤

（1）录入二维原始数据，即录入 2019 年广西壮族自治区全区的运送旅客人数、旅游客运周转量数据，见图 77－1。

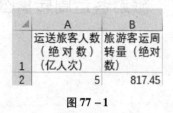

	A 运送旅客人数 （绝对数） （亿人次）	B 旅游客运周 转量（绝对 数）
1		
2	5	817.45

图 77－1

（2）使用公式 C2＝B2/A2，计算广西壮族自治区全区 2019 年的运送距离，见图 77－2。

	A 运送旅客人数 （绝对数） （亿人次）	B 旅游客运周 转量（绝对 数）	C 运送距离 （万千 米）
1			
2	5	817.45	163.49

图 77－2

4. 结论

通过对"运送距离"进行计算，得到广西壮族自治区 2019 年全区的运送距离为 163.49 万千米，反映一定时期内旅客运输工作总量，有利于为广西地区旅游发展提供相关规划与建议。

078　集中度指数公式

一、通式

1. 应用价值

"集中度指数"是旅游城市的旅游客运周转量占所研究区域总的旅游客运周转量的比例，用于分析旅游客运的空间联系和分布格局，通过城市客流联系强度和联系方向获取各级行政区两种空间尺度的旅游客运空间特征，体现了旅游客流在研究区域的空间分布格局。

2. 数据说明

（1）所需数据：集中度指数可以用于分析经济、科技、旅游等问题。具体来看，可以选取旅游客运周转量、物资资本、人力资本、人口密度、GDP 增长率、国际贸易总额（进、出口总额）、人均耕地资源、城镇化率等数据。

（2）数据获取途径：各区域相关年份的统计年鉴。

3. 模型详解

$$I_i = \frac{t_i}{T}$$

其中，I_i 为旅游城市 i 的集中度指数；t_i 为旅游城市 i 的旅游客运周转量；T 为所研究的相关区域总的旅游客运周转量。

4. 相关结论

读者可通过"集中度指数"，判定旅游集聚与辐射能力，划分旅游客运空间网络的旅游城市等级，并以此结合实际研究目标进行进一步分析，提供相应的政策措施。

二、算例

1. 应用价值

在此，选取 2018 年北部湾城市群中南宁市、北海市等 10 个城市的 GDP 数据作为例子计算集中度指数，客观准确地反映该区域范围内 GDP 数据的空间分布格局。

2. 数据说明

（1）所需数据：选取 2018 年北部湾城市群中南宁市、北海市等 10 个城市的 GDP 数据。

（2）数据获取途径：2019 年中国城市统计年鉴。

3. 在 Excel 表中的具体步骤

（1）录入二维原始数据，即录入 2018 年北部湾城市群中南宁市、北海市等 10 个城市的 GDP 数据，见图 78 –1。

	A	B
1	城市	GDP（亿元）
2	南宁市	4026.19
3	北海市	1213.3
4	钦州市	1291.96
5	防城港市	696.82
6	玉林市	1615.46
7	崇左市	1016.49
8	湛江市	3008.39
9	茂名市	3092.18
10	阳江市	1350.31
11	海口市	1510.51

图 78 –1

（2）使用公式 B12 = SUM（B2: B11），计算北部湾城市群中南宁市、北海市等 10 个相关城市 GDP 总量 T，见图 78 –2。

	A	B	C	D
1	城市	GDP（亿元）	I_i	
2	南宁市	4026.19	0.21391	
3	北海市	1213.3	0.06446	
4	钦州市	1291.96	0.06864	
5	防城港市	696.82	0.03702	
6	玉林市	1615.46	0.08583	
7	崇左市	1016.49	0.05401	
8	湛江市	3008.39	0.15984	
9	茂名市	3092.18	0.16429	
10	阳江市	1350.31	0.07174	
11	海口市	1510.51	0.08025	
12	T	=SUM(B2:B11)		
13				
14		SUM(**number1**, [number2], ...)		

图 78－2

（3）使用公式 C2＝B2/$B$12，计算北部湾城市群中南宁市城市 GDP 占所选取的相关城市 GDP 总量比重，见图 78－3。

	A	B	C
1	城市	GDP（亿元）	I_i
2	南宁市	4026.19	=B2/$B$12
3	北海市	1213.3	0.06446
4	钦州市	1291.96	0.06864
5	防城港市	696.82	0.03702
6	玉林市	1615.46	0.08583
7	崇左市	1016.49	0.05401
8	湛江市	3008.39	0.15984
9	茂名市	3092.18	0.16429
10	阳江市	1350.31	0.07174
11	海口市	1510.51	0.08025
12	T	18821.61	

图 78－3

（4）同理可计算北部湾城市群中北海市、钦州市等城市 GDP 占所选取的相关城市 GDP 数总量比重，见图 78－4。

	A	B	C
1	城市	GDP（亿元）	I_i
2	南宁市	4026.19	0.21391
3	北海市	1213.3	0.06446
4	钦州市	1291.96	0.06864
5	防城港市	696.82	0.03702
6	玉林市	1615.46	0.08583
7	崇左市	1016.49	0.05401
8	湛江市	3008.39	0.15984
9	茂名市	3092.18	0.16429
10	阳江市	1350.31	0.07174
11	海口市	1510.51	0.08025
12	T	18821.61	

图 78－4

4. 结论

通过对"集中度指数"进行计算，得到北部湾城市群中北海市、钦州市等城市 GDP 占所选取的相关城市 GDP 数总量比重值。其中，南宁市的集中度指数最大，为 0.2139，表明该城市在该城市群中的 GDP 比重较高，经济影响力相对较大；阳江市的集中度指数最小，为 0.0717，表明该城市在该城市群中的 GDP 比重较低，其经济影响力相对较小。

079　亲景度公式

一、通式

1. 应用价值

"亲景度"反映某客源国（地区）旅游者对特定旅游目的地的偏好程度。该公式可以对各城市群的相关统计数据进行交叉分析，分析城市群的重要地位和时空特征，并提出相关建设性的意见，对丰富所研究区域的城市发展地位和失控状态的科学认识有着重要的应用价值。

2. 数据说明

（1）所需数据：以入境旅游市场为研究对象，重点对不同国家和地区客源市场的时空演变规律进行整体分析和比较分析，选取某地的某旅游客源国人数、某地的外国旅游者人数、该地所在国旅游的某客源国人数和该地所在国旅游的外国人数数据。

（2）数据获取途径：《中国旅游统计年鉴》《中国地名录》、各区域相关年份的统计年鉴。

3. 模型详解

$$L = \frac{M_i / M_1}{C_i / C_1}$$

其中，亲景度 L 是指某地的某旅游客源国人数 M_i 占某地的外国旅游者人数 M_1 之比，与该地所在国旅游的某客源国人数 C_i 占该地所在国旅游的外国人数 C_1 之比的商。

4. 相关结论

读者可通过"亲景度公式"计算对结果进行等级划分，亲景度 L 反映了某客源国旅游者对特定旅游目的地的偏好程度，具体分为：强亲景客源国（$2 \leqslant L < \infty$）、弱亲景客源国（$1 \leqslant L < 2$）、弱疏景客源国（$0.5 \leqslant L < 1$）、强疏景客源国（$0 \leqslant L < 0.5$），并以此结合实际研究目标进行进一步分析。

二、算例

1. 应用价值

在此，选取 2019 年北部湾城市群中海口市的入境韩国人、海口市的外国人入境旅游者总量、到中国旅游的韩国人口和韩国出境旅游人数数据作为例子计算亲景度指标，反映了韩国旅游者对特定旅游目的地（海口市）的偏好程度。

2. 数据说明

（1）所需数据：选取 2019 年北部湾城市群中海口市的入境韩国人、海口市的外国人入境旅游者总量、到中国旅游的韩国人口和韩国出境旅游人数数据。

（2）数据获取途径：2020 年中国城市统计年鉴、海口市统计年鉴、全球经济数据网站。

3. 在 Excel 表中的具体步骤

（1）录入二维原始数据，即录入 2019 年北部湾城市群中海口市的入境韩国人、海口市的外国人入境旅游者总量、到中国旅游的韩国人口和韩国出境旅游人数数据，见图 79 – 1。

	A	B	C	D	E
1	年份	入境韩国人（万人次）	外国人入境旅游者总量（万人次）	到中国旅游的韩国人口（万人次）	韩国出境旅游人数（万人次）
2	2019	1.2092	19.3201	386.38	2649.6447

图 79 – 1

（2）使用公式 B3 =（B2/C2）/（D2/E2），计算北部湾城市群中海口市与韩国之间的亲景度指标 L，见图 79 – 2。

	A	B	C	D	E
1	年份	入境韩国人（万人次）	外国人入境旅游者总量（万人次）	到中国旅游的韩国人口（万人次）	韩国出境旅游人数（万人次）
2	2019	1.2092	19.3201	386.38	2649.6447
3	L	0.429202			

图 79 – 2

4. 结论

通过"亲景度公式"进行计算，获得计算结果，判定韩国旅游者对北部湾城市群中海口市的旅游偏好程度，可知其亲景度指数值为 0.4292（<0.5），韩国与中国海口市之间为"强疏景客源国"关系。

080　旅游生态安全指数模型

一、通式

1. 应用价值

通过构建"旅游生态安全指数模型"，可以获取所研究城市的"旅游生态安全指数"，得到旅游生态安全的评估结果，从而归纳旅游生态安全的时间演进特征、空间集聚特征，分析生态安全的空间溢出效应及其影响因素。对研究旅游活动与旅游环境之间相互作用关系的协调性和可持续性具有重要的应用价值。

2. 数据说明

（1）所需数据：①压力：社会压力、经济压力、环境压力、社会状态、经济状态、环境状态；②响应：社会响应、经济响应、环境响应的相关数据。

（2）数据获取途径：《中国旅游统计年鉴》《中国城市统计年鉴》《中国环境统计年鉴》《中国统计年鉴》《中国旅游业统计公报》、中国国民经济和社会发展统计公报、各省统计年鉴、国民经济和社会发展统计公报、旅游统计便览、环境状况公报、旅游业统计调查数据；网站信息主要参考中国国家统计局官网、国家文物局、文化与旅游部的官方网站。

3. 模型详解

采用极差化法对原始数据进行标准化处理，运用层次分析和熵权法分别确定客观和主观权重，用拉格朗日乘子法确定综合权重，再用线性加权法计算得到旅游生态安全指数（TESI），其计算公式如下：

$$TESI = \sum_{i=1}^{n} y_i w_i$$

其中，TESI 为旅游生态安全指数；y_i 为第 i 个指标的标准化值；w_i 为第 i 个指标的指标权重；n 为指标的个数。

4. 相关结论

读者可通过线性加权法将生态安全进行综合评估，得到旅游生态安全指数（TESI），即旅游生态安全综合测度分级标准（T），可进行等级划分：当 $0 < T \leq 0.25$ 时，安全等级为Ⅰ，安全状态为恶化级；当 $0.25 < T \leq 0.35$ 时，安全等级为Ⅱ，安全状态为风险级；当 $0.35 < T \leq 0.45$ 时，安全等级为Ⅲ，安全状态为敏感级；当 $0.45 < T \leq 0.55$ 时，安全等级为Ⅳ，安全状态为临界安全级；当 $0.55 < T \leq 0.65$ 时，安全等级为Ⅴ，安全状态为一般安全级；当 $0.65 < T \leq 0.75$ 时，安全等级为Ⅵ，安全状态为比较安全级；当 $0.75 < T \leq 1$ 时，安全等级为Ⅶ，安全状态为非常安全级。可根据以上分级参考，比较各城市旅游安全程度，并以此结合实际研究目标进行进一步分析。

二、算例

1. 应用价值

在此，采用极差法对原始数据进行标准化处理，运用层次分析和熵权法分别确定客观和主观权重，用拉格朗日乘子法确定综合权重，再用线性加权法计算得到北部湾城市群的旅游生态安全指数。这里为了简便计算，通过"071 指标的归一化公式"对所选取的指标进行标准化处理，假定其标准化值均为 0.5，赋值社会压力、经济压力等数据的权重值分别为 0.11、0.06 等。

2. 数据说明

（1）所需数据：选取北部湾城市群城市的社会压力、经济压力、环境压力、社会状态、经济状态、环境状态；响应：社会响应、经济响应、环境响应的权重和标准化值数据进行分析。

（2）数据获取途径：《中国旅游统计年鉴》《中国城市统计年鉴》《中国环境统计年鉴》《中国统计年鉴》《中国旅游业统计公报》《中国国民经济和社会发展统计公报》等。

3. 在 Excel 表中的具体步骤

（1）录入二维原始数据，即录入北部湾城市群城市的社会压力、经济压力、环境压力、社会状态、经济状态、环境状态；响应：社会响应、经济响应、环境响应的权重和标准化值数据，见图 80 – 1。

	A	B	C	D
1	准则层	要素层	权重	标准化值
2	压力	社会压力	0.11	0.5
3		经济压力	0.06	0.5
4		环境压力	0.16	0.5
5	状态	社会状态	0.09	0.5
6		经济状态	0.09	0.5
7		环境状态	0.18	0.5
8	响应	社会响应	0.10	0.5
9		经济响应	0.09	0.5
10		环境响应	0.14	0.5

图 80 – 1

方法一：

（2）使用公式 $E2 = C2 * D2$，计算旅游生态安全指数模型公式中社会压力这一要素层的中间项"权重×标准化值"，见图 80 – 2。

	A	B	C	D	E
1	准则层	要素层	权重	标准化值	中间项
2	压力	社会压力	0.11	0.5	=C2*D2

图 80 – 2

（3）同理可计算旅游生态安全指数模型公式中其他要素层的中间项"权重×标准化值"，见图 80 – 3。

	A	B	C	D	E
1	准则层	要素层	权重	标准化值	中间项
2	压力	社会压力	0.11	0.5	0.05335
3		经济压力	0.06	0.5	0.0318
4		环境压力	0.16	0.5	0.07805
5	状态	社会状态	0.09	0.5	0.0449
6		经济状态	0.09	0.5	0.043
7		环境状态	0.18	0.5	0.08835
8	响应	社会响应	0.10	0.5	0.0487
9		经济响应	0.09	0.5	0.043
10		环境响应	0.14	0.5	0.06885

图 80 – 3

（4）使用公式 F10 = SUM(E2: E10)，计算旅游生态安全指数，见图 80 - 4。

	A	B	C	D	E	F
1	准则层	要素层	权重	标准化值	中间项	
2	压力	社会压力	0.11	0.5	0.05335	
3		经济压力	0.06	0.5	0.0318	
4		环境压力	0.16	0.5	0.07805	
5	状态	社会状态	0.09	0.5	0.0449	
6		经济状态	0.09	0.5	0.043	
7		环境状态	0.18	0.5	0.08835	
8	响应	社会响应	0.10	0.5	0.0487	
9		经济响应	0.09	0.5	0.043	TESI
10		环境响应	0.14	0.5	0.06885	0.5
11		0.5				方法一
12		方法二				

图 80 - 4

方法二：

（5）使用公式 B11 = SUMPRODUCT(C2: C10 * D2: D10)，计算旅游生态安全指数，见图 80 -5。

	A	B	C	D	E	F
1	准则层	要素层	权重	标准化值	中间项	
2	压力	社会压力	0.11	0.5	0.05335	
3		经济压力	0.06	0.5	0.0318	
4		环境压力	0.16	0.5	0.07805	
5	状态	社会状态	0.09	0.5	0.0449	
6		经济状态	0.09	0.5	0.043	
7		环境状态	0.18	0.5	0.08835	
8	响应	社会响应	0.10	0.5	0.0487	
9		经济响应	0.09	0.5	0.043	TESI
10		环境响应	0.14	0.5	0.06885	0.5
11		0.5				方法一
12		方法二				

图 80 - 5

4. 结论

通过对"旅游生态安全指数"进行计算，北部湾城市群旅游生态安全指数为 0.5，说明北部湾城市群的安全等级为Ⅳ，安全状态为临界安全级。通过该模型，得到北部湾城市群的旅游生态安全的评估结果，从而归纳该城市群的旅游生态安全的时间演进特征、空间集聚特征，分析生态安全的空间溢出效应及其影响因素。

081 障碍度模型

一、通式

1. 应用价值

通过构建"障碍度模型"，采用指标偏离度、因子贡献度和障碍度三个指标进行分析诊断，通过对障碍度大小排序确定各障碍因素的主次关系及其对所研究系统脆弱性的影响程度。该模型有利于分析系统中的各项指标，识别出所研究区域发展过程中的主要障碍因素，对于城市发展过程中人与自然相处模式的分析有着重要的应用价值，以便针对突出性问题提出合理的解决措施。

2. 数据说明

（1）所需数据：分别从经济脆弱性、社会脆弱性和自然脆弱性三个方面分析，考虑敏感性、应对能力。具体可以选取人均 GDP、固定资产投资等数据。

（2）数据获取途径：相关年份《中国城市统计年鉴》、所研究地区的统计年鉴以及各年份该地区国民经济和社会发展统计公报，部分缺失数据通过相邻年份进行差值处理。

3. 模型详解

$$O_{ij} = \frac{(1 - x'_{ij}) \times w_{ij} \times 100\%}{\sum\limits_{j=1}^{n} (1 - x'_{ij}) \times w_{ij}}$$

其中，O_{ij} 为单项指标对所研究系统脆弱性的障碍度；x'_{ij} 为第 i 个子系统下第 j 个单项指标的标准化值；w_{ij} 为其相对应权重；n 为指标个数。

4. 相关结论

读者可运用"障碍度模型"，对子系统的障碍度进行诊断，获得诊断结果，经济脆弱性对于相关地区人地耦合系统脆弱性的障碍作用最弱，仍需加大投入力度，建立多元化、多渠道的投融资机制，并以此结合实际研究目标进行进一步分析。

二、算例

1. 应用价值

在此，选取 2018 年北部湾城市群中南宁市、北海市等 10 个城市的 GDP 数据作为例子构建"障碍度模型"，计算其经济脆弱性。

2. 数据说明

（1）所需数据：选取 2018 年北部湾城市群中南宁市、北海市等 10 个城市的 GDP 数据。

（2）数据获取途径：2019 年中国城市统计年鉴。

3. 在 Excel 表中的具体步骤

（1）录入二维原始数据，即录入 2018 年北部湾城市群中南宁市、北海市等城市的

GDP 数据，见图 81 - 1。

	A	B
1	城市	GDP（亿元
2	南宁市	4026.19
3	北海市	1213.3
4	钦州市	1291.96
5	防城港市	696.82
6	玉林市	1615.46
7	崇左市	1016.49
8	湛江市	3008.39
9	茂名市	3092.18
10	阳江市	1350.31
11	海口市	1510.51

图 81 - 1

（2）使用公式 B12 = MAX（B2: B11），计算北部湾城市群中南宁市、北海市等城市 GDP 的最大值，见图 81 - 2。

	A	B	C	D
1	城市	GDP（亿元）	标准化值	w_{ij}
2	南宁市	4026.19	1	0.28088
3	北海市	1213.3	0.1551284	0.04357
4	钦州市	1291.96	0.1787545	0.05021
5	防城港市	696.82	0	0
6	玉林市	1615.46	0.2759201	0.0775
7	崇左市	1016.49	0.0960152	0.02697
8	湛江市	3008.39	0.6942965	0.19501
9	茂名市	3092.18	0.7194634	0.20208
10	阳江市	1350.31	0.1962804	0.05513
11	海口市	1510.51	0.2443976	0.06865
12	max	=MAX(B2:B11)		
13	min			
14		MAX(**number1**, [number2], …)		
15				

图 81 - 2

（3）使用公式 B13 = MIN（B2: B11），计算北部湾城市群中南宁市、北海市等城市 GDP 的最小值，见图 81 - 3。

（4）使用公式 C2 =（B2 - \$B\$13）/（\$B\$12 - \$B\$13），计算北部湾城市群中南宁市的标准化值，见图 81 - 4。

（5）同理可计算北部湾城市群中北海市、钦州市等城市的标准化值，见图 81 - 5。

	A	B	C	D	中
1	城市	GDP（亿元）	标准化值	w_{ij}	
2	南宁市	4026.19	1	0.28088	
3	北海市	1213.3	0.1551284	0.04357	
4	钦州市	1291.96	0.1787545	0.05021	
5	防城港市	696.82	0	0	
6	玉林市	1615.46	0.2759201	0.0775	
7	崇左市	1016.49	0.0960152	0.02697	
8	湛江市	3008.39	0.6942965	0.19501	
9	茂名市	3092.18	0.7194634	0.20208	
10	阳江市	1350.31	0.1962804	0.05513	
11	海口市	1510.51	0.2443976	0.06865	
12	max	4026.19			
13	min	=MIN(B2:B11)			
14					
15		MIN(**number1**, [number2], ...)			
16					

图 81 - 3

	A	B	C	D	E
1	城市	GDP（亿元）	标准化值	w_{ij}	中间项
2	南宁市	4026.19	=(B2-$B$13)/($B$12-$B$13)		
3	北海市	1213.3	0.1551284	0.043572	0.036813
4	钦州市	1291.96	0.1787545	0.050208	0.041233
5	防城港市	696.82	0	0	0
6	玉林市	1615.46	0.2759201	0.0775	0.056116
7	崇左市	1016.49	0.0960152	0.026969	0.024379
8	湛江市	3008.39	0.6942965	0.195013	0.059616
9	茂名市	3092.18	0.7194634	0.202082	0.056691
10	阳江市	1350.31	0.1962804	0.055131	0.04431
11	海口市	1510.51	0.2443976	0.068646	0.051869
12	max	4026.19			
13	min	696.82			

图 81 - 4

	A	B	C
1	城市	GDP（亿元）	标准化值
2	南宁市	4026.19	1
3	北海市	1213.3	0.155128
4	钦州市	1291.96	0.178755
5	防城港市	696.82	0
6	玉林市	1615.46	0.27592
7	崇左市	1016.49	0.096015
8	湛江市	3008.39	0.694297
9	茂名市	3092.18	0.719463
10	阳江市	1350.31	0.19628
11	海口市	1510.51	0.244398
12	max	4026.19	
13	min	696.82	

图 81 - 5

（6）使用公式 D2 ＝C2/SUM（$C$2: $C$11)，计算北部湾城市群中南宁市的指标值的比重（这里为了简便计算，用 GDP 比重表示权重），见图 81 -6。

	C	D	E	F	G
1	标准化值	wᵢⱼ	中间项	Oᵢⱼ	
2	1	=C2/SUM($C$2:$C$11)			
3	0.1551284				
4	0.1787545	0.0			
5	0		0	0	0
6	0.2759201	0.0775	0.05612	0.15125	
7	0.0960152	0.02697	0.02438	0.06571	
8	0.6942965	0.19501	0.05962	0.16068	
9	0.7194634	0.20208	0.05669	0.1528	
10	0.1962804	0.05513	0.04431	0.11942	
11	0.2443976	0.06865	0.05187	0.1398	

图 81 - 6

（7）同理可计算北部湾城市群中北海市、钦州市等城市的指标值的比重（这里为了简便计算用 GDP 比重表示权重），见图 81 - 7。

	A	B	C	D
1	城市	GDP（亿元）	标准化值	wᵢⱼ
2	南宁市	4026.19	1	0.28088
3	北海市	1213.3	0.1551284	0.04357
4	钦州市	1291.96	0.1787545	0.05021
5	防城港市	696.82	0	0
6	玉林市	1615.46	0.2759201	0.0775
7	崇左市	1016.49	0.0960152	0.02697
8	湛江市	3008.39	0.6942965	0.19501
9	茂名市	3092.18	0.7194634	0.20208
10	阳江市	1350.31	0.1962804	0.05513
11	海口市	1510.51	0.2443976	0.06865

图 81 - 7

（8）使用公式 E2 =（1 - C2）* D2 * 100%，计算北部湾城市群中南宁市经济系统脆弱性指数的中间项，见图 81 - 8。

	A	B	C	D	E	F
1	城市	GDP（亿元）	标准化值	wᵢⱼ	中间项	Oᵢⱼ
2	南宁市	4026.19	1	0.28088	=(1-C2)*D2*100%	

图 81 - 8

（9）同理可计算北部湾城市群中北海市、钦州市等城市经济系统脆弱性指数的中间项，见图 81 - 9。

	A	B	C	D	E
1	城市	GDP（亿元）	标准化值	w_{ij}	中间项
2	南宁市	4026.19	1	0.28088	0
3	北海市	1213.3	0.1551284	0.04357	0.03681
4	钦州市	1291.96	0.1787545	0.05021	0.04123
5	防城港市	696.82	0	0	0
6	玉林市	1615.46	0.2759201	0.0775	0.05612
7	崇左市	1016.49	0.0960152	0.02697	0.02438
8	湛江市	3008.39	0.6942965	0.19501	0.05962
9	茂名市	3092.18	0.7194634	0.20208	0.05669
10	阳江市	1350.31	0.1962804	0.05513	0.04431
11	海口市	1510.51	0.2443976	0.06865	0.05187

图 81－9

（10）使用公式 F2＝E2/SUM($E$2:$E$11)，计算北部湾城市群中南宁市的经济系统脆弱性指数，见图 81－10。

	E	F	G	H	I
1	中间项	O_{ij}			
2	0	=E2/SUM($E$2:$E$11)			
3	0.036813	0.09 SUM(**number1**, [number2], ...)			
4	0.041233	0.111133			
5	0	0			
6	0.056116	0.151245			
7	0.024379	0.065707			
8	0.059616	0.160678			
9	0.056691	0.152795			
10	0.04431	0.119424			
11	0.051869	0.139798			

图 81－10

（11）同理可计算北部湾城市群中北海市、钦州市等城市经济系统脆弱性指数，见图 81－11。

	A	B	C	D	E	F
1	城市	GDP（亿元）	标准化值	w_{ij}	中间项	O_{ij}
2	南宁市	4026.19	1	0.28088	0	0
3	北海市	1213.3	0.1551284	0.04357	0.03681	0.09922
4	钦州市	1291.96	0.1787545	0.05021	0.04123	0.11113
5	防城港市	696.82	0	0	0	0
6	玉林市	1615.46	0.2759201	0.0775	0.05612	0.15125
7	崇左市	1016.49	0.0960152	0.02697	0.02438	0.06571
8	湛江市	3008.39	0.6942965	0.19501	0.05962	0.16068
9	茂名市	3092.18	0.7194634	0.20208	0.05669	0.1528
10	阳江市	1350.31	0.1962804	0.05513	0.04431	0.11942
11	海口市	1510.51	0.2443976	0.06865	0.05187	0.1398
12	max	4026.19				
13	min	696.82				

图 81－11

4. 结论

通过对"障碍度模型"中的"经济系统脆弱性指数"进行计算，获得北部湾城市群中所研究的各城市的计算结果，经济脆弱性对于相关地区人地耦合系统脆弱性的障碍作用最弱，仍需加大投入力度，促进该城市群城市发展过程中城市人与自然的相处。

082　日常可达性指数公式

一、通式

1. 应用价值

通过运用"日常可达性指数公式"，可以评价所研究城市群的某个节点到其他旅游目的地的时间测度，探讨所研究的相关区域主要节点上城市可达性空间格局及其演化规律，评价某个经济中心在一定时间内可到达的人口或经济活动规模的指标，对于该区域旅游可达性的研究、促进区域旅游发展合作、制定更加高效合理的政策提供科学参考。

2. 数据说明

（1）所需数据：选取国土面积、示范区户籍人口、GDP、实现旅游总收入、提取路网要素（包括铁路、高速公路、国道、省道、县道、河流、湖泊）、空间行政边界矢量数据、城市和景点所在位置、社会经济及旅游等数据。

（2）数据获取途径：利用相关区域的 1∶70 万行政区划图的电子地图、国家地理信息中心所提供的 1∶400 万中国电子地形图、百度地图、所研究区域相关年份的统计年鉴、各地市国民经济和社会发展统计公报和文化与旅游部网站。

3. 模型详解

采用"2 小时旅游圈"的概念，界定 2 小时内完成旅游活动涉及的区域范围，统计相关地区在 2 小时内所到达的景点数量，反映景点和客源地在高铁开通前后"2 小时旅游圈"内可达景点数量的变化，其计算公式为：

$$DA_i = \sum_{i=1}^{n} p_j \delta_{ij}$$

其中，DA_i 为节点 i 的日常可达性指数；p_j 为地区 j 可达的景点数；δ_{ij} 为系数，若节点 i 到旅游景点 j 的时间少于 2 小时，$\delta_{ij}=1$，其他则取 0。

4. 相关结论

读者可通过对"日常可达性指数"进行计算，获得计算结果，判断所研究区域（如某城市群）网络的可达性。该指数的高低与人的转移能力和到达目的地的移动机会成正相关关系，采取的交通方式、交通网的完善程度以及道路的通行质量等会对该指数有一定的影响，以此结合实际研究目标进行进一步分析。

二、算例

1. 应用价值

在此，选取北部湾城市群中南宁市区内的景点，以广西民族大学作为出发地，查找广西民族大学至青秀山风景旅游区、八桂田园等旅游景点开车所需时间数据作为例子计算日常可达性指数。

2. 数据说明

（1）所需数据：选取广西民族大学至青秀山风景旅游区、八桂田园等旅游景点开车所需时间数据。

（2）数据获取途径：百度地图和 2020 年广西统计年鉴。

3. 在 Excel 表中的具体步骤

（1）录入二维原始数据，即录入广西民族大学至青秀山风景旅游区、八桂田园等旅游景点开车所需时间数据，见图 82 − 1。

	A	B
1		时间（小时）
2	民大-青秀山风景旅游区	0.57
3	民大-八桂田园	0.25
4	民大-南宁市动物园	0.28
5	民大-大明山风景旅游区	1.48
6	民大-广西科技馆	0.43
7	民大-广西民族博物馆	0.8
8	民大-德天瀑布景区	3

图 82 − 1

（2）使用公式 B9 = COUNT(B2 : B8)，计算所选取的旅游景点的个数，见图 82 − 2。

	A	B	C	D
1		时间（小时）	系数	中间量
2	民大-青秀山风景旅游区	0.57	1	0.57
3	民大-八桂田园	0.25	1	0.25
4	民大-南宁市动物园	0.28	1	0.28
5	民大-大明山风景旅游区	1.48	1	1.48
6	民大-广西科技馆	0.43	1	0.43
7	民大-广西民族博物馆	0.8	1	0.8
8	民大-德天瀑布景区	3	0	0
9	景点数	=COUNT(B2:B8)		3.81
10	DA₁	COUNT(**value1**, [value2], ...)		

图 82 − 2

（3）使用公式 C2 = IF(B2 < 2, 1, 0)，计算广西民族大学至青秀山风景旅游区的路程所花费的时长是否小于 2 小时，若小于 2 小时记作"1"，反之记作"0"，见图 82 − 3。

	A	B	C	D	E	F	G
1		时间（小时）	系数				
2	民大-青秀山风景旅游区	0.57	=IF(B2<2,1,0)				
3	民大-八桂田园	0.25	IF(**logical_test**, [value_if_true], [value_if_false])			
4	民大-南宁市动物园	0.28	1				

图 82 − 3

（4）同理可计算广西民族大学至八桂田园、南宁市动物园等旅游景区的路程所花费的时长是否小于 2 小时，若小于 2 小时记作"1"，反之记作"0"，见图 82 - 4。

	A	B	C
1		时间（小时）	系数
2	民大-青秀山风景旅游区	0.57	1
3	民大-八桂田园	0.25	1
4	民大-南宁市动物园	0.28	1
5	民大-大明山风景旅游区	1.48	1
6	民大-广西科技馆	0.43	1
7	民大-广西民族博物馆	0.8	1
8	民大-德天瀑布景区	3	0

图 82 - 4

（5）使用公式 B10 = SUMPRODUCT(B2: B8 * C2: C8)，计算北部湾城市群中南宁市的日常可达性指数，见图 82 - 5。

	A	B	C
1		时间（小时）	系数
2	民大-青秀山风景旅游区	0.57	1
3	民大-八桂田园	0.25	1
4	民大-南宁市动物园	0.28	1
5	民大-大明山风景旅游区	1.48	1
6	民大-广西科技馆	0.43	1
7	民大-广西民族博物馆	0.8	1
8	民大-德天瀑布景区	3	0
9	景点数	7	
10	DA_i	3.81	

图 82 - 5

4. 结论

通过对"日常可达性指数"进行计算，获得计算结果值为 3.81，表明广西民族大学至南宁市各个旅游景区的便利程度较高。分析该指数有利于研究分析北部湾城市群，甚至是全国范围内的日常可达性，有利于为相关区域的旅游规划提供建议。

083　旅游规模分布公式

一、通式

1. 应用价值

通过运用"旅游规模分布公式"，考虑城市规模和城市规模位序的关系，得到所研究城市体系的规模分布。分析一个城市的规模和该城市所在国家或地区按人口规模排序存在的规律，有利于宏观地分析一个国家或地区的城市规模分布在某一个时间截面上的集中与分散程度，对丰富所研究区域的城市规模分布状况的科学认识有着重要的应用价值。

2. 数据说明

（1）所需数据：选取所研究区域入境旅游人数、年末人口、国民生产总值、固定资产投资等数据。

（2）数据获取途径：所研究时间段相关区域的统计年鉴、中国区域经济统计年鉴以及各城市的统计公报。

3. 模型详解

利用位序规模法则可以很好说明区域城市旅游规模分布情况，其计算公式为：

$$P = K \times R^{-q}$$

其中，P 为城市相关因素（如入境旅游）规模；R 为位序（可利用"017 Zipf 曲线拟合度公式"计算），K 为其首位城市规模数。q 为集中指数常数。可依据"位序规模理论"中"集中指数（q）"的大小分为三类：首位型（q≥1.2）、集中型（0.85 < q < 1.2）、分散均衡型（q≤0.85），并以此结合实际研究目标进行进一步分析。

4. 相关结论

读者可通过"旅游规模分布公式"，判断所研究区域（如某城市群）的城市规模分布状况。位序规模分布与差异化发展与各城市的相关因素下经济发展水平之间存在因果联系，可以宏观地分析一个国家或地区的城市规模分布在某一个时间截面上是趋于集中还是趋于分散，并以此结合实际研究目标进行进一步分析。

二、算例

1. 应用价值

在此，选取 2018 年北部湾城市群中南宁市、北海市等 10 个城市的年末总人口数量数据作为例子计算城市规模分布。

2. 数据说明

（1）所需数据：选取 2018 年北部湾城市群中相关城市年末总人口数量来表示城市规模数。该城市群以南宁市为 P1 进行研究，南宁市的城市位序为 1，位序公式可利用"017 Zipf 曲线拟合度公式"计算得出。

（2）数据获取途径：2019 年的中国城市统计年鉴。

3. 在 Excel 表中的具体步骤

（1）录入二维原始数据，即录入 2018 年北部湾城市群中的南宁市、北海市等 10 个城市的年末总人口数量数据，见图 83 – 1。

（2）使用公式 C2 = $B$2/B2，计算南宁市的城市位序，见图 83 – 2。

（3）使用公式 C3 = $B$2/B3，计算北海市的城市位序，见图 83 – 3。

（4）同理可计算防城港市、钦州市等城市的城市位序，见图 83 – 4。

（5）使用公式 D2 = ln(B2)，计算首位城市南宁市的规模数的 lnK，见图 83 – 5。

（6）同理可计算北海市、防城港市等城市的人口规模数的 lnP，见图 83 – 6。

	A	B
1	城市	年末总人口（万人）
2	南宁市	707.37
3	北海市	166.84
4	防城港市	91.24
5	钦州市	387.65
6	玉林市	674.59
7	崇左市	243.35
8	湛江市	777.77
9	茂名市	747.17
10	阳江市	282.81
11	海口市	160.43

图 83 – 1

	A	B	C
1	城市	年末总人口（万人）	城市位序
2	南宁市	707.37	=$B$2/B2

图 83 – 2

	A	B	C
1	城市	年末总人口（万人）	城市位序
2	南宁市	707.37	1.00
3	北海市	166.84	=$B$2/B3

图 83 – 3

	A	B	C
1	城市	年末总人口（万人）	城市位序
2	南宁市	707.37	1.00
3	北海市	166.84	4.24
4	防城港市	91.24	7.75
5	钦州市	387.65	1.82
6	玉林市	674.59	1.05
7	崇左市	243.35	2.91
8	湛江市	777.77	0.91
9	茂名市	747.17	0.95
10	阳江市	282.81	2.50
11	海口市	160.43	4.41

图 83 – 4

图 83 - 5

图 83 - 6

（7）使用公式 E3 = ln(C3)，计算北海市城市位序的 lnR，见图 83 - 7。

图 83 - 7

（8）同理可计算北海市、防城港市等城市的城市位序的 lnR，见图 83 - 8。

图 83 - 8

（9）使用公式 F3 =（$D$2 – D3)/E3，计算北海市的集中指数常数 q，见图 83 – 9。

图 83 – 9

（10）同理可计算防城港市、钦州市等城市的集中指数常数 q，见图 83 – 10。

	A	B	C	D	E	F
1	城市	年末总人口（万人）	城市位序	lnK or lnP	lnR	q
2	南宁市	707.37	1.00	6.56	0	/
3	北海市	166.84	4.24	5.12	1.44	1
4	防城港市	91.24	7.75	4.51	2.05	1
5	钦州市	387.65	1.82	5.96	0.60	1
6	玉林市	674.59	1.05	6.51	0.05	1
7	崇左市	243.35	2.91	5.49	1.07	1
8	湛江市	777.77	0.91	6.66	-0.09	1
9	茂名市	747.17	0.95	6.62	-0.05	1
10	阳江市	282.81	2.50	5.64	0.92	1
11	海口市	160.43	4.41	5.08	1.48	1

图 83 – 10

4. 结论

通过运用"旅游规模分布公式"计算，获得计算结果，可知在 2018 年这一时间截面上，北部湾城市群中各城市的集中指数均为 1，表明该城市群各城市的城市规模是相对集中的。

084　均衡度指数公式

一、通式

1. 应用价值

通过运用"均衡度指数公式"，可以获取所研究城市的相对平衡度。通过相关区域经济差异测量方法，定量分析相关地区在省际区域上的空间分布与演化特征，反映一个国家（区域）各个地区之间经济发展的差异状况。均衡度指数包括一系列具体指标：静态不平衡差、洛伦兹曲线、变幅、标准差、变差系数、加权变差系数、加权离均差系数、基尼系数。它对丰富所研究区域的均衡程度的科学认识有着重要的应用价值。

2. 数据说明

（1）所需数据：选取所研究区域相关城市的个数、相关类别景区的个数等数据。

（2）数据获取途径：各区域相关年份的统计年鉴。

3. 模型详解

$$E = \sum_{j=1}^{n} x_{ij} \log_2 x_{ij} / \log_2(1/m)$$

其中，x_{ij} 为第 i 类旅游景区在第 j 个地市内分布数量占总体百分比；m 为地市个数。如果某地区 5A 级旅游景区，为保证对数函数有意义，该百分比取值为 0.0001。

4. 相关结论

读者可对"均衡度指数公式"的计算结果进行等级划分，均衡度指数越接近 1，说明旅游景区空间分布越均衡；均衡度指数越远离 1，说明该地区的空间分布越不均衡。并以此结合实际研究目标进行进一步分析。

二、算例

1. 应用价值

在此，选取 2019 年广西壮族自治区的南宁市、柳州市等 14 个城市的 5A 级景区、4A 级景区等相关数据作为例子计算均衡度指数。

2. 数据说明

（1）所需数据：选取 2019 年广西壮族自治区的南宁市、柳州市等 14 个城市的 5A 级景区、4A 级景区等景区的相关数据。

（2）数据获取途径：2020 年广西统计年鉴。

3. 在 Excel 表中的具体步骤

（1）录入二维原始数据，即录入 2019 年广西壮族自治区的南宁市、柳州市等 14 个城市的 5A 级景区、4A 级景区等景区的相关数据，见图 84 – 1。

	A	B	C	D	E	F	G
1	类别	个数（个）	城市个数（个）		有5A级景区的城市：	城市	5A级景区个数（个）
2	5A	7	4			南宁市	1
3	4A	247	14			桂林市	4
4	3A	290	14			百色市	1
5	2A	13	5			崇左市	1

图 84 – 1

（2）使用公式 B6 = SUM(B2: B5)，计算广西壮族自治区共有旅游景区个数，见图 84 – 2。

（3）使用公式 B10 = G2/B6，计算 5A 级旅游景区在南宁市内分布数量占广西壮族自治区总体百分比，见图 84 – 3。

	A	B	C	D
1	类别	个数（个）	城市个数（个）	
2	5A	7	4	
3	4A	247	14	
4	3A	290	14	
5	2A	13	5	
6	总数	=SUM(B2:B5)		
7		SUM(**number1**, [number2], ...)		

图 84 - 2

	A	B	C	D	E	F	G
1	类别	个数（个）	城市个数（个）		有5A级景区的城市：	城市	5A级景区个数（个）
2	5A	7	4			南宁市	1
3	4A	247	14			桂林市	4
4	3A	290	14			百色市	1
5	2A	13	5			崇左市	1
6	总数	557					
7							
8	5A级景区的城市分布：						
9	城市	x_{ij}	$\log_2 (x_{ij})$	中间项			
10	南宁市	=G2/B6	-9.121534	-0.01638			

图 84 - 3

（4）同理可计算5A级旅游景区在柳州市、桂林市等城市内分布数量占广西壮族自治区总体百分比，见图 84 - 4。

	A	B
8	5A级景区的城市分布：	
9	城市	x_{ij}
10	南宁市	0.0017953
11	柳州市	0.0001
12	桂林市	0.0071813
13	梧州市	0.0001
14	北海市	0.0001
15	防城港市	0.0001
16	钦州市	0.0001
17	贵港市	0.0001
18	玉林市	0.0001
19	百色市	0.0017953
20	贺州市	0.0001
21	河池市	0.0001
22	来宾市	0.0001
23	崇左市	0.0017953

图 84 - 4

（5）使用公式 B24 = COUNTA(A10: A23)，计算广西壮族自治区城市的数量，见图 84 - 5。

	A	B	C	D
8	5A级景区的城市分布：			
9	城市	x_{ij}	$\log_2\ (x_{ij})$	中间项
10	南宁市	0.0017953	-9.121534	-0.01638
11	柳州市	0.0001	-13.28771	-0.00133
12	桂林市	0.0071813	-7.121534	-0.05114
13	梧州市	0.0001	-13.28771	-0.00133
14	北海市	0.0001	-13.28771	-0.00133
15	防城港市	0.0001	-13.28771	-0.00133
16	钦州市	0.0001	-13.28771	-0.00133
17	贵港市	0.0001	-13.28771	-0.00133
18	玉林市	0.0001	-13.28771	-0.00133
19	百色市	0.0017953	-9.121534	-0.01638
20	贺州市	0.0001	-13.28771	-0.00133
21	河池市	0.0001	-13.28771	-0.00133
22	来宾市	0.0001	-13.28771	-0.00133
23	崇左市	0.0017953	-9.121534	-0.01638
24	m	=COUNTA(A10:A23)		
25	$\log_2\ (1/m)$	COUNTA(**value1**, [value2], ...)		

图 84 – 5

（6）使用公式 B25 = log(1/B24,2)，计算广西壮族自治区城市数量的 $\log_2(1/m)$，见图 84 – 6。

	A	B	C
24	m	14	
25	$\log_2\ (1/m)$	=LOG(1/B24,2)	
26	E	LOG(**number**, [base])	

图 84 – 6

（7）使用公式 C10 = log(B10,2)，计算 5A 类旅游景区在南宁市内分布数量占广西壮族自治区总体数量百分比的 $\log_2 x_{ij}$，见图 84 – 7。

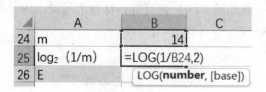

	A	B	C	D
10	南宁市	0.0017953	=LOG(B10,2)	
11	柳州市	0.0001	LOG(**number**, [base])	

图 84 – 7

（8）同理可计算 5A 类旅游景区在柳州市、桂林市等城市内分布数量占广西壮族自治区总体数量百分比的 $\log_2 x_{ij}$，见图 84 – 8。

（9）使用公式 D10 = B10 * C10，计算南宁市均衡度指数的中间项，见图 84 – 9。

（10）同理可计算柳州市、桂林市等城市均衡度指数的中间项，见图 84 – 10。

	A	B	C
8	5A级景区的城市分布：		
9	城市	x_{ij}	$\log_2 (x_{ij})$
10	南宁市	0.0017953	-9.121534
11	柳州市	0.0001	-13.28771
12	桂林市	0.0071813	-7.121534
13	梧州市	0.0001	-13.28771
14	北海市	0.0001	-13.28771
15	防城港市	0.0001	-13.28771
16	钦州市	0.0001	-13.28771
17	贵港市	0.0001	-13.28771
18	玉林市	0.0001	-13.28771
19	百色市	0.0017953	-9.121534
20	贺州市	0.0001	-13.28771
21	河池市	0.0001	-13.28771
22	来宾市	0.0001	-13.28771
23	崇左市	0.0017953	-9.121534

图 84 - 8

	A	B	C	D
8	5A级景区的城市分布：			
9	城市	x_{ij}	$\log_2 (x_{ij})$	中间项
10	南宁市	0.0017953	-9.121534	=B10*C10

图 84 - 9

	A	B	C	D	E	F	G
1	类别	个数（个）	城市个数（个）		有5A级景区的城市：	城市	5A级景区个数（个）
2	5A	7	4			南宁市	1
3	4A	247	14			桂林市	4
4	3A	290	14			百色市	1
5	2A	13	5			崇左市	1
6	总数	557					
7							
8	5A级景区的城市分布：						
9	城市	x_{ij}	$\log_2 (x_{ij})$	中间项			
10	南宁市	0.0017953	-9.121534	-0.01638			
11	柳州市	0.0001	-13.28771	-0.00133			
12	桂林市	0.0071813	-7.121534	-0.05114			
13	梧州市	0.0001	-13.28771	-0.00133			
14	北海市	0.0001	-13.28771	-0.00133			
15	防城港市	0.0001	-13.28771	-0.00133			
16	钦州市	0.0001	-13.28771	-0.00133			
17	贵港市	0.0001	-13.28771	-0.00133			
18	玉林市	0.0001	-13.28771	-0.00133			
19	百色市	0.0017953	-9.121534	-0.01638			
20	贺州市	0.0001	-13.28771	-0.00133			
21	河池市	0.0001	-13.28771	-0.00133			
22	来宾市	0.0001	-13.28771	-0.00133			
23	崇左市	0.0017953	-9.121534	-0.01638			

图 84 - 10

（11）使用公式 E26 = SUM(D10: D23)/B25，计算广西壮族自治区均衡度指数的中间项，见图 84 - 11。

	A	B	C	D	E	F	G
1	类别	个数（个）	城市个数（个）		有5A级景区的城市：	城市	5A级景区个数（个）
2	5A	7	4			南宁市	1
3	4A	247	14			桂林市	4
4	3A	290	14			百色市	1
5	2A	13	5			崇左市	1
6	总数	557					
7							
8	5A级景区的城市分布：						
9	城市	x_i	$\log_2(x_i)$	中间项			
10	南宁市	0.001795	-9.12153	-0.0164			
11	柳州市	0.0001	-13.2877	-0.0013			
12	桂林市	0.007181	-7.12153	-0.0511			
13	梧州市	0.0001	-13.2877	-0.0013			
14	北海市	0.0001	-13.2877	-0.0013			
15	防城港市	0.0001	-13.2877	-0.0013			
16	钦州市	0.0001	-13.2877	-0.0013			
17	贵港市	0.0001	-13.2877	-0.0013			
18	玉林市	0.0001	-13.2877	-0.0013			
19	百色市	0.001795	-9.12153	-0.0164			
20	贺州市	0.0001	-13.2877	-0.0013			
21	河池市	0.0001	-13.2877	-0.0013			
22	来宾市	0.0001	-13.2877	-0.0013			
23	崇左市	0.001795	-9.12153	-0.0164			
24	m	14					
25	$\log_2(1/m)$	-3.80735					
26	E	0.029826					

图 84-11

4. 结论

通过对"均衡度指数"的计算，广西壮族自治区内城市的均衡度指数为 0.0298，该指数值远远小于 1，说明该地区的空间分布不均衡，该地区之间发展的差异状况相对较大。

085 均衡比系数公式

一、通式

1. 应用价值

"均衡比系数"是在均衡比指数基础上，进一步反映所研究区域的空间分布均衡情况，可以获取所研究城市的分布特征。利用"均衡比系数（ER）公式"，计算在各行政区面积及经济条件下所研究区域的主要空间分布均衡情况。它对丰富所研究区域的均衡分布的科学认识有着重要的应用价值。

2. 数据说明

（1）所需数据：选取所研究区域相关年份的各区域旅游景区个数、总数、城市面积、人口数量等。

（2）数据获取途径：各区域相关年份的统计年鉴。

3. 模型详解

$$ER = \sum_{j=1}^{m} |R_{ij}| = \sum_{j=1}^{m} \left| \log_2\left(\frac{a_{ij}}{a_i} \middle/ \frac{A_j}{A}\right) \right|$$

其中，ER 为均衡比系数；R_{ij} 为 i 类旅游景区在 j 市的均衡比指数；a_{ij} 为 i 类旅游景区在第 j 各城市的分布数量；a_i 为 i 类旅游景区总数量；A_j 为 j 市的面积、人口、经济等指标；A 为所研究区域总的面积、人口、经济等指标。

4. 相关结论

读者可通过将"均衡比系数"的计算结果进行等级划分。均衡比系数越接近 0，说明所研究区域的空间分布越均衡；反之，均衡比系数越远离 0，说明该区域的空间分布越不均衡，并以此结合实际研究目标进行进一步分析。

二、算例

1. 应用价值

在此，选取 2019 年广西壮族自治区的南宁市、柳州市等 14 个城市的行政区域面积、5A 级景区数量的相关数据作为例子计算均衡度指数。

2. 数据说明

（1）所需数据：选取 2019 年广西壮族自治区的南宁市、柳州市等 14 个城市的行政区域面积、5A 级景区数量的相关数据。

（2）数据获取途径：2020 年广西统计年鉴。

3. 在 Excel 表中的具体步骤

（1）录入二维原始数据，即录入 2019 年广西壮族自治区的南宁市、柳州市等 14 个城市的行政区域面积、5A 级景区数量的相关数据，见图 85 - 1。

	A	B	C
1	5A级景区的城市分布：		
2	城市	a_{ij}	行政区域面积（平方千米）
3	南宁市	1	22244
4	柳州市	0	18597
5	桂林市	4	27670
6	梧州市	0	12571
7	北海市	0	3989
8	防城港市	0	6238
9	钦州市	0	12187
10	贵港市	0	10602
11	玉林市	0	12824
12	百色市	1	36202
13	贺州市	0	11753
14	河池市	0	33476
15	来宾市	0	13411
16	崇左市	1	17332

图 85 - 1

（2）使用公式 B17 = SUM(B3 : B16)，计算广西壮族自治区各城市 5A 级景区总量，见图 85 - 2。

	A	B	C	D
1	5A级景区的城市分布：			
2	城市	a_{ij}	行政区域面积（平方千米）	中间项
3	南宁市	1	22244	-0.5899373
4	柳州市	0	18597	/
5	桂林市	4	27670	1.09515628
6	梧州市	0	12571	/
7	北海市	0	3989	/
8	防城港市	0	6238	/
9	钦州市	0	12187	/
10	贵港市	0	10602	/
11	玉林市	0	12824	/
12	百色市	1	36202	-1.2925905
13	贺州市	0	11753	/
14	河池市	0	33476	/
15	来宾市	0	13411	/
16	崇左市	1	17332	-0.2299592
17	总量	=SUM(B3:B16)		
18	ER	SUM(**number1**, [number2], ...)		
19				

图 85 - 2

（3）同理可计算所选取的广西壮族自治区行政区域面积总量，见图 85 - 3。

	A	B	C	D
1	5A级景区的城市分布：			
2	城市	a_{ij}	行政区域面积（平方千米）	中间项
3	南宁市	1	22244	-0.5899373
4	柳州市	0	18597	/
5	桂林市	4	27670	1.09515628
6	梧州市	0	12571	/
7	北海市	0	3989	/
8	防城港市	0	6238	/
9	钦州市	0	12187	/
10	贵港市	0	10602	/
11	玉林市	0	12824	/
12	百色市	1	36202	-1.2925905
13	贺州市	0	11753	/
14	河池市	0	33476	/
15	来宾市	0	13411	/
16	崇左市	1	17332	-0.2299592
17	总量		7	=C3+C5+C12+C16

图 85 - 3

（4）选择"筛选"中的"按所选单元格的颜色筛选"，得到广西壮族自治区内有 5A 级景区的城市，见图 85 – 4。

	城市	a_{ij}	行政区域面积（平方千米）	中间项
1	5A级景区的城市分布:			
3	南宁市	1	22244	-0.5899373
5	桂林市	4	27670	1.09515628
12	百色市	1	36202	-1.2925905
16	崇左市	1	17332	-0.2299592

图 85 – 4

（5）使用公式 D3 = log((B3/\$B\$17)/(C3/\$C\$17),2)，计算广西壮族自治区内南宁市的均衡比系数的中间项，见图 85 – 5。

	城市	a_{ij}	行政区域面积（平方千米）	中间项
1	5A级景区的城市分布:			
3	南宁市	1	22244	=LOG((B3/\$B\$17)/(C3/\$C\$17),2)
4	柳州市	0	18597	/
5	桂林市	4	27670	1.09515628
6	梧州市	0	12571	/
7	北海市	0	3989	/
8	防城港市	0	6238	/
9	钦州市	0	12187	/
10	贵港市	0	10602	/
11	玉林市	0	12824	/
12	百色市	1	36202	-1.2925905
13	贺州市	0	11753	/
14	河池市	0	33476	/
15	来宾市	0	13411	/
16	崇左市	1	17332	-0.2299592
17	总量	7	103448	

图 85 – 5

（6）同理可计算广西壮族自治区内桂林市、百色市等城市均衡比系数的中间项，见图 85 – 6。

	A	B	C	D
1	5A级景区的城市分布：			
2	城市	a_{ij}	行政区域面积（平方千米）	中间项
3	南宁市	1	22244	-0.5899373
4	柳州市	0	18597	/
5	桂林市	4	27670	1.09515628
6	梧州市	0	12571	/
7	北海市	0	3989	/
8	防城港市	0	6238	/
9	钦州市	0	12187	/
10	贵港市	0	10602	/
11	玉林市	0	12824	/
12	百色市	1	36202	-1.2925905
13	贺州市	0	11753	/
14	河池市	0	33476	/
15	来宾市	0	13411	/
16	崇左市	1	17332	-0.2299592
17	总量	7	103448	

图 85-6

（7）使用公式 B18 = SUM(D3∶D16)，计算广西壮族自治区内南宁市的均衡比系数，见图 85-7。

	A	B	C	D
1	5A级景区的城市分布：			
2	城市	a_{ij}	行政区域面积（平方千米）	中间项
3	南宁市	1	22244	-0.5899373
4	柳州市	0	18597	/
5	桂林市	4	27670	1.09515628
6	梧州市	0	12571	/
7	北海市	0	3989	/
8	防城港市	0	6238	/
9	钦州市	0	12187	/
10	贵港市	0	10602	/
11	玉林市	0	12824	/
12	百色市	1	36202	-1.2925905
13	贺州市	0	11753	/
14	河池市	0	33476	/
15	来宾市	0	13411	/
16	崇左市	1	17332	-0.2299592
17	总量	7	103448	
18	ER	-1.01733		

图 85-7

4. 结论

通过对"均衡比系数"进行计算，获得南宁市、柳州市等 14 个城市均衡比系数值为 -1.01733，该值小于 0，说明广西壮族自治区的 5A 级景区空间分布不均衡。

086　旅游市场占有率公式

一、通式

1. 应用价值

通过运用"旅游市场占有率公式",分析所研究区域内某一旅游市场在所研究区域总的旅游市场的占有情况,测度旅游市场的竞争实力。该指数在很大程度上反映了旅游市场的竞争地位和盈利能力。

2. 数据说明

(1) 所需数据:选取所研究区域的旅游人数或收入。

(2) 数据获取途径:相关年份的中国旅游统计年鉴和所研究区域的统计年鉴。

3. 模型详解

$$\alpha_i = \left(X_i \bigg/ \sum_{i}^{n} X_i \right) \times 100\%$$

其中,α_i 为旅游市场占有率;X_i 为 i 地区的旅游量或收入。

4. 相关结论

读者可通过"旅游市场占有率公式"进行计算,获得计算结果。α 值分布在 (0, 1),其数值越大,表明该城市的旅游市场竞争力较大;其数值越小,表明该城市的旅游市场竞争力较小。

二、算例

1. 应用价值

在此,选取 2019 年北部湾城市群中南宁市、北海市等 5 个城市的国内旅游消费数据作为例子计算旅游市场占有率。

2. 数据说明

(1) 所需数据:选取 2019 年北部湾城市群中南宁市、北海市等 5 个城市的国内旅游消费数据。

(2) 数据获取途径:2020 年广西统计年鉴。

3. 在 Excel 表中的具体步骤

(1) 录入二维原始数据,即录入 2019 年北部湾城市群中南宁市、北海市等 5 个城市的国内旅游消费数据,见图 86 – 1。

(2) 使用公式 B7 = SUM(B2: B6),计算北部湾城市群中所选取的城市总的国内旅游消费,见图 86 – 2。

(3) 使用公式 C2 = B2/$B$7,计算北部湾城市群中南宁市的旅游市场占有率,见图 86 – 3。

	A	B
1	城市	国内旅游消费（亿元）
2	南宁市	1699.02
3	北海市	694.63
4	防城港市	329.39
5	钦州市	519.21
6	崇左市	471.38

图 86 – 1

	A	B	C	D	E
1	城市	国内旅游消费（亿元）	旅游市场占有率		
2	南宁市	1699.02	0.45751		
3	北海市	694.63	0.18705		
4	防城港市	329.39	0.0887		
5	钦州市	519.21	0.13981		
6	崇左市	471.38	0.12693		
7	总量	=SUM(B2:B6)			
8		SUM(**number1**, [number2], ...)			
9					

图 86 – 2

	A	B	C
1	城市	国内旅游消费（亿元）	旅游市场占有率
2	南宁市	1699.02	=B2/$B$7
3	北海市	694.63	0.18705
4	防城港市	329.39	0.0887
5	钦州市	519.21	0.13981
6	崇左市	471.38	0.12693
7	总量	3713.63	

图 86 – 3

（4）同理可计算北部湾城市群中北海市、防城港市等城市的旅游市场占有率，见图 86 – 4。

	A	B	C
1	城市	国内旅游消费（亿元）	旅游市场占有率
2	南宁市	1699.02	0.45751
3	北海市	694.63	0.18705
4	防城港市	329.39	0.0887
5	钦州市	519.21	0.13981
6	崇左市	471.38	0.12693
7	总量	3713.63	

图 86 – 4

4. 结论

通过对"旅游市场占有率"进行计算，获得计算结果，北部湾城市群中南宁市的市场占有率最大，为 0.4571；防城港市的市场占有率最小，为 0.0887。

087　旅游市场增长率公式

一、通式

1. 应用价值

通过运用"旅游市场增长率公式"，可以获取所研究区域范围内某一旅游市场的市场相关因素的增长率状况，测度旅游业发展潜力。分析该指数有利于确定优势市场并对该市场进行优先扶持，从而将有限的旅游市场资源投入产生最大的效益，提高该区域的旅游业发展水平。

2. 数据说明

（1）所需数据：选取所研究区域的旅游人数或收入。

（2）数据获取途径：相关年份的中国旅游统计年鉴和所研究区域的统计年鉴。

3. 模型详解

$$\beta_i = \frac{X_i - X_{i-1}}{X_{i-1}} \times 100\%$$

其中，β 为市场增长率；X_i 为 i 地区的旅游量或收入；X_{i-1} 为上一年的指标数据。

4. 相关结论

读者可通过对"旅游市场增长率公式"进行计算，获得计算结果，可以获取所研究区域范围内某一旅游市场的市场相关因素的增长率状况。该指数值越大，表明该旅游城市的旅游业发展速度越高；反之，该指数值越小，表明该旅游市场的旅游业发展速度越低。并以此结合实际研究目标进行进一步分析。

二、算例

1. 应用价值

在此，选取 2018 年和 2019 年北部湾城市群中南宁市、北海市等 5 个城市的国内旅游消费数据作为例子计算旅游市场增长率。

2. 数据说明

（1）所需数据：选取 2018 年和 2019 年北部湾城市群中南宁市、北海市等 5 个城市的国内旅游消费数据。

（2）数据获取途径：2019 年和 2020 年广西统计年鉴。

3. 在 Excel 表中的具体步骤

（1）录入二维原始数据，即录入 2018 年和 2019 年北部湾城市群中南宁市、北海市等

5 个城市的国内旅游消费数据，见图 87 – 1。

	A	B	C
1	城市	2019年各市国内旅游消费（亿元）	2018年各市国内旅游消费（亿元）
2	南宁市	1699.02	1368.42
3	北海市	694.63	499.67
4	防城港市	329.39	235.4
5	钦州市	519.21	370.08
6	崇左市	471.38	343.71

图 87 – 1

（2）使用公式 D2 =（B2 – C2）/C2 * 100%，计算 2018～2019 年北部湾城市群中南宁市的旅游市场增长率，见图 87 – 2。

	A	B	C	D	E
1	城市	2019年各市国内旅游消费（亿元）	2018年各市国内旅游消费（亿元）	市场增长率	
2	南宁市	1699.02	1368.42	=(B2-C2)/C2*100%	

图 87 – 2

（3）同理可计算北部湾城市群中北海市、防城港市等城市的旅游市场增长率，见图 87 – 3。

	A	B	C	D
1	城市	2019年各市国内旅游消费（亿元）	2018年各市国内旅游消费（亿元）	市场增长率
2	南宁市	1699.02	1368.42	0.24159
3	北海市	694.63	499.67	0.39018
4	防城港市	329.39	235.4	0.39928
5	钦州市	519.21	370.08	0.40297
6	崇左市	471.38	343.71	0.37145

图 87 – 3

4. 结论

读者可通过"旅游市场增长率"进行计算，得到北部湾城市群中这 5 个城市旅游市场相关因素的增长情况。其中，钦州市的市场增长率最大，为 0.4030，表明其旅游业发展速度较高；南宁市的市场增长率最小，为 0.2416，表明其旅游业发展速度较低。

088　旅游市场竞争态模型

一、通式

1. 应用价值

通过构建"旅游市场竞争态模型",可以获取所研究城市的某一旅游市场的市场需求差异特征。分析旅游市场竞争态表现态势,定量地对比分析旅游业中各个细分市场,可以确定优势市场,进行优先扶持,从而使有限的投入产生最大的效益;同时,也可以通过区域中各细分市场所占比重大小的比较,全面评价区域旅游业的整体发展水平。

2. 数据说明

(1) 所需数据:选取所研究区域的旅游人数或收入。

(2) 数据获取途径:来自相关年份的中国旅游统计年鉴和所研究区域的统计年鉴。

3. 模型详解

$$m = average\alpha_i$$

$$n = average\beta_i$$

其中,α 为旅游市场占有率(参考"086　旅游市场占有率公式");β 为市场增长率(参考"087　旅游市场增长率公式"),给定一个适当的划分标准(m,n)。

4. 相关结论

读者可通过"旅游市场竞争态模型"进行计算,获得计算结果。依据客源市场占有率和增长率,给定一个适当的划分标准(m,n),将旅游客源市场竞争态划为四个象限,对应四种市场类型:幼童市场、明星市场、金牛市场、瘦狗市场。并以此结合实际研究目标进行进一步分析。

二、算例

1. 应用价值

在此,选取 2018 年和 2019 年北部湾城市群中南宁市、北海市等 5 个城市的国内旅游消费、数据作为例子计算旅游市场增长率。

2. 数据说明

(1) 所需数据:选取 2018 年和 2019 年北部湾城市群中南宁市、北海市等 5 个城市的国内旅游消费数据。

(2) 数据获取途径:2019 年和 2020 年广西统计年鉴。

3. 在 Excel 表中的具体步骤

(1) 录入二维原始数据,即录入 2018 年和 2019 年北部湾城市群中南宁市、北海市等 5 个城市的国内旅游消费数据,见图 88 – 1。

图 88 − 1

（2）使用公式 D2 = (B2 − C2)/C2 ∗ 100%，计算 2018 ~ 2019 年北部湾城市群中南宁市的旅游市场增长率，见图 88 − 2。

图 88 − 2

（3）同理可计算北部湾城市群中北海市、防城港市等城市的旅游市场增长率，见图 88 − 3。

图 88 − 3

（4）使用公式 B7 = SUM(B2: B6)，计算 2019 年北部湾城市群中各城市的国内旅游消费总量，见图 88 − 4。

（5）使用公式 E2 = B2/$B$7，计算北部湾城市群中南宁市的旅游市场占有率，见图 88 − 5。

（6）同理可计算北部湾城市群中北海市、防城港市等城市的旅游市场占有率，见图 88 − 6。

（7）使用公式 D7 = AVERAGE(D2: D6)，计算北部湾城市群中各城市的旅游市场增长率的均值，见图 88 − 7。

▲	A	B	C	D	E
1	城市	2019年各市国内旅游消费（亿元）	2018年各市国内旅游消费（亿元）	市场增长率	旅游市场占有率
2	南宁市	1699.02	1368.42	0.24159	0.4575
3	北海市	694.63	499.67	0.39018	0.1870
4	防城港市	329.39	235.4	0.39928	0.088
5	钦州市	519.21	370.08	0.40297	0.1398
6	崇左市	471.38	343.71	0.37145	0.1269
7	总量	=SUM(B2:B6)		0.36109	0.
8		SUM(**number1**, [number2], ...)			

图 88 - 4

▲	A	B	C	D	E
1	城市	2019年各市国内旅游消费（亿元）	2018年各市国内旅游消费（亿元）	市场增长率	旅游市场占有率
2	南宁市	1699.02	1368.42	0.24159	=B2/$B$7
3	北海市	694.63	499.67	0.39018	0.18705
4	防城港市	329.39	235.4	0.39928	0.0887
5	钦州市	519.21	370.08	0.40297	0.13981
6	崇左市	471.38	343.71	0.37145	0.12693
7	总量	3713.63	均值	0.36109	0.2

图 88 - 5

▲	A	B	C	D	E
1	城市	2019年各市国内旅游消费（亿元）	2018年各市国内旅游消费（亿元）	市场增长率	旅游市场占有率
2	南宁市	1699.02	1368.42	0.24159	0.45751
3	北海市	694.63	499.67	0.39018	0.18705
4	防城港市	329.39	235.4	0.39928	0.0887
5	钦州市	519.21	370.08	0.40297	0.13981
6	崇左市	471.38	343.71	0.37145	0.12693

图 88 - 6

▲	D	E	F	G	H
1	市场增长率	旅游市场占有率			
2	0.24159	0.45751			
3	0.39018	0.18705			
4	0.39928	0.0887			
5	0.40297	0.13981			
6	0.37145	0.12693			
7	=AVERAGE(D2:D6)				
8	AVERAGE(**number1**, [number2], ...)				

图 88 - 7

（8）同理可计算各城市旅游市场占有率的均值，见图88－8。

	A	B	C	D	E
1	城市	2019年各市国内旅游消费（亿元）	2018年各市国内旅游消费（亿元）	市场增长率	旅游市场占有率
2	南宁市	1699.02	1368.42	0.24159	0.45751
3	北海市	694.63	499.67	0.39018	0.18705
4	防城港市	329.39	235.4	0.39928	0.0887
5	钦州市	519.21	370.08	0.40297	0.13981
6	崇左市	471.38	343.71	0.37145	0.12693
7	总量	3713.63	均值	0.36109	0.2

图88－8

4. 结论

通过对"旅游市场竞争态"进行计算，获得北部湾城市群中所研究的各城市的市场占有率和增长率及其均值。计算得到该城市群适当的划分标准（m，n）为（0.2，0.3611）。由图88－8可知，南宁市的市场占有率和旅游市场占有率分别为0.24159（＞0.2）和0.4575（＞0.3611），这表明该城市是明星类市场，占有率和增长率双高，是该城市群未来发展中的重要力量。由此，可以用于分析该城市群中其他城市所处的市场类型。

089   旅游发展等级指数公式

一、通式

1. 应用价值

通过运用"旅游发展等级指数公式"，可以获取所研究城市的旅游发展和对外吸引力水平。旅游产业具有三大动力效应：直接消费动力、产业发展动力、城镇化动力，在此过程中，旅游产业的发展将会为这一地区带来价值提升效应、品牌效应、生态效应、幸福价值效应。通过研究该指数，有利于为旅游业的发展程度进行划分，进一步推进我国经济水平的发展。

2. 数据说明

（1）所需数据：选取国家级旅游示范点数量、5A级景区数量、4A级景区数量等相关数据。

（2）数据获取途径：所研究区域在相关年份的统计年鉴和国家统计局官方网站获取。

3. 模型详解

$$K_{Ei} = (K_{si} + K_{wi} + K_{hi})/3$$

$$其中，K_{si} = \frac{si}{\frac{1}{n}\sum_{i=1}^{n} si}（K_{wi}、K_{hi}同样得到）$$

其中，si、wi、hi分别为i城市的国家级旅游示范点数量、国家5A级旅游景区数量、省内

4A 级旅游景区数量；n 为城市总数量。

4. 相关结论

读者可通过对"旅游发展等级指数"进行计算，获得计算结果。旅游发展指数值越大，相关城市越适宜旅游；反之，旅游发展指数越小，相关城市越不适宜旅游。并以此结合实际研究目标进行进一步分析。

二、算例

1. 应用价值

在此，选取 2019 年广西壮族自治区的南宁市、柳州市等 14 个城市国家 5A 级旅游景区的相关数据作为例子计算旅游发展等级指数。

2. 数据说明

（1）所需数据：选取 2019 年广西壮族自治区的南宁市、柳州市等 14 个城市的国家 5A 级旅游景区的相关数据。

（2）数据获取途径：2020 年广西统计年鉴。

3. 在 Excel 表中的具体步骤

（1）录入二维原始数据，即录入 2019 年广西壮族自治区的南宁市、柳州市等 14 个城市的国家 5A 级旅游景区的相关数据，见图 89－1－1 和图 89－1－2。

	A	B
1	城市	5A级景区数量（个）
2	南宁市	1
3	柳州市	0
4	桂林市	4
5	梧州市	0
6	北海市	0
7	防城港市	0
8	钦州市	0
9	贵港市	0
10	玉林市	0
11	百色市	1
12	贺州市	0
13	河池市	0
14	来宾市	0
15	崇左市	1

图 89－1－1

	A	B	C	D	E	F	G
19	类别	数量（个）	城市数量（个）		有5A级景区的城市：	城市	5A级景区数量（个）
20	5A	7	4			南宁市	1
21	4A	247	14			桂林市	4
22	3A	290	14			百色市	1
23	2A	13	5			崇左市	1
24	总数	557					

图 89－1－2

（2）使用公式 B16 = COUNTA(A2: A15)，计算广西壮族自治区的城市总数，见图 89 - 2。

图 89 - 2

（3）使用公式 C2 = B2/(1/ \$B\$16 * SUM(\$B\$2: \$B\$15))，计算广西壮族自治区南宁市国家 5A 级旅游景区的 K_{wi}，见图 89 - 3。

图 89 - 3

（4）同理可计算广西壮族自治区中柳州市、桂林市等城市的 5A 类旅游景区的 K_{wi}（这里为了简便，K_{hi}、K_{si} 不再进行重复计算），见图 89 - 4。

	A	B	C	D	E	F	G
1	城市	5A级景区数量（个）	K_wi				
2	南宁市	1	2				
3	柳州市	0	0				
4	桂林市	4	8				
5	梧州市	0	0				
6	北海市	0	0				
7	防城港市	0	0				
8	钦州市	0	0				
9	贵港市	0	0				
10	玉林市	0	0				
11	百色市	1	2				
12	贺州市	0	0				
13	河池市	0	0				
14	来宾市	0	0				
15	崇左市	1	2				
16	n	14					
17							
18							
19	类别	数量（个）	城市数量（个）		有5A级景区的城市:	城市	5A级景区数量（个）
20	5A	7	4			南宁市	1
21	4A	247	14			桂林市	4
22	3A	290	14			百色市	1
23	2A	13	5			崇左市	1
24	总数	557					

图 89 – 4

4. 结论

读者可通过对"旅游发展等级指数"进行计算，获得计算结果。由图 89-4 可知，北部湾城市群中桂林市、南宁市、百色市和崇左市的旅游发展指数分别为 8、2、2 和 2，表明这些城市相对适宜旅游；柳州市、梧州市等城市的旅游发展指数为 0，表明这些城市相对不适宜旅游。

090 响应强度测度模型

一、通式

1. 应用价值

通过构建"响应强度测度模型"，可以比较直接地获取所研究城市的入境旅游业发展对当地居民收入的影响。可用于衡量入境旅游流及空间结构、入境旅游的规划与管理、入境旅游的效应、入境旅游流的空间结构及演变、入境旅游对国民经济的贡献等方面。

2. 数据说明

（1）所需数据：选取所研究区域一定周期内的居民人均收入、旅游外汇收入水平等。

（2）数据获取途径：相关年份的《中国统计年鉴》《中国区域经济统计年鉴》《中国旅游统计年鉴》、国家地理信息中心数据库。

3. 模型详解

$$\frac{I_n/I_0}{IT_n/IT_0}$$

其中，I_0 和 I_n 分别表示期初和期末（一定周期内）的居民收入水平；IT_0 和 IT_n 分别表示期初和期末（一定周期内）的区域旅游外汇收入水平。

4. 相关结论

读者可通过"响应强度测度模型"进行计算，获得计算结果。该模型的经济意义在于：在确定了入境旅游业的发展对居民收入水平的正向影响后，一定周期内某特定区域居民收入水平的增速与入境旅游业规模的增速比值越大，说明入境旅游业发展对当地居民收入的带动作用就越大，反之则影响越小。并以此结合实际研究目标进行进一步分析。

二、算例

1. 应用价值

在此，选取 2018 年和 2019 年北部湾城市群中南宁市、北海市等 4 个城市的接待入境旅游者平均每人消费额、城乡居民人均可支配收入数据作为例子计算响应强度。

2. 数据说明

（1）所需数据：选取 2018 年和 2019 年北部湾城市群中南宁市、北海市等 4 个城市的接待入境旅游者平均每人消费额、城乡居民人均可支配收入数据。

（2）数据获取途径：2019 年和 2020 年广西统计年鉴。

3. 在 Excel 表中的具体步骤

（1）录入二维原始数据，即录入 2018 年和 2019 年北部湾城市群中南宁市、北海市等 4 个城市的接待入境旅游者平均每人消费额、城乡居民人均可支配收入数据，见图 90 - 1。

	A	B	C	D	E
1	城市	2019年接待入境旅游者平均每人消费额（元）	2018年接待入境旅游者平均每人消费额（元）	2019年城乡居民人均可支配收入（元）	2018年城乡居民人均可支配收入（元）
2	南宁市	3801	2967	28929	26798
3	北海市	3183	2967	27684	25374
4	防城港市	2844	2567	27679	25824
5	钦州市	3129	2873	22556	20749

图 90 - 1

（2）使用公式 F2 =（B2/C2）/（D2/E2），计算北部湾城市群中南宁市的响应强度，见图 90 - 2。

◢	A	B	C	D	E	F	G
1	城市	2019年接待入境旅游者平均每人消费额（元）	2018年接待入境旅游者平均每人消费额（元）	2019年城乡居民人均可支配收入（元）	2018年城乡居民人均可支配收入（元）	响应强度	
2	南宁市	3801	2967	28929	26798	=(B2/C2)/(D2/E2)	

图 90-2

（3）同理可计算北部湾城市群中北海市、防城港市和钦州市的响应强度，见图90-3。

◢	A	B	C	D	E	F
1	城市	2019年接待入境旅游者平均每人消费额（元）	2018年接待入境旅游者平均每人消费额（元）	2019年城乡居民人均可支配收入（元）	2018年城乡居民人均可支配收入（元）	响应强度
2	南宁市	3801	2967	28929	26798	1.186723
3	北海市	3183	2967	27684	25374	0.983284
4	防城港市	2844	2567	27679	25824	1.033658
5	钦州市	3129	2873	22556	20749	1.001855

图 90-3

4. 结论

通过构建"响应强度测度模型"，对所研究城市"响应强度"进行计算，获得计算结果，判断北部湾城市群中所选取的这几个城市的相应强度值均大于0。其中，南宁市的相应强度值最大，为1.186723，表明该城市的居民收入水平的增速与入境旅游业规模的增速比值较大，即入境旅游业发展对该城市的居民收入的带动作用较大；反之，北海市的相应强度值最小，为0.983284，表明该城市的居民收入水平的增速与入境旅游业规模的增速比值较小，即入境旅游业发展对该城市的居民收入的带动作用较小。

区域产业类

091 产业结构超前系数公式

一、通式

1. 应用价值

通过运用"产业结构超前系数",衡量某一产业增长相对于整个产业经济系统增长趋势的超前程度,可用来测定某产业结构的变动方向,是测量产业转型升级的较好的工具。通过产业内部各生产要素之间、产业之间时间、空间、层次相互转化,实现生产要素改进、产业结构优化与产业附加值提高。该指标对丰富所研究区域的城市发展超前性的科学认识有着重要的应用价值。

2. 数据说明

(1)所需数据:选取所研究区域相关年份各城市相关产业报告期所占份额与基期所占份额之比。

(2)数据获取途径:所研究区域相关年份的统计年鉴、中国工业企业数据库。

3. 模型详解

$$E_i = a_i + (a_i - 1)/R_t$$

其中,E_i 为第 i 产业的结构超前系数;a_i 为第 i 产业报告期所占份额与基期所占份额之比;R_t 为同期经济系统平均增长率。

4. 相关结论

读者可通过将"产业结构超前系数"的计算结果进行等级划分,若 $E_i > 1$,则表明第 i 产业超前发展,所占份额呈上升趋势;若 $E_i < 1$,则表明第 i 产业发展相对滞后,所占份额呈下降趋势。比较产业之间的超前系数可以客观地判断所研究区域(如某个城市群)的产业转型升级的方向,说明各类别产业的份额发展趋势。

二、算例

1. 应用价值

在此,选取 2009 年和 2017 年北部湾城市群中南宁市、北海市等 10 个城市的第一产业占 GDP 的比重、第二产业占 GDP 的比重、第三产业占 GDP 的比重数据作为例子计算响应强度。

2. 数据说明

(1)所需数据:选取 2009 年(基期)和 2017 年(报告期)北部湾城市群中南宁市、北海市等 10 个城市的第一、第二、第三产业占 GDP 的比重数据。这里为了考虑到实际经济发展情况,便于读者理解,令 2017 年该期经济系统平均增长率 R_t 为 0.07。

(2)数据获取途径:2010 年和 2018 年的中国城市统计年鉴。

3. 在 Excel 表中的具体步骤

（1）录入二维原始数据，即录入 2009 年和 2017 年北部湾城市群中南宁市、北海市等 10 个城市的第一、第二、第三产业占 GDP 的比重等数据，见图 91 - 1。

	A	B	C	D	E	F	G
1	城市	2017年第一产业占GDP的比重（%）	2017年第二产业占GDP的比重（%）	2017年第三产业占GDP的比重（%）	2009年第一产业占GDP的比重（%）	2009年第二产业占GDP的比重（%）	2009年第三产业占GDP的比重（%）
2	南宁市	10.46	30.44	59.1	13.58	36.21	50.21
3	北海市	16.58	48.07	35.35	22.02	42.23	35.75
4	防城港市	13.9	49.34	36.76	14.8	49.86	35.33
5	钦州市	18.99	41.27	39.75	25.39	41.97	32.64
6	玉林市	17.11	34.5	48.38	20.44	44.44	35.12
7	崇左市	18.62	44.24	37.13	29.27	38	32.73
8	湛江市	17.74	36.12	46.14	20.59	41.11	38.3
9	茂名市	16.02	38.12	45.86	18.4	39.59	42.01
10	阳江市	16.24	34.36	49.4	21.92	42.45	35.62
11	海口市	4.18	18.27	77.54	6.42	24	69.58
12	R_t	0.07					

图 91 - 1

（2）使用公式 H2 = B2/E2，计算北部湾城市群中南宁市第一产业报告期所占份额与基期所占份额之比，见图 91 - 2。

	A	B	C	D	E	F	G	H
1	城市	2017年第一产业占GDP的比重（%）	2017年第二产业占GDP的比重（%）	2017年第三产业占GDP的比重（%）	2009年第一产业占GDP的比重（%）	2009年第二产业占GDP的比重（%）	2009年第三产业占GDP的比重（%）	a_1
2	南宁市	10.46	30.44	59.1	13.58	36.21	50.21	=B2/E2

图 91 - 2

（3）同理可计算北部湾城市群中北海市、防城港市等 9 个城市第一产业报告期所占份额与基期所占份额之比，见图 91 - 3。

（4）使用公式 I2 = C2/F2，计算北部湾城市群中南宁市第二产业报告期所占份额与基期所占份额之比，见图 91 - 4。

（5）同理可计算北部湾城市群中北海市、防城港市等 9 个城市第二产业报告期所占份额与基期所占份额之比，见图 91 - 5。

（6）使用公式 J2 = D2/G2，计算北部湾城市群中南宁市第三产业报告期所占份额与基期所占份额之比，见图 91 - 6。

	A	B	C	D	E	F	G	H
1	城市	2017年第一产业占GDP的比重（%）	2017年第二产业占GDP的比重（%）	2017年第三产业占GDP的比重（%）	2009年第一产业占GDP的比重（%）	2009年第二产业占GDP的比重（%）	2009年第三产业占GDP的比重（%）	a_1
2	南宁市	10.46	30.44	59.1	13.58	36.21	50.21	0.77025
3	北海市	16.58	48.07	35.35	22.02	42.23	35.75	0.75295
4	防城港市	13.9	49.34	36.76	14.8	49.86	35.33	0.93919
5	钦州市	18.99	41.27	39.75	25.39	41.97	32.64	0.74793
6	玉林市	17.11	34.5	48.38	20.44	44.44	35.12	0.83708
7	崇左市	18.62	44.24	37.13	29.27	38	32.73	0.63615
8	湛江市	17.74	36.12	46.14	20.59	41.11	38.3	0.86158
9	茂名市	16.02	38.12	45.86	18.4	39.59	42.01	0.87065
10	阳江市	16.24	34.36	49.4	21.92	42.45	35.62	0.74088
11	海口市	4.18	18.27	77.54	6.42	24	69.58	0.65109

图 91－3

	A	B	C	D	E	F	G	H	I
1	城市	2017年第一产业占GDP的比重（%）	2017年第二产业占GDP的比重（%）	2017年第三产业占GDP的比重（%）	2009年第一产业占GDP的比重（%）	2009年第二产业占GDP的比重（%）	2009年第三产业占GDP的比重（%）	a_1	a_2
2	南宁市	10.46	30.44	59.1	13.58	36.21	50.21	0.77025	=C2/F2

图 91－4

	A	B	C	D	E	F	G	H	I
1	城市	2017年第一产业占GDP的比重（%）	2017年第二产业占GDP的比重（%）	2017年第三产业占GDP的比重（%）	2009年第一产业占GDP的比重（%）	2009年第二产业占GDP的比重（%）	2009年第三产业占GDP的比重（%）	a_1	a_2
2	南宁市	10.46	30.44	59.1	13.58	36.21	50.21	0.77025	0.84065
3	北海市	16.58	48.07	35.35	22.02	42.23	35.75	0.75295	1.13829
4	防城港市	13.9	49.34	36.76	14.8	49.86	35.33	0.93919	0.98957
5	钦州市	18.99	41.27	39.75	25.39	41.97	32.64	0.74793	0.98332
6	玉林市	17.11	34.5	48.38	20.44	44.44	35.12	0.83708	0.77633
7	崇左市	18.62	44.24	37.13	29.27	38	32.73	0.63615	1.16421
8	湛江市	17.74	36.12	46.14	20.59	41.11	38.3	0.86158	0.87862
9	茂名市	16.02	38.12	45.86	18.4	39.59	42.01	0.87065	0.96287
10	阳江市	16.24	34.36	49.4	21.92	42.45	35.62	0.74088	0.80942
11	海口市	4.18	18.27	77.54	6.42	24	69.58	0.65109	0.76125

图 91－5

	A	B	C	D	E	F	G	H	I	J
1	城市	2017年第一产业占GDP的比重（%）	2017年第二产业占GDP的比重（%）	2017年第三产业占GDP的比重（%）	2009年第一产业占GDP的比重（%）	2009年第二产业占GDP的比重（%）	2009年第三产业占GDP的比重（%）	a_1	a_2	a_3
2	南宁市	10.46	30.44	59.1	13.58	36.21	50.21	0.77025	0.84065	=D2/G2

图 91－6

（7）同理可计算北部湾城市群中北海市、防城港市等9个城市第三产业报告期所占份额与基期所占份额之比，见图91-7。

	A	B	C	D	E	F	G	H	I	J
1	城市	2017年第一产业占GDP的比重（%）	2017年第二产业占GDP的比重（%）	2017年第三产业占GDP的比重（%）	2009年第一产业占GDP的比重（%）	2009年第二产业占GDP的比重（%）	2009年第三产业占GDP的比重（%）	a₁	a₂	a₃
2	南宁市	10.46	30.44	59.1	13.58	36.21	50.21	0.77025	0.84065	1.17706
3	北海市	16.58	48.07	35.35	22.02	42.23	35.75	0.75295	1.13829	0.98881
4	防城港市	13.9	49.34	36.76	14.8	49.86	35.33	0.93919	0.98957	1.04048
5	钦州市	18.99	41.27	39.75	25.39	41.97	32.64	0.74793	0.98332	1.21783
6	玉林市	17.11	34.5	48.38	20.44	44.44	35.12	0.83708	0.77633	1.37756
7	崇左市	18.62	44.24	37.13	29.27	38	32.73	0.63615	1.16421	1.13443
8	湛江市	17.74	36.12	46.14	20.59	41.11	38.3	0.86158	0.87862	1.2047
9	茂名市	16.02	38.12	45.86	18.4	39.59	42.01	0.87065	0.96287	1.09164
10	阳江市	16.24	34.36	49.4	21.92	42.45	35.62	0.74088	0.80942	1.38686
11	海口市	4.18	18.27	77.54	6.42	24	69.58	0.65109	0.76125	1.1144

图91-7

（8）使用公式 K2 = H2 +（H2 -1）/$B$12，计算北部湾城市群中南宁市第一产业的结构超前系数，见图91-8。

	A	B	C	D	E	F	G	H	I	J	K	L
1	城市	2017年第一产业占GDP的比重（%）	2017年第二产业占GDP的比重（%）	2017年第三产业占GDP的比重（%）	2009年第一产业占GDP的比重（%）	2009年第二产业占GDP的比重（%）	2009年第三产业占GDP的比重（%）	a₁	a₂	a₃	E₁	E₂
2	南宁市	10.46	30.44	59.1	13.58	36.21	50.21	0.77025	0.84065	1.17706	=H2+(H2-1)/$B$12	
3	北海市	16.58	48.07	35.35	22.02	42.23	35.75	0.75295	1.13829	0.98881		
4	防城港市	13.9	49.34	36.76	14.8	49.86	35.33	0.93919	0.98957	1.04048	0.07046	0.84058
5	钦州市	18.99	41.27	39.75	25.39	41.97	32.64	0.74793	0.98332	1.21783	-2.853	0.74506
6	玉林市	17.11	34.5	48.38	20.44	44.44	35.12	0.83708	0.77633	1.37756	-1.4903	-2.419
7	崇左市	18.62	44.24	37.13	29.27	38	32.73	0.63615	1.16421	1.13443	-4.5618	3.51008
8	湛江市	17.74	36.12	46.14	20.59	41.11	38.3	0.86158	0.87862	1.2047	-1.1158	-0.8554
9	茂名市	16.02	38.12	45.86	18.4	39.59	42.01	0.87065	0.96287	1.09164	-0.9772	0.43243
10	阳江市	16.24	34.36	49.4	21.92	42.45	35.62	0.74088	0.80942	1.38686	-2.9609	-1.9131
11	海口市	4.18	18.27	77.54	6.42	24	69.58	0.65109	0.76125	1.1144	-4.3333	-2.6495
12	Rₜ	0.07										

图91-8

（9）同理可计算北部湾城市群中北海市、防城港市等9个城市第一产业的结构超前系数，见图91-9。

（10）使用公式 L2 = I2 +（I2 -1）/$B$12，计算北部湾城市群中南宁市第二产业的结构超前系数，见图91-10。

（11）同理可计算北部湾城市群中北海市、防城港市等9个城市第二产业的结构超前系数，见图91-11。

	A	B	C	D	E	F	G	H	I	J	K
1	城市	2017年第一产业占GDP的比重（%）	2017年第二产业占GDP的比重（%）	2017年第三产业占GDP的比重（%）	2009年第一产业占GDP的比重（%）	2009年第二产业占GDP的比重（%）	2009年第三产业占GDP的比重（%）	a₁	a₂	a₃	E₁
2	南宁市	10.46	30.44	59.1	13.58	36.21	50.21	0.77025	0.84065	1.17706	-2.5119
3	北海市	16.58	48.07	35.35	22.02	42.23	35.75	0.75295	1.13829	0.98881	-2.7763
4	防城港市	13.9	49.34	36.76	14.8	49.86	35.33	0.93919	0.98957	1.04048	0.07046
5	钦州市	18.99	41.27	39.75	25.39	41.97	32.64	0.74793	0.98332	1.21783	-2.853
6	玉林市	17.11	34.5	48.38	20.44	44.44	35.12	0.83708	0.77633	1.37756	-1.4903
7	崇左市	18.62	44.24	37.13	29.27	38	32.73	0.63615	1.16421	1.13443	-4.5618
8	湛江市	17.74	36.12	46.14	20.59	41.11	38.3	0.86158	0.87862	1.2047	-1.1158
9	茂名市	16.02	38.12	45.86	18.4	39.59	42.01	0.87065	0.96287	1.09164	-0.9772
10	阳江市	16.24	34.36	49.4	21.92	42.45	35.62	0.74088	0.80942	1.38686	-2.9609
11	海口市	4.18	18.27	77.54	6.42	24	69.58	0.65109	0.76125	1.1144	-4.3333

图 91 - 9

	A	B	C	D	E	F	G	H	I	J	K	L	M
1	城市	2017年第一产业占GDP的比重（%）	2017年第二产业占GDP的比重（%）	2017年第三产业占GDP的比重（%）	2009年第一产业占GDP的比重（%）	2009年第二产业占GDP的比重（%）	2009年第三产业占GDP的比重（%）	a₁	a₂	a₃	E₁	E₂	E₃
2	南宁市	10.46	30.44	59.1	13.58	36.21	50.21	0.77025	0.84065	1.17706	-2.5119	=I2+(I2-1)/$B$12	
3	北海市	16.58	48.07	35.35	22.02	42.23	35.75	0.75295	1.13829	0.98881	-2.7763		
4	防城港市	13.9	49.34	36.76	14.8	49.86	35.33	0.93919	0.98957	1.04048	0.07046	0.84058	1.61
5	钦州市	18.99	41.27	39.75	25.39	41.97	32.64	0.74793	0.98332	1.21783	-2.853	0.74506	4.32
6	玉林市	17.11	34.5	48.38	20.44	44.44	35.12	0.83708	0.77633	1.37756	-1.4903	-2.419	6.771
7	崇左市	18.62	44.24	37.13	29.27	38	32.73	0.63615	1.16421	1.13443	-4.5618	3.51008	3.054
8	湛江市	17.74	36.12	46.14	20.59	41.11	38.3	0.86158	0.87862	1.2047	-1.1158	-0.8554	4.128
9	茂名市	16.02	38.12	45.86	18.4	39.59	42.01	0.87065	0.96287	1.09164	-0.9772	0.43243	2.400
10	阳江市	16.24	34.36	49.4	21.92	42.45	35.62	0.74088	0.80942	1.38686	-2.9609	-1.9131	6.913
11	海口市	4.18	18.27	77.54	6.42	24	69.58	0.65109	0.76125	1.1144	-4.3333	-2.6495	2.74
12	Rₜ	0.07											

图 91 - 10

	A	B	C	D	E	F	G	H	I	J	K	L
1	城市	2017年第一产业占GDP的比重（%）	2017年第二产业占GDP的比重（%）	2017年第三产业占GDP的比重（%）	2009年第一产业占GDP的比重（%）	2009年第二产业占GDP的比重（%）	2009年第三产业占GDP的比重（%）	a₁	a₂	a₃	E₁	E₂
2	南宁市	10.46	30.44	59.1	13.58	36.21	50.21	0.77025	0.84065	1.17706	-2.5119	-1.4358
3	北海市	16.58	48.07	35.35	22.02	42.23	35.75	0.75295	1.13829	0.98881	-2.7763	3.11387
4	防城港市	13.9	49.34	36.76	14.8	49.86	35.33	0.93919	0.98957	1.04048	0.07046	0.84058
5	钦州市	18.99	41.27	39.75	25.39	41.97	32.64	0.74793	0.98332	1.21783	-2.853	0.74506
6	玉林市	17.11	34.5	48.38	20.44	44.44	35.12	0.83708	0.77633	1.37756	-1.4903	-2.419
7	崇左市	18.62	44.24	37.13	29.27	38	32.73	0.63615	1.16421	1.13443	-4.5618	3.51008
8	湛江市	17.74	36.12	46.14	20.59	41.11	38.3	0.86158	0.87862	1.2047	-1.1158	-0.8554
9	茂名市	16.02	38.12	45.86	18.4	39.59	42.01	0.87065	0.96287	1.09164	-0.9772	0.43243
10	阳江市	16.24	34.36	49.4	21.92	42.45	35.62	0.74088	0.80942	1.38686	-2.9609	-1.9131
11	海口市	4.18	18.27	77.54	6.42	24	69.58	0.65109	0.76125	1.1144	-4.3333	-2.6495

图 91 - 11

（12）使用公式 M2 = J2 +（J2 - 1）／$B$12，计算北部湾城市群中南宁市第三产业的结构超前系数，见图 91 - 12。

	A	B	C	D	E	F	G	H	I	J	K	L	M	N
1	城市	2017年第一产业占GDP的比重（%）	2017年第二产业占GDP的比重（%）	2017年第三产业占GDP的比重（%）	2009年第一产业占GDP的比重（%）	2009年第二产业占GDP的比重（%）	2009年第三产业占GDP的比重（%）	a_1	a_2	a_3	E_1	E_2	E_3	
2	南宁市	10.46	30.44	59.1	13.58	36.21	50.21	0.77025	0.84065	1.17706	-2.5119	-1.4358	=J2+(J2-1)/$B$12	
3	北海市	16.58	48.07	35.35	22.02	42.23	35.75	0.75295	1.13829	0.98881	-2.7763	3.11387		
4	防城港市	13.9	49.34	36.76	14.8	49.86	35.33	0.93919	0.98957	1.04048	0.07046	0.84058	1.6187	
5	钦州市	18.99	41.27	39.75	25.39	41.97	32.64	0.74793	0.98332	1.21783	-2.853	0.74506	4.3297	
6	玉林市	17.11	34.5	48.38	20.44	44.44	35.12	0.83708	0.77633	1.37756	-1.4903	-2.419	6.77131	
7	崇左市	18.62	44.24	37.13	29.27	38	32.73	0.63615	1.16421	1.13443	-4.5618	3.51008	3.05491	
8	湛江市	17.74	36.12	46.14	20.59	41.11	38.3	0.86158	0.87862	1.2047	-1.1158	-0.8554	4.12898	
9	茂名市	16.02	38.12	45.86	18.4	39.59	42.01	0.87065	0.96287	1.09164	-0.9772	0.43243	2.40086	
10	阳江市	16.24	34.36	49.4	21.92	42.45	35.62	0.74088	0.80942	1.38686	-2.9609	-1.9131	6.91345	
11	海口市	4.18	18.27	77.54	6.42	24	69.58	0.65109	0.76125	1.1144	-4.3333	-2.6495	2.7487	
12	R_t	0.07												

图 91 - 12

（13）同理可计算北部湾城市群中北海市、防城港市等 9 个城市第三产业的结构超前系数，见图 91 - 13。

	A	B	C	D	E	F	G	H	I	J	K	L	M
1	城市	2017年第一产业占GDP的比重（%）	2017年第二产业占GDP的比重（%）	2017年第三产业占GDP的比重（%）	2009年第一产业占GDP的比重（%）	2009年第二产业占GDP的比重（%）	2009年第三产业占GDP的比重（%）	a_1	a_2	a_3	E_1	E_2	E_3
2	南宁市	10.46	30.44	59.1	13.58	36.21	50.21	0.77025	0.84065	1.17706	-2.5119	-1.4358	3.70643
3	北海市	16.58	48.07	35.35	22.02	42.23	35.75	0.75295	1.13829	0.98881	-2.7763	3.11387	0.82897
4	防城港市	13.9	49.34	36.76	14.8	49.86	35.33	0.93919	0.98957	1.04048	0.07046	0.84058	1.6187
5	钦州市	18.99	41.27	39.75	25.39	41.97	32.64	0.74793	0.98332	1.21783	-2.853	0.74506	4.3297
6	玉林市	17.11	34.5	48.38	20.44	44.44	35.12	0.83708	0.77633	1.37756	-1.4903	-2.419	6.77131
7	崇左市	18.62	44.24	37.13	29.27	38	32.73	0.63615	1.16421	1.13443	-4.5618	3.51008	3.05491
8	湛江市	17.74	36.12	46.14	20.59	41.11	38.3	0.86158	0.87862	1.2047	-1.1158	-0.8554	4.12898
9	茂名市	16.02	38.12	45.86	18.4	39.59	42.01	0.87065	0.96287	1.09164	-0.9772	0.43243	2.40086
10	阳江市	16.24	34.36	49.4	21.92	42.45	35.62	0.74088	0.80942	1.38686	-2.9609	-1.9131	6.91345
11	海口市	4.18	18.27	77.54	6.42	24	69.58	0.65109	0.76125	1.1144	-4.3333	-2.6495	2.7487
12	R_t	0.07											

图 91 - 13

4. 结论

通过对第一、第二、第三产业的"产业结构超前系数"进行计算，获得计算结果，判断北部湾城市群中所选取的城市相关产业结构的变动方向。例如，南宁市第一产业的结构超前系数为 - 2.5119，表示该城市第一产业发展相对滞后，所占份额呈下降趋势。可类比推理其他城市的相关产业。

092　Lilien 指数模型

一、通式

1. 应用价值

通过运用"Lilien 指数模型"，考察劳动力在各个产业间的转移来测定产业转型升级速度。在生产率的驱使下，劳动力将从第一产业转移到第二产业再转移到第三产业，可以用这种劳动力在产业之间的转移来测定产业转型升级的速度。通过探讨影响产业转型升级的因素，对区域经济发展具有重要现实意义。

2. 数据说明

（1）所需数据：选取所研究区域各城市三次产业报告期与基期的产业产值、相关产业的就业人数等数据。

（2）数据获取途径：所研究区域相关年份的统计年鉴以及中国工业企业数据库。

3. 模型详解

$$\varphi_{jT} = \left[\sum_{i=1}^{n} \frac{EMP_{ijT}}{TEMP_{ijT}} \left(\ln\left(\frac{EMP_{ijT}}{EMP_{ij0}}\right) - \ln\left(\frac{TEMP_{ijT}}{TEMP_{ij0}}\right) \right) \right]^{1/2}$$

其中，φ_{jT} 为报告期时间内 j 城市的 Lilien 指数；i 为每个产业；j 为所研究每个城市；EMP 为各产业基期、报告期的就业人数；TEMP 为基期、报告期的总就业人数。

4. 相关结论

读者可通过"Lilien 指数模型"进行计算，获得计算结果，判断所研究区域（如某城市群）的产业转型升级速度。Lilien 指数值越大，代表 T 时间内劳动力在各个产业内再分配速度越快；反之，Lilien 指数值越小，代表 T 时间内劳动力在各个产业内再分配速度越慢。通过计算结果还可以判断所研究区域（如某城市群）内部各城市产业转型升级速度的差异。

二、算例

1. 应用价值

在此，选取 2014 年和 2015 年北部湾城市群中南宁市、北海市等 11 个城市的第一产业（农、林、牧、渔业）就业人数、第二产业就业人数、第三产业就业人数数据作为例子计算 Lilien 指数。

2. 数据说明

（1）所需数据：选取 2014 年和 2015 年北部湾城市群中南宁市、北海市等 11 个城市的第一产业（农、林、牧、渔业）就业人数、第二产业就业人数、第三产业就业人数数据。

（2）数据获取途径：2015 年和 2016 年的中国城市统计年鉴。

3. 在 Excel 表中的具体步骤

（1）录入二维原始数据，即录入 2014 年和 2015 年北部湾城市群中南宁市、北海市等 11 个城市的第一产业（农、林、牧、渔业）就业人数、第二产业就业人数、第三产业就业人数数据，见图 92 - 1。

（2）使用公式 B13 = SUM(B2 : B12)，计算北部湾城市群 2014 年第一产业就业人数，见图 92 - 2。

（3）同理可计算北部湾城市群 2014 年第二、第三产业就业人数，见图 92 - 3。

	A	B	C	D	E	F	G
1	城市	2014年第一产业（农、林、牧、渔业）（万人）	2014年第二产业（万人）	2014年第三产业（万人）	2015年第一产业（农、林、牧、渔业）（万人）	2015年第二产业（万人）	2015年第三产业（万人）
2	南宁市	12551	395559	551404	11337	408954	554190
3	北海市	5387	57950	83502	4827	56059	84450
4	防城港市	11925	32401	64076	11632	29975	55687
5	钦州市	3011	91371	113930	3019	96457	118302
6	玉林市	7260	143262	195123	7075	136273	196026
7	崇左市	13365	33667	89918	12744	31335	90925
8	湛江市	17534	189967	302803	15394	197948	309823
9	茂名市	7915	202178	246527	7958	203862	252820
10	阳江市	4037	111170	121045	3862	114854	123753
11	海口市	53142	94690	343788	45622	100946	367590
12	儋州市	239405	44545	119049	237842	40680	125160

图 92 – 1

	A	B	C	D
1	城市	2014年第一产业（农、林、牧、渔业）（万人）	2014年第二产业（万人）	2014年第三产业（万人）
2	南宁市	12551	395559	551404
3	北海市	5387	57950	83502
4	防城港市	11925	32401	64076
5	钦州市	3011	91371	113930
6	玉林市	7260	143262	195123
7	崇左市	13365	33667	89918
8	湛江市	17534	189967	302803
9	茂名市	7915	202178	246527
10	阳江市	4037	111170	121045
11	海口市	53142	94690	343788
12	儋州市	239405	44545	119049
13	EMP	=SUM(B2:B12)	1396760	2231165
14	TEMP	**SUM**(number1, [number2], ...)		

图 92 – 2

	A	B	C	D
1	城市	2014年第一产业（农、林、牧、渔业）（万人）	2014年第二产业（万人）	2014年第三产业（万人）
2	南宁市	12551	395559	551404
3	北海市	5387	57950	83502
4	防城港市	11925	32401	64076
5	钦州市	3011	91371	113930
6	玉林市	7260	143262	195123
7	崇左市	13365	33667	89918
8	湛江市	17534	189967	302803
9	茂名市	7915	202178	246527
10	阳江市	4037	111170	121045
11	海口市	53142	94690	343788
12	儋州市	239405	44545	119049
13	EMP	375532	1396760	2231165

图 92 – 3

（4）使用公式 E13 = SUM(E2: E12)，计算北部湾城市群 2015 年第一产业就业人数，见图 92 - 4。

	E	F	G
1	2015年第一产业(农、林、牧、渔业)（万人）	2015年第二产业（万人）	2015年第三产业（万人）
2	11337	408954	554190
3	4827	56059	84450
4	11632	29975	55687
5	3019	96457	118302
6	7075	136273	196026
7	12744	31335	90925
8	15394	197948	309823
9	7958	203862	252820
10	3862	114854	123753
11	45622	100946	367590
12	237842	40680	125160
13	=SUM(E2:E12)	1417343	2278726
14			
15	SUM(**number1**, [number2], ...)		

图 92 - 4

（5）同理可计算北部湾城市群 2015 年第二、第三产业就业人数，见图 92 - 5。

	A	B	C	D	E	F	G
1	城市	2014年第一产业(农、林、牧、渔业)（万人）	2014年第二产业（万人）	2014年第三产业（万人）	2015年第一产业(农、林、牧、渔业)（万人）	2015年第二产业（万人）	2015年第三产业（万人）
2	南宁市	12551	395559	551404	11337	408954	554190
3	北海市	5387	57950	83502	4827	56059	84450
4	防城港市	11925	32401	64076	11632	29975	55687
5	钦州市	3011	91371	113930	3019	96457	118302
6	玉林市	7260	143262	195123	7075	136273	196026
7	崇左市	13365	33667	89918	12744	31335	90925
8	湛江市	17534	189967	302803	15394	197948	309823
9	茂名市	7915	202178	246527	7958	203862	252820
10	阳江市	4037	111170	121045	3862	114854	123753
11	海口市	53142	94690	343788	45622	100946	367590
12	儋州市	239405	44545	119049	237842	40680	125160
13	EMP	375532	1396760	2231165	361312	1417343	2278726

图 92 - 5

（6）使用公式 B14 = SUM(B13: D13)，计算北部湾城市群 2014 年第一、第二、第三产业就业人数总数，见图 92 - 6。

（7）同理可计算北部湾城市群 2015 年第一、第二、第三产业就业人数总数，见图 92 - 7。

	A	B	C	D
13	EMP	375532	1396760	2231165
14	TEMP	=SUM(B13:D13)		
15	中间项a/b型			
16	中间项 ln a/b型	SUM(**number1**, [number2], ...)		

图 92 – 6

	E	F	G
13	361312	1417343	2278726
14	=SUM(E13:G13)		
15			0.56162
16		SUM(**number1**, [number2], ...)	

图 92 – 7

（8）使用公式 E15＝E13／$E$14，计算北部湾城市群 2015 年第一产业对应的中间项（a／b 型），见图 92 – 8。

	A	B	C	D	E
13	EMP	375532	1396760	2231165	361312
14	TEMP	4003457			4057381
15	中间项a/b型				=E13/$E$14

图 92 – 8

（9）同理可计算北部湾城市群 2015 年第二、第三产业对应的中间项（a／b 型），见图 92 – 9。

	A	B	C	D	E	F	G
1	城市	2014年第一产业（农、林、牧、渔业）（万人）	2014年第二产业（万人）	2014年第三产业（万人）	2015年第一产业（农、林、牧、渔业）（万人）	2015年第二产业（万人）	2015年第三产业（万人）
2	南宁市	12551	395559	551404	11337	408954	554190
3	北海市	5387	57950	83502	4827	56059	84450
4	防城港市	11925	32401	64076	11632	29975	55687
5	钦州市	3011	91371	113930	3019	96457	118302
6	玉林市	7260	143262	195123	7075	136273	196026
7	崇左市	13365	33667	89918	12744	31335	90925
8	湛江市	17534	189967	302803	15394	197948	309823
9	茂名市	7915	202178	246527	7958	203862	252820
10	阳江市	4037	111170	121045	3862	114854	123753
11	海口市	53142	94690	343788	45622	100946	367590
12	儋州市	239405	44545	119049	237842	40680	125160
13	EMP	375532	1396760	2231165	361312	1417343	2278726
14	TEMP	4003457			4057381		
15	中间项a/b型				0.08905	0.34932	0.56162

图 92 – 9

（10）使用公式 B16 = ln(B13/$B$14)，计算北部湾城市群 2014 年第一产业对应的中间项（lna/b 型），见图 92 – 10。

图 92 – 10

（11）同理可计算北部湾城市群 2014 年第二、第三产业和 2015 年第一、第二、第三产业对应的中间项（lna/b 型），见图 92 – 11。

城市	2014年第一产业（农、林、牧、渔业）（万人）	2014年第二产业（万人）	2014年第三产业（万人）	2015年第一产业（农、林、牧、渔业）（万人）	2015年第二产业（万人）	2015年第三产业（万人）
南宁市	12551	395559	551404	11337	408954	554190
北海市	5387	57950	83502	4827	56059	84450
防城港市	11925	32401	64076	11632	29975	55687
钦州市	3011	91371	113930	3019	96457	118302
玉林市	7260	143262	195123	7075	136273	196026
崇左市	13365	33667	89918	12744	31335	90925
湛江市	17534	189967	302803	15394	197948	309823
茂名市	7915	202178	246527	7958	203862	252820
阳江市	4037	111170	121045	3862	114854	123753
海口市	53142	94690	343788	45622	100946	367590
儋州市	239405	44545	119049	237842	40680	125160
EMP	375532	1396760	2231165	361312	1417343	2278726
TEMP	4003457			4057381		
中间项a/b型				0.08905	0.34932	0.56162
中间项lna/b型	-2.36657	-1.05300	-0.58463	-2.41855	-1.05175	-0.57692

图 92 – 11

（12）使用公式 B17 = E15 * POWER(B16 – E16, 2)，计算北部湾城市群第一产业对应的中间项(e/f * ((lna/b – lnc/d)^2)型)，见图 92 – 12。

图 92 - 12

（13）同理可计算北部湾城市群第二、第三产业对应的中间项(e/f * ((lna/b - lnc/d)^2)型)，见图 92 - 13。

	A	B	C	D	E	F	G
1	城市	2014年第一产业(农、林、牧、渔业)（万人）	2014年第二产业（万人）	2014年第三产业（万人）	2015年第一产业(农、林、牧、渔业)（万人）	2015年第二产业（万人）	2015年第三产业（万人）
2	南宁市	12551	395559	551404	11337	408954	554190
3	北海市	5387	57950	83502	4827	56059	84450
4	防城港市	11925	32401	64076	11632	29975	55687
5	钦州市	3011	91371	113930	3019	96457	118302
6	玉林市	7260	143262	195123	7075	136273	196026
7	崇左市	13365	33667	89918	12744	31335	90925
8	湛江市	17534	189967	302803	15394	197948	309823
9	茂名市	7915	202178	246527	7958	203862	252820
10	阳江市	4037	111170	121045	3862	114854	123753
11	海口市	53142	94690	343788	45622	100946	367590
12	儋州市	239405	44545	119049	237842	40680	125160
13	EMP	375532	1396760	2231165	361312	1417343	2278726
14	TEMP	4003457			4057381		
15	中间项a/b型				0.08905	0.34932	0.56162
16	中间项lna/b型	-2.36657	-1.05300	-0.58463	-2.41855	-1.05175	-0.57692
17	中间项e/f*((lna/b-lnc/d)^2)	0.000241	0.000001	0.000033			

图 92 - 13

（14）使用公式 B18 = POWER(SUM(B17：D17)，1/2)，计算北部湾城市群的 Lilien 指数，见图 92 - 14。

	A	B	C	D	E	F	G
1	城市	2014年第一产业（农、林、牧、渔业）（万人）	2014年第二产业（万人）	2014年第三产业（万人）	2015年第一产业（农、林、牧、渔业）（万人）	2015年第二产业（万人）	2015年第三产业（万人）
2	南宁市	12551	395559	551404	11337	408954	554190
3	北海市	5387	57950	83502	4827	56059	84450
4	防城港市	11925	32401	64076	11632	29975	55687
5	钦州市	3011	91371	113930	3019	96457	118302
6	玉林市	7260	143262	195123	7075	136273	196026
7	崇左市	13365	33667	89918	12744	31335	90925
8	湛江市	17534	189967	302803	15394	197948	309823
9	茂名市	7915	202178	246527	7958	203862	252820
10	阳江市	4037	111170	121045	3862	114854	123753
11	海口市	53142	94690	343788	45622	100946	367590
12	儋州市	239405	44545	119049	237842	40680	125160
13	EMP	375532	1396760	2231165	361312	1417343	2278726
14	TEMP	4003457			4057381		
15	中间项a/b型				0.08905	0.34932	0.56162
16	中间项lna/b型	-2.36657	-1.05300	-0.58463	-2.41855	-1.05175	-0.57692
17	中间项e/f*((lna/b-lnc/d)^2)	0.000241	0.000001	0.000033			
18	Lilien指数	0.01657					

图 92－14

4. 结论

读者可通过"Lilien 指数模型"进行计算，获得计算结果，北部湾城市群的 Lilien 指数值为 0.0166，表明所研究的相关年份间劳动力在第一、第二、第三产业的再分配速度相对较慢。该城市群内部各城市产业转型升级速度的差异较大。

093　生产重心公式

一、通式

1. 应用价值

通过运用"生产重心公式"可以计算某种产品生产重心的年度变化量，即某个时期该类产品生产分布在某个区域上的力矩达到平衡的点（地理重心），对于研究城市发展过程中该类产品生产区域变化强度有着重要的应用价值。

2. 数据说明

（1）所需数据：选取所研究区域的生产投入、市场条件、经济水平、政策环境等相关数据。

（2）数据获取途径：所研究区域相关年份的《中国统计年鉴》《中国农村统计年鉴》

《中国畜牧业年鉴》。

3. 模型详解

$$\bar{L}_t = \sum_{i=1}^{N} M_{it} L_i \bigg/ \sum_{i=1}^{N} M_{it}$$

$$\bar{B}_t = \sum_{i=1}^{N} M_{it} B_i \bigg/ \sum_{i=1}^{N} M_{it}$$

其中，$\bar{L}_t$、$\bar{B}_t$ 分别为第 t 年所研究的相关产品的生产重心所在地理位置的经度和纬度；L_i、B_i 分别为所研究区域各城市的经度和纬度；M_{it} 为所研究区域相关城市相关产品的总产量。

4. 相关结论

读者可通过"生产重心"进行计算，获得计算结果，判断所研究区域（如某城市群）的产业生产的平衡点。任何一个地区的某类产品生产量发生变化都会引起全国该类产品生产重心发生移动，即在其他条件不变的情况下，某个地区该类产品生产量增长迅速，就会使生产重心往某个方向偏移，表示该地区对全国相关产品生产的贡献度大。并以此结合实际研究目标进行进一步分析。

二、算例

1. 应用价值

在此，选取 2019 年北部湾城市群城市中的南宁市、北海市等区域的农林牧渔业总产值、经度、纬度数据，得到重心经度和重心纬度。可以用于衡量该区域农林牧渔业在区域中心总体分布状况，其分布趋势可揭示属性在空间分布的不均衡程度。

2. 数据说明

（1）所需数据：选取 2019 年北部湾城市群城市中南宁市、北海市等区域的农林牧渔业总产值、经度、纬度数据。

（2）数据获取途径：2020 年广西统计年鉴。

3. 在 Excel 表中的具体步骤

（1）录入二维原始数据，即录入 2019 年北部湾城市群城市中的南宁市、北海市等区域的农林牧渔业总产值、经度、纬度数据，见图 93 – 1。

	A	B	C	D
1	城市	农林牧渔业总产值（亿元）	经度	纬度
2	南宁市	803.7	108.33	22.84
3	北海市	327.2	109.12	21.49
4	钦州市	442.6	108.61	21.96
5	玉林市	546.8	110.14	22.64
6	崇左市	329.4	107.37	22.42

图 93 – 1

（2）使用公式 B7 = SUM(B2: B6)，计算北部湾城市群中所选取的这些城市农林牧渔业总产值的总量，见图93 – 2。

	A	B	C	D	E
1	城市	农林牧渔业总产值（亿元）	经度	纬度	经度中间项
2	南宁市	803.7	108.33	22.84	87064.
3	北海市	327.2	109.12	21.49	35704.
4	钦州市	442.6	108.61	21.96	48070.
5	玉林市	546.8	110.14	22.64	60224.
6	崇左市	329.4	107.37	22.42	35367.
7	总产值	=SUM(B2:B6)			
8	经度重心				
9	纬度重心	SUM(**number1**, [number2], ...)			
10					

图93 – 2

（3）使用公式 E2 = $B2 * C2，计算北部湾城市群中南宁市的经度中间项，见图93 – 3。

	A	B	C	D	E
1	城市	农林牧渔业总产值（亿元）	经度	纬度	经度中间项
2	南宁市	803.7	108.33	22.84	=$B2*C2

图93 – 3

（4）同理可计算北部湾城市群中北海市、钦州市等城市的经度中间项，见图93 – 4。

	A	B	C	D	E
1	城市	农林牧渔业总产值（亿元）	经度	纬度	经度中间项
2	南宁市	803.7	108.33	22.84	87064.8
3	北海市	327.2	109.12	21.49	35704.1
4	钦州市	442.6	108.61	21.96	48070.8
5	玉林市	546.8	110.14	22.64	60224.6
6	崇左市	329.4	107.37	22.42	35367.7

图93 – 4

（5）使用公式 F2 = $B2 * D2，计算北部湾城市群中南宁市的纬度中间项，见图93 – 5。

	A	B	C	D	E	F
1	城市	农林牧渔业总产值（亿元）	经度	纬度	经度中间项	纬度中间项
2	南宁市	803.7	108.33	22.84	87064.8	=$B2*D2

图93 – 5

（6）同理可计算北部湾城市群中北海市、钦州市等城市的纬度中间项，见图93 – 6。

	A	B	C	D	E	F
1	城市	农林牧渔业总产值（亿元）	经度	纬度	经度中间项	纬度中间项
2	南宁市	803.7	108.33	22.84	87064.8	18357
3	北海市	327.2	109.12	21.49	35704.1	7031.5
4	钦州市	442.6	108.61	21.96	48070.8	9719.5
5	玉林市	546.8	110.14	22.64	60224.6	12380
6	崇左市	329.4	107.37	22.42	35367.7	7385.1

图93 – 6

（7）使用公式 B8 = SUM(E2:E6)/B7，计算北部湾城市群农林牧渔业的重心经度，见图93 – 7。

	A	B	C	D	E
1	城市	农林牧渔业总产值（亿元）	经度	纬度	经度中间项
2	南宁市	803.7	108.33	22.84	87064.8
3	北海市	327.2	109.12	21.49	35704.1
4	钦州市	442.6	108.61	21.96	48070.8
5	玉林市	546.8	110.14	22.64	60224.6
6	崇左市	329.4	107.37	22.42	35367.7
7	总产值	2449.7			
8	重心经度	=SUM(E2:E6)/B7			
9	重心纬度				
10		SUM(**number1**, [number2], ...)			
11					

图93 – 7

（8）同理可计算北部湾城市群农林牧渔业的重心纬度，见图93 – 8。

	A	B	C	D	E	F
1	城市	农林牧渔业总产值（亿元）	经度	纬度	经度中间项	纬度中间项
2	南宁市	803.7	108.33	22.84	87064.8	18357
3	北海市	327.2	109.12	21.49	35704.1	7031.5
4	钦州市	442.6	108.61	21.96	48070.8	9719.5
5	玉林市	546.8	110.14	22.64	60224.6	12380
6	崇左市	329.4	107.37	22.42	35367.7	7385.1
7	总产值	2449.7				
8	重心经度	108.761				
9	重心纬度	504.521				

图93 – 8

4. 结论

通过对"生产重心"进行计算，获得计算结果。由图 93 - 8 可知，北部湾城市群中这几个城市的重心经度和重心纬度分别为 108.761 和 504.521，该城市群的农林牧渔业这类产业生产的平衡点为（108.761，504.521），即在其他条件不变的情况下，南宁市、北海市等城市中任何一个城市的该类产品生产量增长迅速，都会使生产重心往某个方向偏移。

094　生产重心移动公式

一、通式

1. 应用价值

通过运用"生产重心移动公式"，可以分析该产品生产布局的变迁过程，即某个时期该类产品生产分布在某个区域上的力矩达到平衡点（地理重心）的转移情况。对于研究城市发展过程中该类产品生产区域变化强度有着重要的应用价值。

2. 数据说明

（1）所需数据：选取所研究区域的生产投入、市场条件、经济水平、政策环境等相关数据。

（2）数据获取途径：所研究区域相关年份的《中国统计年鉴》等。

3. 模型详解

$$D = E \times [\ (\bar{L}_s - \bar{L}_q)^2 + (\bar{B}_2 - \bar{B}_q)^2]^2$$

其中，D 为相关产品移动的距离；E 为地理坐标换算成平面距离的值，一般取值 111.11 千米；$\bar{L}_s$、$\bar{L}_q$、$\bar{B}_2$、$\bar{B}_q$ 分别为第 s 年和第 q 年该类产品的生产重心的经度和纬度。

4. 相关结论

读者可通过对"生产重心移动"进行计算，获得计算结果，得到以下结论：生产重心往某个方向移动的距离越长，就表明该方向生产贡献幅度更大。并且，生产重心的移动速度也能作为反映相关生产区域变化强度的一个重要指标。并以此结合实际研究目标进行进一步分析。

二、算例

1. 应用价值

在此，选取 2018 年和 2019 年的北部湾城市群城市中南宁市、北海市等城市的农林牧渔业总产值数据、经度、纬度数据，得到生产重心移动公式。该公式可以用于衡量该城市群农林牧渔业的生产重心的转移程度。

2. 数据说明

（1）所需数据：选取北部湾城市群城市中南宁市、北海市等城市的经度和纬度、2018年和 2019 年的农林牧渔业总产值数据。

（2）数据获取途径：2019 年和 2020 年广西统计年鉴。

3. 在 Excel 表中的具体步骤

（1）在 Sheet1 表中，录入二维原始数据，即录入 2019 年北部湾城市群城市中的南宁市、北海市等区域的农林牧渔业总产值、经度、纬度数据，见图 94 - 1。

	A	B	C	D
1	城市	农林牧渔业总产值（亿元）	经度	纬度
2	南宁市	803.7	108.33	22.84
3	北海市	327.2	109.12	21.49
4	钦州市	442.6	108.61	21.96
5	玉林市	546.8	110.14	22.64
6	崇左市	329.4	107.37	22.42

图 94 - 1

（2）使用公式 B7 = SUM(B2: B6)，计算北部湾城市群中所选取的这些城市农林牧渔业总产值的总量，见图 94 - 2。

	A	B	C	D	E
1	城市	农林牧渔业总产值（亿元）	经度	纬度	经度中间项
2	南宁市	803.7	108.33	22.84	87064.
3	北海市	327.2	109.12	21.49	35704.
4	钦州市	442.6	108.61	21.96	48070.
5	玉林市	546.8	110.14	22.64	60224.
6	崇左市	329.4	107.37	22.42	35367.
7	总产值	=SUM(B2:B6)			
8	经度重心				
9	纬度重心	SUM(**number1**, [number2], ...)			
10					

图 94 - 2

（3）使用公式 E2 = $B2 * C2，计算北部湾城市群中南宁市的经度中间项，见图 94 - 3。

	A	B	C	D	E
1	城市	农林牧渔业总产值（亿元）	经度	纬度	经度中间项
2	南宁市	803.7	108.33	22.84	=$B2*C2

图 94 - 3

（4）同理可计算北部湾城市群中北海市、钦州市等城市的经度中间项，见图 94 - 4。

（5）使用公式 F2 = $B2 * D2，计算北部湾城市群中南宁市的纬度中间项，见图 94 - 5。

（6）同理可计算北部湾城市群中北海市、钦州市等城市的纬度中间项，见图 94 - 6。

	A	B	C	D	E
1	城市	农林牧渔业总产值（亿元）	经度	纬度	经度中间项
2	南宁市	803.7	108.33	22.84	87064.8
3	北海市	327.2	109.12	21.49	35704.1
4	钦州市	442.6	108.61	21.96	48070.8
5	玉林市	546.8	110.14	22.64	60224.6
6	崇左市	329.4	107.37	22.42	35367.7

图 94 - 4

	A	B	C	D	E	F
1	城市	农林牧渔业总产值（亿元）	经度	纬度	经度中间项	纬度中间项
2	南宁市	803.7	108.33	22.84	87064.8	=$B2*D2

图 94 - 5

	A	B	C	D	E	F
1	城市	农林牧渔业总产值（亿元）	经度	纬度	经度中间项	纬度中间项
2	南宁市	803.7	108.33	22.84	87064.8	18357
3	北海市	327.2	109.12	21.49	35704.1	7031.5
4	钦州市	442.6	108.61	21.96	48070.8	9719.5
5	玉林市	546.8	110.14	22.64	60224.6	12380
6	崇左市	329.4	107.37	22.42	35367.7	7385.1

图 94 - 6

（7）使用公式 B8 = SUM(E2: E6)/B7，计算北部湾城市群农林牧渔业的重心经度，见图 94 - 7。

	A	B	C	D	E
1	城市	农林牧渔业总产值（亿元）	经度	纬度	经度中间项
2	南宁市	803.7	108.33	22.84	87064.8
3	北海市	327.2	109.12	21.49	35704.1
4	钦州市	442.6	108.61	21.96	48070.8
5	玉林市	546.8	110.14	22.64	60224.6
6	崇左市	329.4	107.37	22.42	35367.7
7	总产值	2449.7			
8	重心经度	=SUM(E2:E6)/B7			
9	重心纬度				
10		SUM(**number1**, [number2], ...)			
11					

图 94 - 7

（8）同理可计算北部湾城市群农林牧渔业的重心纬度，见图 94 - 8。

（9）在 Sheet2 表中，复制 "Sheet1 表" 中的内容，将其粘贴至 "Sheet2 表"，见图 94 - 9。

	A	B	C	D	E	F
1	城市	农林牧渔业总产值（亿元）	经度	纬度	经度中间项	纬度中间项
2	南宁市	803.7	108.33	22.84	87064.8	18357
3	北海市	327.2	109.12	21.49	35704.1	7031.5
4	钦州市	442.6	108.61	21.96	48070.8	9719.5
5	玉林市	546.8	110.14	22.64	60224.6	12380
6	崇左市	329.4	107.37	22.42	35367.7	7385.1
7	总产值	2449.7				
8	重心经度	108.761				
9	重心纬度	504.521				

图 94 – 8

	A	B	C	D	E	F
1	城市	农林牧渔业总产值（亿元）	经度	纬度	经度中间项	纬度中间项
2	南宁市	803.7	108.33	22.84	87064.8	18356.5
3	北海市	327.2	109.12	21.49	35704.1	7031.53
4	钦州市	442.6	108.61	21.96	48070.8	9719.5
5	玉林市	546.8	110.14	22.64	60224.6	12379.6
6	崇左市	329.4	107.37	22.42	35367.7	7385.15
7	总产值	2449.7				
8	重心经度	108.761				
9	重心纬度	504.521				

图 94 – 9

（10）清除"农林牧渔业总产值"下内容，见图 94 – 10。

	A	B	C	D	E	F
1	城市	农林牧渔业总产值（亿元）	经度	纬度	经度中间项	纬度中间项
2	南宁市		108.33	22.84	0	0
3	北海市		109.12	21.49	0	0
4	钦州市		108.61	21.96	0	0
5	玉林市		110.14	22.64	0	0
6	崇左市		107.37	22.42	0	0
7	总产值	0				
8	重心经度	#DIV/0!				
9	重心纬度	#DIV/0!				

图 94 – 10

（11）录入二维原始数据，即录入 2018 年北部湾城市群城市中的南宁市、北海市等区域的农林牧渔业总产值数据，顺次得到北部湾城市群 2018 年农林牧渔业的重心经度、重心纬度等数据，见图 94 – 11。

（12）在 Sheet1 表中，复制"Sheet2 表"中的内容，将其粘贴至"Sheet1 表"，并取地理坐标换算成平面距离的值为 111.11（千米），见图 94 – 12。

（13）使用公式 B21 = B20 * POWER(POWER(B8 – B18, 2) + POWER(B9 – B19, 2), 2)，计算北部湾城市群农林牧渔业的生产重心转移距离，见图 94 – 13。

	A	B	C	D	E	F
1	城市	农林牧渔业总产值（亿元）	经度	纬度	经度中间项	纬度中间项
2	南宁市	725.27	108.33	22.84	78568.5	16565.2
3	北海市	319.1	109.12	21.49	34820.2	6857.46
4	钦州市	394.64	108.61	21.96	42861.9	8666.29
5	玉林市	477.86	110.14	22.64	52631.5	10818.8
6	崇左市	310.06	107.37	22.42	33291.1	6951.55
7	总产值	2226.93				
8	重心经度	108.748				
9	重心纬度	458.486				

图 94－11

	A	B	C	D	E	F
11	城市	农林牧渔业总产值（亿元）	经度	纬度	经度中间项	纬度中间项
12	南宁市	725.27	108.33	22.84	78568.5	16565.2
13	北海市	319.1	109.12	21.49	34820.2	6857.46
14	钦州市	394.64	108.61	21.96	42861.9	8666.29
15	玉林市	477.86	110.14	22.64	52631.5	10818.8
16	崇左市	310.06	107.37	22.42	33291.1	6951.55
17	总产值	2226.93				
18	重心经度	108.7475512				
19	重心纬度	458.4858718				
20	E	111.11				

图 94－12

	A	B	C	D	E	F	G
1	城市	农林牧渔业总产值（亿元）	经度	纬度	经度中间项	纬度中间项	2019年
2	南宁市	803.7	108.33	22.84	87064.8	18356.5	
3	北海市	327.2	109.12	21.49	35704.1	7031.53	
4	钦州市	442.6	108.61	21.96	48070.8	9719.5	
5	玉林市	546.8	110.14	22.64	60224.6	12379.6	
6	崇左市	329.4	107.37	22.42	35367.7	7385.15	
7	总产值	2449.7					
8	重心经度	108.7610324					
9	重心纬度	504.5210661					
10							
11	城市	农林牧渔业总产值（亿元）	经度	纬度	经度中间项	纬度中间项	2018年
12	南宁市	725.27	108.33	22.84	78568.5	16565.2	
13	北海市	319.1	109.12	21.49	34820.2	6857.46	
14	钦州市	394.64	108.61	21.96	42861.9	8666.29	
15	玉林市	477.86	110.14	22.64	52631.5	10818.8	
16	崇左市	310.06	107.37	22.42	33291.1	6951.55	
17	总产值	2226.93					
18	重心经度	108.7475512					
19	重心纬度	458.4858718					
20	E	111.11					
21	D	499014474.4					

图 94－13

4. 结论

通过"生产重心移动公式"进行计算，获得计算结果，北部湾城市群中农林牧渔业这类产业生产的平衡点的转移距离为499014474.4千米。表明该生产重心往某个方向移动的距离较长，该方向生产贡献幅度相对较大。

095 E–G 指数公式

一、通式

1. 应用价值

通过构建"E–G 指数"，对空间基尼系数进行了修正，测度相关区域的产业在一定年份的集聚程度。可以获取所研究城市群的三次产业和工业细分行业的产业转型升级方向、速度，进而得出所研究城市群的主导产业、三次产业发展状况及产业转型升级整体变化趋势。在经济发展"新常态"下，通过测度城市群产业转型升级水平，探讨影响产业转型升级的因素，对区域经济发展具有重要现实意义，有助于把所研究城市群培育成我国经济增长"第四极"提供建议与对策。

2. 数据说明

（1）所需数据：所研究区域各城市第一产业报告期所占份额与基期所占份额之比、第二产业报告期所占份额与基期所占份额之比、第三产业报告期所占份额与基期所占份额之比以及三次产业产值。

（2）数据获取途径：相关年份所研究区域的统计年鉴以及中国工业企业数据库。

3. 模型详解

$$\gamma_i = \left[G_i - \left(1 - \sum_{j=1}^{r} x_j^2\right) H_i \right] \bigg/ \left(1 - \sum_{j=1}^{r} x_j^2\right)(1 - H_i)$$

$$G_i = \sum_{j=1}^{r} (x_j - s_{ij})^2, \ H_i = \sum_{k=1}^{N} Z_k^2$$

其中，i 为全省产业 i 的 E–G 指数；x_j 为省内地区 j 的产值占全省总产值的比重；s_{ij} 为地区 j 产业 i 的产值占全省产业 i 总产值的比重；G_i 为所研究区域相关产业 i 的空间基尼系数（参考"020 空间基尼系数公式"）；H_i 为所研究区域相关产业的赫芬达尔系数（参考"021 赫芬达尔系数公式"）。

4. 相关结论

读者可通过"E–G 指数公式"，获得计算结果，判断所研究区域（如某城市群）的产业集聚度。该公式一定程度上减小了衡量的误差，其值越大，表明产业 i 在所研究区域内的分布越集中；反之，其值越小，表明产业 i 在所研究区域内的分布越分散。并以此结合实际研究目标进行进一步分析。

二、算例

1. 应用价值

在此，选取 2019 年北部湾城市群中南宁市、玉林市等城市的粮食作物产量和粮食作物中稻谷产量数据，研究北部湾城市群中这些城市的产业聚集水平，对所研究区域空间特征的测量有着重要的应用价值。

2. 数据说明

（1）所需数据：选取 2019 年北部湾城市群城市中的南宁市、玉林市等城市的粮食作物总产量、稻谷产量数据。

（2）数据获取途径：2020 年广西统计年鉴。

3. 在 Excel 表中的具体步骤

（1）在 Sheet1 表中，录入二维原始数据，即录入南宁市、玉林市等城市的粮食作物总产量、稻谷产量数据，见图 95 – 1。

图 95 – 1

（2）使用公式 B6 = SUM(B2: B5)，计算所研究的 4 个城市的粮食作物总产量，见图 95 – 2。

图 95 – 2

（3）同理可计算所研究的 4 个城市的稻谷总产量，见图 95 – 3。

图 95 – 3

（4）使用公式 D2 = B2/B$6，计算南宁市的粮食作物产量在所研究城市的总产量中的占比，见图95-4。

	A	B	C	D
1	城市	粮食作物（万吨）	稻谷（万吨）	x_j
2	南宁市	205.46	143.64	=B2/B$6
3	玉林市	158.64	139.44	
4	北海市	30.05	21.11	0.06203
5	钦州市	90.28	76.35	0.18636
6	总量	484.43	380.54	

图95-4

（5）同理可计算玉林市等城市的粮食作物产量在所研究城市的粮食作物总产量中的占比，见图95-5。

	A	B	C	D
1	城市	粮食作物（万吨）	稻谷（万吨）	x_j
2	南宁市	205.46	143.64	0.42413
3	玉林市	158.64	139.44	0.32748
4	北海市	30.05	21.11	0.06203
5	钦州市	90.28	76.35	0.18636

图95-5

（6）使用公式 E2 = C2/C$6，计算南宁市的稻谷产量在所研究城市的稻谷总产量中的占比，见图95-6。

	A	B	C	D	E
1	城市	粮食作物（万吨）	稻谷（万吨）	x_j	s_j
2	南宁市	205.46	143.64	0.42413	=C2/C$6
3	玉林市	158.64	139.44	0.32748	
4	北海市	30.05	21.11	0.06203	0.05547
5	钦州市	90.28	76.35	0.18636	0.20064
6	总量	484.43	380.54		

图95-6

（7）同理可计算玉林市、北海市的稻谷产量在所研究城市的稻谷总产量中的占比，见图95-7。

	A	B	C	D	E
1	城市	粮食作物（万吨）	稻谷（万吨）	x_j	s_j
2	南宁市	205.46	143.64	0.42413	0.37746
3	玉林市	158.64	139.44	0.32748	0.36643
4	北海市	30.05	21.11	0.06203	0.05547
5	钦州市	90.28	76.35	0.18636	0.20064

图95-7

（8）使用公式 F2 = POWER(D2 − E2, 2)，计算南宁市的粮食作物产量在所研究城市的总产量中的占比与稻谷产量在所研究城市的稻谷总产量中的占比之差的平方，见图 95 − 8。

	A	B	C	D	E	F	G	H
1	城市	粮食作物（万吨）	稻谷（万吨）	x_j	s_{ij}	$(x_j-s_{ij})^2$	x_j^2	
2	南宁市	205.46	143.64	0.42413	0.37746	=POWER(D2-E2,2)		
3	玉林市	158.64	139.44	0.32748	0.36643			
4	北海市	30.05	21.11	0.06203	0.05547	POWER(**number**, power)		
5	钦州市	90.28	76.35	0.18636	0.20064			

图 95 − 8

（9）同理可计算玉林市、北海市的占比之差的平方，见图 95 − 9。

	A	B	C	D	E	F
1	城市	粮食作物（万吨）	稻谷（万吨）	x_j	s_{ij}	$(x_j-s_{ij})^2$
2	南宁市	205.46	143.64	0.42413	0.37746	0.00218
3	玉林市	158.64	139.44	0.32748	0.36643	0.00152
4	北海市	30.05	21.11	0.06203	0.05547	0.00004
5	钦州市	90.28	76.35	0.18636	0.20064	0.00020

图 95 − 9

（10）使用公式 B7 = SUM(F2: F5)，计算南宁市、玉林市等城市的空间基尼系数为 0.00394，见图 95 − 10。

	A	B	C	D	E	F
1	城市	粮食作物（万吨）	稻谷（万吨）	x_j	s_{ij}	$(x_j-s_{ij})^2$
2	南宁市	205.46	143.64	0.42413	0.37746	0.00218
3	玉林市	158.64	139.44	0.32748	0.36643	0.00152
4	北海市	30.05	21.11	0.06203	0.05547	0.00004
5	钦州市	90.28	76.35	0.18636	0.20064	0.00020
6	总量	484.43	380.54			
7	G_i	=SUM(F2:F5)				
8		SUM(**number1**, [number2], ...)				

图 95 − 10

（11）在 Sheet2 表中，录入二维原始数据，即录入南宁市、玉林市等城市的稻谷产量数据，见图 95 − 11。

	A	B
1	城市	稻谷（万吨）
2	南宁市	143.64
3	玉林市	139.44
4	北海市	21.11
5	钦州市	76.35

图 95 − 11

（12）使用公式 B6 = SUM(B2:B5)，计算所研究的 4 个城市的稻谷总量，见图 95 – 12。

图 95 – 12

（13）使用公式 C2 = POWER(B2/$B$6, 2)，计算所研究区域内稻谷行业中南宁市的产值占所研究区域内稻谷总产值比重的平方，见图 95 – 13。

图 95 – 13

（14）同理可计算所研究区域内稻谷行业中玉林市、北海市等城市的产值占所研究区域内稻谷总产值比重的平方，见图 95 – 14。

图 95 – 14

（15）使用公式 B7 = SUM(C2:C6)，计算所研究区域的赫芬达尔系数，见图 95 – 15。

（16）在 Sheet1 表中，复制"Sheet2 表"中的内容，将其粘贴至"Sheet1 表"，见图 95 – 16。

（17）加入"x_j^2"这一项，使用公式：G2 = POWER(D2, 2)，计算所研究区域中南宁市的值，见图 95 – 17。

	A	B	C	D	E
1	城市	稻谷（万吨）	Z_k^2		
2	南宁市	143.64	0.14248		
3	玉林市	139.44	0.13427		
4	北海市	21.11	0.00308		
5	钦州市	76.35	0.04025		
6	总量	380.54			
7	H_i		=SUM(C2:C6)		
8			SUM(**number1**, [number2], ...)		

图 95 – 15

	A	B	C
9	城市	稻谷（万吨）	Z_k^2
10	南宁市	143.64	0.08792
11	玉林市	139.44	0.08285
12	北海市	21.11	0.0019
13	钦州市	76.35	0.02484
14	总量	380.54	
15	H_i	0.19751	

图 95 – 16

	A	B	C	D	E	F	G	H	I
1	城市	粮食作物（万吨）	稻谷（万吨）	x_j	s_{ij}	$(x_j-s_{ij})^2$	x_j^2		
2	南宁市	205.46	143.64	0.42413	0.37746	0.00218	=POWER(D2,2)		
3	玉林市	158.64	139.44	0.32748	0.36643	0.00152			
4	北海市	30.05	21.11	0.06203	0.05547	0.00004			
5	钦州市	90.28	76.35	0.18636	0.20064	0.00020	POWER(number, **power**)		

图 95 – 17

（18）同理可计算所研究区域内玉林市、北海市等城市的 x_j^2，见图 95 – 18。

	A	B	C	D	E	F	G
1	城市	粮食作物（万吨）	稻谷（万吨）	x_j	s_{ij}	$(x_j-s_{ij})^2$	x_j^2
2	南宁市	205.46	143.64	0.42413	0.37746	0.00218	0.17988
3	玉林市	158.64	139.44	0.32748	0.36643	0.00152	0.10724
4	北海市	30.05	21.11	0.06203	0.05547	0.00004	0.00385
5	钦州市	90.28	76.35	0.18636	0.20064	0.00020	0.03473

图 95 – 18

（19）使用公式 $E10 = ((B7 - (1 - SUM(G2:G5)) * B15))/((1 - SUM(G2:G5)) * (1 - B15))$，计算所研究区域的 E – G 指数，见图 95 – 19。

	A	B	C	D	E	F	G
1	城市	粮食作物（万吨）	稻谷（万吨）	x_i	s_{ij}	$(x_i-s_{ij})^2$	x_i^2
2	南宁市	205.46	143.64	0.42413	0.37746	0.00218	0.17988
3	玉林市	158.64	139.44	0.32748	0.36643	0.00152	0.10724
4	北海市	30.05	21.11	0.06203	0.05547	0.00004	0.00385
5	钦州市	90.28	76.35	0.18636	0.20064	0.00020	0.03473
6	总量	484.43	380.54				
7	G_i	0.00394					
8							
9	城市	稻谷（万吨）	Z_k^2		E-G指数		
10	南宁市	143.64	0.08792		-0.4622		
11	玉林市	139.44	0.08285				
12	北海市	21.11	0.0019				
13	钦州市	76.35	0.02484				
14	总量	380.54					
15	H_i	0.19751					

图 95－19

4. 结论

通过"E－G 指数公式"进行计算，获得计算结果，北部湾城市群产业集聚度为 －0.4622，表明所研究产业在北部湾城市群中的分布较为分散。

096 产业内贸易（IIT）指数公式

一、通式

1. 应用价值

"产业内贸易指数"用来测度一个产业的产业内细分后若干产品组或产品的贸易程度。该指数代替 GL 指数，避免统计误差，用每一产品进出口值占总进出口值的比重作为权重，得出一个地区的 IIT 指数。对丰富所研究区域的商品的进出口贸易的科学认识有着重要的应用价值。

2. 数据说明

（1）所需数据：可以选取物资资本、人力资本、人口密度、GDP 增长率、国际贸易总额（进、出口总额）、人均耕地资源、城镇化率等数据进行研究。

（2）数据获取途径：各区域相关年份的统计年鉴、国务院研究发展中心信息网（http://www.drcnet.com.cn/www/int/）。

3. 模型详解

$$IIT_i = \frac{\sum_{j=1}^{n} GL_j(X_{ij} + M_{ij})}{\sum_{j=1}^{n}(X_{ij} + M_{ij})} = 1 - \frac{\sum_{j=1}^{n}|X_{ij} - M_{ij}|}{\sum_{j=1}^{n}(X_{ij} + M_{ij})}$$

$$GL_j = 1 - \frac{|X_i - M_i|}{(X_i + M_i)} = 1 - A_i$$

其中，IIT_i 为所研究区域 i 的产业内贸易指数；GL 为 Grubel and Lloyd（GL）指数（参考"058　Grubel and Lloyd 指数公式"）；X 为进口额；M 为出口额。

4. 相关结论

读者可通过对"产业内贸易指数"进行计算，指数取值范围为 $[0, 1]$，当 $IIT_i \geqslant 0.5$ 时，所研究区域的产业内部贸易程度越高，贸易就越强；当 $IIT_i \leqslant 0.5$ 时，所研究区域的产业之间贸易程度越高，贸易结构的互补性越强。并以此结合实际研究目标进行进一步分析。

二、算例

1. 应用价值

在此，选取 2019 年北部湾城市群中南宁市、北海市等 4 个城市的出口总额、进口总额数据作为例子计算产业内贸易指数，衡量北部湾城市群中各城市的相关产业进出口贸易程度。

2. 数据说明

（1）所需数据：选取 2019 年北部湾城市群中南宁市、北海市等 4 个城市的出口总额、进口总额数据。

（2）数据获取途径：2020 年广西统计年鉴。

3. 在 Excel 表中的具体步骤

（1）录入二维原始数据，即录入 2019 年北部湾城市群中南宁市、北海市等 4 个城市的出口总额、进口总额数据，见图 96 - 1。

	A	B	C
1	城市	出口总额（万元）	进口总额（万元）
2	南宁市	3639055	3838836
3	北海市	1288768	1652234
4	防城港市	2413149	5636335
5	崇左市	13002374	5931537

图 96 - 1

（2）使用公式 D2 = ABS(C2 - B2)/(C2 + B2)，计算北部湾城市群中南宁市的 Balassa 指数（参考"057 Balassa 指数公式"），见图 96 - 2。

	A	B	C	D	E	F
1	城市	出口总额（万元）	进口总额（万元）	A	GL	X+M
2	南宁市	3639055	3838836	=ABS(C2-B2)/(C2+B2)		
3	北海市	1288768	1652234	ABS(number)	414	2941002
4	防城港市	2413149	5636335	0.400421	0.599579	8049484

图 96 - 2

（3）同理可计算所选取北海市等3个城市的 Balassa 指数，见图96－3。

	A	B	C	D
1	城市	出口总额（万元）	进口总额（万元）	A
2	南宁市	3639055	3838836	0.02672
3	北海市	1288768	1652234	0.12359
4	防城港市	2413149	5636335	0.40042
5	崇左市	13002374	5931537	0.37345

图96－3

（4）使用公式 E2＝1－D2，计算北部湾城市群中南宁市的 GL 指数，见图96－4。

	A	B	C	D	E
1	城市	出口总额（万元）	进口总额（万元）	A	GL
2	南宁市	3639055	3838836	0.02672	=1-D2

图96－4

（5）同理可计算所选取北海市等3个城市的 GL 指数，见图96－5。

	A	B	C	D	E
1	城市	出口总额（万元）	进口总额（万元）	A	GL
2	南宁市	3639055	3838836	0.02672	0.97328
3	北海市	1288768	1652234	0.12359	0.87641
4	防城港市	2413149	5636335	0.40042	0.59958
5	崇左市	13002374	5931537	0.37345	0.62655

图96－5

（6）使用公式 F2＝B2＋C2，计算北部湾城市群中南宁市的中间项（X＋M），见图96－6。

	A	B	C	D	E	F
1	城市	出口总额（万元）	进口总额（万元）	A	GL	X+M
2	南宁市	3639055	3838836	0.02672	0.97328	=B2+C2

图96－6

（7）同理可计算所选取北海市等3个城市的中间项（X＋M），见图96－7。

（8）使用公式 G2＝E2 * F2，计算北部湾城市群中南宁市的中间项 GL（X＋M），见图96－8。

	A	B	C	D	E	F
1	城市	出口总额（万元）	进口总额（万元）	A	GL	X+M
2	南宁市	3639055	3838836	0.02672	0.97328	7477891
3	北海市	1288768	1652234	0.12359	0.87641	2941002
4	防城港市	2413149	5636335	0.40042	0.59958	8049484
5	崇左市	13002374	5931537	0.37345	0.62655	18933911

图 96 – 7

	E	F	G
1	GL	X+M	GL（X+M）
2	0.97328	7477891	=E2*F2

图 96 – 8

（9）同理可计算所选取北海市等 3 个城市的中间项 GL(X + M)，见图 96 – 9。

	A	B	C	D	E	F	G
1	城市	出口总额（万元）	进口总额（万元）	A	GL	X+M	GL（X+M）
2	南宁市	3639055	3838836	0.02672	0.97328	7477891	7278110
3	北海市	1288768	1652234	0.12359	0.87641	2941002	2577536
4	防城港市	2413149	5636335	0.40042	0.59958	8049484	4826298
5	崇左市	13002374	5931537	0.37345	0.62655	18933911	11863074

图 96 – 9

（10）使用公式 B6 = SUM(G2: G5)/SUM(F2: F5)，计算北部湾城市群的产业内贸易指数，见图 96 – 10。

	A	B	C	D	E	F	G
1	城市	出口总额（万元）	进口总额（万元）	A	GL	X+M	GL（X+M）
2	南宁市	3639055	3838836	0.02672	0.97328	7477891	7278110
3	北海市	1288768	1652234	0.12359	0.87641	2941002	2577536
4	防城港市	2413149	5636335	0.40042	0.59958	8049484	4826298
5	崇左市	13002374	5931537	0.37345	0.62655	18933911	11863074
6	IIT指数	0.709716					

图 96 – 10

4. 结论

通过对"产业内贸易指数"进行计算，获得计算结果，北部湾城市群产业内贸易指数的值为 0.7097（ > 0.5），那么该城市群的产业内贸易程度较高，产业内贸易互补性较强。

097　产业结构相似度指数公式

一、通式

1. 应用价值

通过构建"产业结构相似度指数"，可以进行所研究城市间的产业结构的比较。该指数是由联合国工业发展组织国际工业研究中心提出的，以某一经济区域的产业结构为标准，通过计算相似系数，将两地产业结构进行比较，以确定产业结构相似度。该指数也可以运用于统计分析、结构分析中。

2. 数据说明

（1）所需数据：选取所研究区域相关产业部门的产业产值、总产值数据。

（2）数据获取途径：所研究区域相关年份的统计年鉴。

3. 模型详解

$$S_{ij} = \sum_{k=1}^{n} (X_{ik} \cdot X_{jk}) / (\sqrt{\sum_{k=1}^{n} X_{ik}^2} \cdot \sqrt{\sum_{k=1}^{n} X_{ik}^2})$$

其中，S_{ij} 为产业结构相似度；k 为产业部门；X_{ik} 和 X_{jk} 分别为 i 和 j 地区各产业所占比重。

4. 相关结论

读者可通过"产业结构相似度指数公式"计算，将计算结果进行等级划分，由于 $0 \leqslant S_{ij} \leqslant 1$，那么当 $S_{ij} = 1$ 时，说明两个区域的产业机构完全相同；当 $S_{ij} = 0$ 时，说明两个区域的产业结构完全不同。从动态来看，该指数趋于上升则产业结构趋于相同；反之，该指数趋于下降，则产业结构趋于不同。并以此结合实际研究目标进行进一步分析。

二、算例

1. 应用价值

在此，选取 2019 年北部湾城市群中南宁市、北海市的制造业从业人数与农、林、牧、渔业从业人数数据作为例子计算产业结构相似度指数。

2. 数据说明

（1）所需数据：选取 2019 年北部湾城市群中南宁市、北海市的制造业从业人数与农、林、牧、渔业从业人数数据，通过产业从业人口衡量产业间的问题，计算这两个城市的产业结构相似程度。

（2）数据获取途径：2020 年广西统计年鉴。

3. 在 Excel 表中的具体步骤

（1）录入二维原始数据，即录入 2019 年北部湾城市群中南宁市、北海市的制造业从业人数与农、林、牧、渔业从业人数数据，见图 97 – 1。

图 97 - 1

（2）使用公式 $D2 = POWER(B2, 2)$，计算南宁市的中间项（X_1^2），见图 97 - 2。

图 97 - 2

（3）同理可计算北海市的中间项（X_1^2），见图 97 - 3。

图 97 - 3

（4）使用公式 $E2 = POWER(C2, 2)$，计算南宁市的中间项（X_2^2），见图 97 - 4。

图 97 - 4

（5）同理可计算北海市的中间项（X_2^2），见图 97 - 5。

	A	B	C	D	E
1	城市	制造业从业人数（人）	农、林、牧、渔业从业人数（人）	X_1^2	X_2^2
2	南宁市	94370	8261	8905696900	68244121
3	北海市	25224	5493	636250176	30173049

图 97 - 5

（6）使用公式 F2 = SUM(D2:E2)，计算南宁市的中间项（X_{ik}^2 的和），见图 97 - 6。

	D	E	F	G	H
1	X_1^2	X_2^2	中间项（X_{ik}^2 的和）	中间项（X_{jk}^2 的和）	
2	8905696900	68244121	=SUM(D2:E2)		
3	636250176	30173049			
4			SUM(**number1**, [number2], ...)		

图 97 - 6

（7）同理可计算北海市的中间项（X_{ik}^2 的和），见图 97 - 7。

	A	B	C	D	E	F	G
1	城市	制造业从业人数（人）	农、林、牧、渔业从业人数（人）	X_1^2	X_2^2	中间项（X_{ik}^2 的和）	中间项（X_{jk}^2 的和）
2	南宁市	94370	8261	8905696900	68244121	8973941021	
3	北海市	25224	5493	636250176	30173049		666423225

图 97 - 7

（8）使用公式 B4 = B2 * B3，计算制造业从业人数的中间项（$X_{ik} * X_{jk}$），见图 97 - 8。

	A	B
1	城市	制造业从业人数（人）
2	南宁市	94370
3	北海市	25224
4	中间项（$X_{ik}*X_{jk}$）	=B2*B3

图 97 - 8

（9）同理可计算农、林、牧、渔业从业人数的中间项（$X_{ik} * X_{jk}$），见图 97 - 9。

图 97 - 9

（10）使用公式 B5 = SUM(B4: C4)/(POWER(F2,0.5) * POWER(G3,0.5))，计算南宁市与北海市之间的产业结构相似度指数，见图 97 - 10。

图 97 - 10

4. 结论

通过对"产业结构相似度指数"进行计算，获得计算结果，其值为 0.9919。这表明北部湾城市群中南宁市与北海市在制造业方面和农、林、牧、渔业方面的从业人口的产业机构是区域相同的，并以此结合实际研究目标进行进一步分析。

098 多样化指数公式

一、通式

1. 应用价值

"多样化指数"可以用来衡量产业内部的多样化程度、产业内部结构的多样化程度，反映国家、地区或城市综合发展程度。依据该指数，提出针对所研究产业结构调整的对策，为该区域建立科学双赢的合作模式和良性的竞争模式、促进该地区间经济社会科学发展提供科学依据。

2. 数据说明

（1）所需数据：选取所研究区域相关产业部门的产业产值总产值数据。

（2）数据获取途径：所研究区域相关年份的统计年鉴。

3. 模型详解

$$\gamma = 1 \Big/ \sum_{i=1}^{n} X_i^2$$

其中，γ 为多样化指数；X_i 为各产业比值占总产值的比重。

4. 相关结论

读者可通过"多样化指数"进行计算，获得计算结果，产业内部的多样化程度，反映国家、地区或城市综合发展程度。当多样化指数值较高时，表明该地区相关产业发展较为单一；当多样化指数值较低时，表明该地区相关产业的发展较为平衡。并以此结合实际研究目标进行进一步分析。

二、算例

1. 应用价值

在此，选取广西北部湾经济区（6市）的主要经济指标作为例子计算多样化指数。

2. 数据说明

（1）所需数据：选取 2015～2019 年广西北部湾经济区（6市）的主要经济指标，包括地区生产总值、第一产业产值、第二产业产值、第三产业产值。

（2）数据获取途径：2016～2020 年广西统计年鉴。

3. 在 Excel 表中的具体步骤

（1）录入二维原始数据，即录入 2015～2019 年广西北部湾经济区（6市）的主要经济指标：地区生产总值，第一产业产值等数据，见图 98－1。

	A	B	C	D	E
1	年份	地区生产总值	第一产业	第二产业	第三产业
2	2015	7995.9	1224.51	3440.47	3330.92
3	2016	8808.09	1319.21	3786.52	3702.36
4	2017	10007.3	1377.11	4446.74	4183.42
5	2018	9860.94	1430.44	3693.07	4737.43
6	2019	10305.1	1601.37	3068.38	5635.35

图 98－1

（2）使用公式 F2 = C2/$B$2，计算 2015 年广西北部湾经济区（6市）第一产业产值的占比情况，见图 98－2。

（3）同理可计算 2015～2019 年广西北部湾经济区（6市）第一产业产值的占比，见图 98－3。

	A	B	C	D	E	F
1	年份	地区生产总值	第一产业	第二产业	第三产业	第一产业占比
2	2015	7995.9	1224.51	3440.47	3330.92	=C2/$B$2

图 98 - 2

	A	B	C	D	E	F
1	年份	地区生产总值	第一产业	第二产业	第三产业	第一产业占比
2	2015	7995.9	1224.51	3440.47	3330.92	0.15314
3	2016	8808.09	1319.21	3786.52	3702.36	0.14977
4	2017	10007.3	1377.11	4446.74	4183.42	0.13761
5	2018	9860.94	1430.44	3693.07	4737.43	0.14506
6	2019	10305.1	1601.37	3068.38	5635.35	0.1554

图 98 - 3

（4）使用公式 G2 = D2/$B$2，计算 2015 年广西北部湾经济区（6 市）第二产业产值的占比情况，见图 98 - 4。

	A	B	C	D	E	F	G
1	年份	地区生产总值	第一产业	第二产业	第三产业	第一产业占比	第二产业占比
2	2015	7995.9	1224.51	3440.47	3330.92	0.15314	=D2/$B$2

图 98 - 4

（5）同理可计算 2015 ~ 2019 年广西北部湾经济区（6 市）第二产业产值的占比，见图 98 - 5。

	A	B	C	D	E	F	G	H
1	年份	地区生产总值	第一产业	第二产业	第三产业	第一产业占比	第二产业占比	第三产业占比
2	2015	7995.9	1224.51	3440.47	3330.92	0.15314	0.43028	0.41658
3	2016	8808.09	1319.21	3786.52	3702.36	0.14977	0.42989	0.42034
4	2017	10007.3	1377.11	4446.74	4183.42	0.13761	0.44435	0.41804
5	2018	9860.94	1430.44	3693.07	4737.43	0.14506	0.37452	0.48042
6	2019	10305.1	1601.37	3068.38	5635.35	0.1554	0.29775	0.54685

图 98 - 5

（6）使用公式 H2 = E2/$B$2，计算 2015 年广西北部湾经济区（6 市）第三产业产值的占比情况，见图 98 - 6。

	A	B	C	D	E	F	G	H
1	年份	地区生产总值	第一产业	第二产业	第三产业	第一产业占比	第二产业占比	第三产业占比
2	2015	7995.9	1224.51	3440.47	3330.92	0.15314	0.43028	=E2/$B$2

图 98 - 6

（7）同理可计算 2015 ~ 2019 年北部湾经济区（6 市）第三产业产值的占比，见图 98 - 7。

	A	B	C	D	E	F	G	H
1	年份	地区生产总值	第一产业	第二产业	第三产业	第一产业占比	第二产业占比	第三产业占比
2	2015	7995.9	1224.51	3440.47	3330.92	0.15314	0.43028	0.41658
3	2016	8808.09	1319.21	3786.52	3702.36	0.14977	0.42989	0.42034
4	2017	10007.3	1377.11	4446.74	4183.42	0.13761	0.44435	0.41804
5	2018	9860.94	1430.44	3693.07	4737.43	0.14506	0.37452	0.48042
6	2019	10305.1	1601.37	3068.38	5635.35	0.1554	0.29775	0.54685

图 98 - 7

（8）使用公式 $I2 = POWER(F2, 2)$，计算 2015 年广西北部湾经济区（6 市）第一产业产值占比的平方，见图 98 - 8。

	F	G	H	I	J	K
1	第一产业占比	第二产业占比	第三产业占比	第一产业占比的平方	第二产业占比的平方	第三产业占比的平方
2	0.15314	0.43028	0.41658	=POWER(F2,2)		0.17354
3	0.14977	0.42989	0.42034			0.17668
4	0.13761	0.44435	0.41804	POWER(number, **power**)		
5	0.14506	0.37452	0.48042			

图 98 - 8

（9）同理可计算 2015 ~ 2019 年广西北部湾经济区（6 市）第一产业产值占比的平方，见图 98 - 9。

	A	B	C	D	E	F	G	H	I
1	年份	地区生产总值	第一产业	第二产业	第三产业	第一产业占比	第二产业占比	第三产业占比	第一产业占比的平方
2	2015	7995.9	1224.51	3440.47	3330.92	0.15314	0.43028	0.41658	0.02345
3	2016	8808.09	1319.21	3786.52	3702.36	0.14977	0.42989	0.42034	0.02243
4	2017	10007.3	1377.11	4446.74	4183.42	0.13761	0.44435	0.41804	0.01894
5	2018	9860.94	1430.44	3693.07	4737.43	0.14506	0.37452	0.48042	0.02104
6	2019	10305.1	1601.37	3068.38	5635.35	0.1554	0.29775	0.54685	0.02415

图 98 - 9

（10）使用公式 J2 = POWER(G2, 2)，计算 2015 年广西北部湾经济区（6 市）第二产业产值占比的平方，见图 98 − 10。

图 98 − 10

（11）同理可计算 2015 ~ 2019 年广西北部湾经济区（6 市）第二产业产值占比的平方，见图 98 − 11。

	A	B	C	D	E	F	G	H	I	J
1	年份	地区生产总值	第一产业	第二产业	第三产业	第一产业占比	第二产业占比	第三产业占比	第一产业占比的平方	第二产业占比的平方
2	2015	7995.9	1224.51	3440.47	3330.92	0.15314	0.43028	0.41658	0.02345	0.18514
3	2016	8808.09	1319.21	3786.52	3702.36	0.14977	0.42989	0.42034	0.02243	0.18481
4	2017	10007.3	1377.11	4446.74	4183.42	0.13761	0.44435	0.41804	0.01894	0.19745
5	2018	9860.94	1430.44	3693.07	4737.43	0.14506	0.37452	0.48042	0.02104	0.14026
6	2019	10305.1	1601.37	3068.38	5635.35	0.1554	0.29775	0.54685	0.02415	0.08866

图 98 − 11

（12）使用公式 K2 = POWER(H2, 2)，计算 2015 年广西北部湾经济区（6 市）第三产业产值占比的平方，见图 98 − 12。

图 98 − 12

（13）计算 2015 ~ 2019 年广西北部湾经济区（6 市）第三产业产值占比的平方，见图 98 − 13。

（14）使用公式 L2 = 1/SUM(I2: K2)，计算 2015 年广西北部湾经济区（6 市）的多样化指数，见图 98 − 14。

（15）同理可计算 2015 ~ 2019 年北部湾经济区（6 市）的多样化指数，见图 98 − 15。

	A	B	C	D	E	F	G	H	I	J	K
1	年份	地区生产总值	第一产业	第二产业	第三产业	第一产业占比	第二产业占比	第三产业占比	第一产业占比的平方	第二产业占比的平方	第三产业占比的平方
2	2015	7995.9	1224.51	3440.47	3330.92	0.15314	0.43028	0.41658	0.02345	0.18514	0.17354
3	2016	8808.09	1319.21	3786.52	3702.36	0.14977	0.42989	0.42034	0.02243	0.18481	0.17668
4	2017	10007.3	1377.11	4446.74	4183.42	0.13761	0.44435	0.41804	0.01894	0.19745	0.17476
5	2018	9860.94	1430.44	3693.07	4737.43	0.14506	0.37452	0.48042	0.02104	0.14026	0.23081
6	2019	10305.1	1601.37	3068.38	5635.35	0.1554	0.29775	0.54685	0.02415	0.08866	0.29905

图 98－13

	I	J	K	L	M	N	O
1	第一产业占比的平方	第二产业占比的平方	第三产业占比的平方	多样化指数			
2	0.02345	0.18514	0.17354	=1/SUM(I2:K2)			
3	0.02243	0.18481	0.17668				
4	0.01894	0.19745	0.17476	2. SUM(**number1**, [number2], ...)			

图 98－14

	A	B	C	D	E	F	G	H	I	J	K	L
1	年份	地区生产总值	第一产业	第二产业	第三产业	第一产业占比	第二产业占比	第三产业占比	第一产业占比的平方	第二产业占比的平方	第三产业占比的平方	多样化指数
2	2015	7995.9	1224.51	3440.47	3330.92	0.15314	0.43028	0.41658	0.02345	0.18514	0.17354	2.61691
3	2016	8808.09	1319.21	3786.52	3702.36	0.14977	0.42989	0.42034	0.02243	0.18481	0.17668	2.6047
4	2017	10007.3	1377.11	4446.74	4183.42	0.13761	0.44435	0.41804	0.01894	0.19745	0.17476	2.55663
5	2018	9860.94	1430.44	3693.07	4737.43	0.14506	0.37452	0.48042	0.02104	0.14026	0.23081	2.5503
6	2019	10305.1	1601.37	3068.38	5635.35	0.1554	0.29775	0.54685	0.02415	0.08866	0.29905	2.42806

图 98－15

4. 结论

通过对"多样化指数"进行计算，获得计算结果，分析北部湾城市群2015～2019年第一、第二、第三产业的产值变化，导致的产业结构多样性的变化。由图95－15可知，第三产业在经济中所占的比重逐年增大，表明该城市群第三产业发展较为单一；第二产业所占的比重逐年减少，多样化指数逐年减小，表明该城市群第二产业的发展较为均衡。

099 产业集聚指数公式

一、通式

1. 应用价值

通过运用"产业集聚指数公式"，衡量同一产业在某个特定区域内集聚程度，分析产业资本要素在空间范围内不断汇聚过程。对丰富所研究区域的某行业区域内分布程度的科学认识有着重要的应用价值。

2. 数据说明

（1）所需数据：选取一定时间段所研究区域相关产业部门从业人数的数据。

（2）数据获取途径：所研究区域相关年份的《中国统计年鉴》《中国城市统计年鉴》。

3. 模型详解

$$\theta_{ij} = \frac{\sum\limits_{i=1}^{m} \sqrt{\left| L_{ij} - \overline{L_j} \right|}}{Z \sum\limits_{i=1}^{m} L_{ij}} \times \frac{mk}{m}$$

其中，θ 指数为产业集聚指数；区域内有 m 个地区；L_{ij} 为 i 地区 j 产业的从业人数；$\overline{L_j}$ 为区域内 j 产业的平均从业人数；k 为 j 产业中大于平均从业人员的地区个数。

4. 相关结论

读者通过将"产业集聚指数"的计算结果进行等级划分，该指数取值范围在（0，1）。产业集聚指数越大，表示产业集聚水平越高；反之，产业集聚指数越小，表示产业集聚水平越低。并以此结合实际研究目标进行进一步分析。

二、算例

1. 应用价值

在此，选取 2014 年北部湾城市群中南宁市、北海市等 11 个城市的第一产业（农、林、牧、渔业）从业人数、第二产业从业人数、第三产业从业人数数据作为例子计算产业集聚指数。

2. 数据说明

（1）所需数据：选取 2014 年北部湾城市群中南宁市、北海市等 11 个城市的第一产业（农、林、牧、渔业）从业人数、第二产业从业人数、第三产业从业人数数据。

（2）数据获取途径：2015 年中国城市统计年鉴。

3. 在 Excel 表中的具体步骤

（1）在 Sheet1 表中，录入二维原始数据，即录入 2014 年北部湾城市群中南宁市、北海市等 11 个城市的第一产业（农、林、牧、渔业）从业人数、第二产业从业人数、第三产业从业人数数据，见图 99 – 1。

	A	B	C	D
1	城市	第一产业（农、林、牧、渔业）（人）	第二产业（人）	第三产业（人）
2	南宁市	12551	395559	551404
3	北海市	5387	57950	83502
4	防城港市	11925	32401	64076
5	钦州市	3011	91371	113930
6	玉林市	7260	143262	195123
7	崇左市	13365	33667	89918
8	湛江市	17534	189967	302803
9	茂名市	7915	202178	246527
10	阳江市	4037	111170	121045
11	海口市	53142	94690	343788
12	儋州市	239405	44545	119049

图 99 – 1

（2）使用公式 B13 = COUNTA(A2: A12)，计算北部湾城市群中所选取的城市数量，见图 99 - 2。

	A	B	C	D
1	城市	第一产业（农、林、牧、渔业）（人）	第二产业（人）	第三产业（人）
2	南宁市	12551	395559	551404
3	北海市	5387	57950	83502
4	防城港市	11925	32401	64076
5	钦州市	3011	91371	113930
6	玉林市	7260	143262	195123
7	崇左市	13365	33667	89918
8	湛江市	17534	189967	302803
9	茂名市	7915	202178	246527
10	阳江市	4037	111170	121045
11	海口市	53142	94690	343788
12	儋州市	239405	44545	119049
13	m	=COUNTA(A2:A12)		
14	总量	COUNTA(**value1**, [value2], ...)		5
15	平均值	34139.273	126978.2	202833.2

图 99 - 2

（3）使用公式 B14 = SUM(B2: B12)，计算北部湾城市群中第一产业（农、林、牧、渔业）从业人数总量，见图 99 - 3。

	A	B	C	D
1	城市	第一产业（农、林、牧、渔业）（人）	第二产业（人）	第三产业（人）
2	南宁市	12551	395559	551404
3	北海市	5387	57950	83502
4	防城港市	11925	32401	64076
5	钦州市	3011	91371	113930
6	玉林市	7260	143262	195123
7	崇左市	13365	33667	89918
8	湛江市	17534	189967	302803
9	茂名市	7915	202178	246527
10	阳江市	4037	111170	121045
11	海口市	53142	94690	343788
12	儋州市	239405	44545	119049
13	m	11		
14	总量	=SUM(B2:B12)		2231165
15	平均值	SUM(**number1**, [number2], ...)		
16	k	2	4	4

图 99 - 3

（4）同理可计算北部湾城市群第二、第三产业从业人数总量，见图 99 - 4。

	A	B	C	D
1	城市	第一产业 (农、林、 牧、渔业) (人)	第二产业 (人)	第三产业 (人)
2	南宁市	12551	395559	551404
3	北海市	5387	57950	83502
4	防城港市	11925	32401	64076
5	钦州市	3011	91371	113930
6	玉林市	7260	143262	195123
7	崇左市	13365	33667	89918
8	湛江市	17534	189967	302803
9	茂名市	7915	202178	246527
10	阳江市	4037	111170	121045
11	海口市	53142	94690	343788
12	儋州市	239405	44545	119049
13	m	11		
14	总量	375532	1396760	2231165

图 99 – 4

（5）使用公式 B15 = AVERAGE(B2: B12)，计算北部湾城市群第一产业（农、林、牧、渔业）从业人数总量的均值，见图 99 – 5。

	A	B	C	D	E
1	城市	第一产业 (农、林、 牧、渔业) (人)	第二产业 (人)	第三产业 (人)	第一产业 中间项 (L_{ij}-均 值)
2	南宁市	12551	395559	551404	21588.3
3	北海市	5387	57950	83502	28752.3
4	防城港市	11925	32401	64076	22214.3
5	钦州市	3011	91371	113930	31128.3
6	玉林市	7260	143262	195123	26879.3
7	崇左市	13365	33667	89918	20774.3
8	湛江市	17534	189967	302803	16605.3
9	茂名市	7915	202178	246527	26224.3
10	阳江市	4037	111170	121045	30102.3
11	海口市	53142	94690	343788	19002.7
12	儋州市	239405	44545	119049	205266
13	m	11			
14	总量	375532	1396760	2231165	
15	平均值	=AVERAGE(B2:B12)		202833	
16	k			4	
		AVERAGE(**number1**, [number2], ...)			

图 99 – 5

（6）同理可计算北部湾城市群第二、第三产业从业人数总量的均值，见图 99 – 6。

	A	B	C	D
1	城市	第一产业(农、林、牧、渔业)(人)	第二产业(人)	第三产业(人)
2	南宁市	12551	395559	551404
3	北海市	5387	57950	83502
4	防城港市	11925	32401	64076
5	钦州市	3011	91371	113930
6	玉林市	7260	143262	195123
7	崇左市	13365	33667	89918
8	湛江市	17534	189967	302803
9	茂名市	7915	202178	246527
10	阳江市	4037	111170	121045
11	海口市	53142	94690	343788
12	儋州市	239405	44545	119049
13	m	11		
14	总量	375532	1396760	2231165
15	平均值	34139.273	126978	202833

图 99 – 6

（7）使用公式 E2 = ABS(B2 − B\$15)，计算北部湾城市群中南宁市第一产业中间项（L_{ij} − 均值），见图 99 – 7。

	A	B	C	D	E	F
1	城市	第一产业(农、林、牧、渔业)(人)	第二产业(人)	第三产业(人)	第一产业中间项(L_{ij}-均值)	第二产业中间项(L_{ij}-均值)
2	南宁市	12551	395559	551404	=ABS(B2-B\$15)	
3	北海市	5387	57950	83502		
4	防城港市	11925	32401	64076	ABS(**number**)	
5	钦州市	3011	91371	113930	31128.3	35607.2
6	玉林市	7260	143262	195123	26879.3	16283.8
7	崇左市	13365	33667	89918	20774.3	93311.2
8	湛江市	17534	189967	302803	16605.3	62988.8
9	茂名市	7915	202178	246527	26224.3	75199.8
10	阳江市	4037	111170	121045	30102.3	15808.2
11	海口市	53142	94690	343788	19002.7	32288.2
12	儋州市	239405	44545	119049	205266	82433.2
13	m	11				
14	总量	375532	1396760	2231165		
15	平均值	34139.273	126978	202833		

图 99 – 7

（8）同理可计算北部湾城市群中北海市、防城港市等城市第一产业中间项（L_{ij} − 均值），见图 99 – 8。

	A	B	C	D	E
1	城市	第一产业 (农、林、 牧、渔业) (人)	第二产业 (人)	第三产业 (人)	第一产业 中间项 (L_{ij}-均 值)
2	南宁市	12551	395559	551404	21588.3
3	北海市	5387	57950	83502	28752.3
4	防城港市	11925	32401	64076	22214.3
5	钦州市	3011	91371	113930	31128.3
6	玉林市	7260	143262	195123	26879.3
7	崇左市	13365	33667	89918	20774.3
8	湛江市	17534	189967	302803	16605.3
9	茂名市	7915	202178	246527	26224.3
10	阳江市	4037	111170	121045	30102.3
11	海口市	53142	94690	343788	19002.7
12	儋州市	239405	44545	119049	205266

图 99 – 8

（9）使用公式 F2 = ABS(C2 – C\$15)，计算北部湾城市群中南宁市第二产业中间项（L_{ij} – 均值），见图 99 – 9。

	C	D	E	F	G
1	第二产业 (人)	第三产业 (人)	第一产业 中间项 (L_{ij}-均 值)	第二产业 中间项 (L_{ij}-均 值)	第三产业 中间项 (L_{ij}-均 值)
2	395559	551404	21588.3	=ABS(C2-C\$15)	
3	57950	83502	28752.3		
4	32401	64076	22214.3	ABS(**number**)	
5	91371	113930	31128.3	35007.2	88903.2
6	143262	195123	26879.3	16283.8	7710.18
7	33667	89918	20774.3	93311.2	112915
8	189967	302803	16605.3	62988.8	99969.8
9	202178	246527	26224.3	75199.8	43693.8
10	111170	121045	30102.3	15808.2	81788.2
11	94690	343788	19002.7	32288.2	140955
12	44545	119049	205266	82433.2	83784.2
13					
14	1396760	2231165			
15	126978	202833			

图 99 – 9

（10）同理可计算北部湾城市群中北海市、防城港市等城市第二产业中间项（L_{ij} – 均值），见图 99 – 10。

（11）使用公式 G2 = ABS(D2 – D\$15)，计算北部湾城市群中南宁市第三产业中间项（L_{ij} – 均值），见图 99 – 11。

（12）同理可计算北部湾城市群中北海市、防城港市等城市第三产业中间项（L_{ij} – 均值），见图 99 – 12。

	A	B	C	D	E	F
1	城市	第一产业（农、林、牧、渔业）（人）	第二产业（人）	第三产业（人）	第一产业中间项（L_{ij}-均值）	第二产业中间项（L_{ij}-均值）
2	南宁市	12551	395559	551404	21588.3	268581
3	北海市	5387	57950	83502	28752.3	69028.2
4	防城港市	11925	32401	64076	22214.3	94577.2
5	钦州市	3011	91371	113930	31128.3	35607.2
6	玉林市	7260	143262	195123	26879.3	16283.8
7	崇左市	13365	33667	89918	20774.3	93311.2
8	湛江市	17534	189967	302803	16605.3	62988.8
9	茂名市	7915	202178	246527	26224.3	75199.8
10	阳江市	4037	111170	121045	30102.3	15808.2
11	海口市	53142	94690	343788	19002.7	32288.2
12	儋州市	239405	44545	119049	205266	82433.2

图 99 – 10

	D	E	F	G	H
1	第三产业（人）	第一产业中间项（L_{ij}-均值）	第二产业中间项（L_{ij}-均值）	第三产业中间项（L_{ij}-均值）	第一产业中间项（L_{ij}-均值开根号）
2	551404	21588.3	268581	=ABS(D2-D$15)	
3	83502	28752.3	69028.2		
4	64076	22214.3	94577.2	**ABS**(number)	
5	113930	31128.3	35607.2	88903.2	170.452
6	195123	26879.3	16283.8	7710.18	163.94
7	89918	20774.3	93311.2	112915	144.132
8	302803	16605.3	62988.8	99969.8	128.861
9	246527	26224.3	75199.8	43693.8	161.939
10	121045	30102.3	15808.2	81788.2	173.500
11	343788	19002.7	32288.2	140955	137.850
12	119049	205266	82433.2	83784.2	453.062
13					
14	2231165				
15	202833				

图 99 – 11

	A	B	C	D	E	F	G
1	城市	第一产业（农、林、牧、渔业）（人）	第二产业（人）	第三产业（人）	第一产业中间项（L_{ij}-均值）	第二产业中间项（L_{ij}-均值）	第三产业中间项（L_{ij}-均值）
2	南宁市	12551	395559	551404	21588.3	268581	348571
3	北海市	5387	57950	83502	28752.3	69028.2	119331
4	防城港市	11925	32401	64076	22214.3	94577.2	138757
5	钦州市	3011	91371	113930	31128.3	35607.2	88903.2
6	玉林市	7260	143262	195123	26879.3	16283.8	7710.18
7	崇左市	13365	33667	89918	20774.3	93311.2	112915
8	湛江市	17534	189967	302803	16605.3	62988.8	99969.8
9	茂名市	7915	202178	246527	26224.3	75199.8	43693.8
10	阳江市	4037	111170	121045	30102.3	15808.2	81788.2
11	海口市	53142	94690	343788	19002.7	32288.2	140955
12	儋州市	239405	44545	119049	205266	82433.2	83784.2

图 99 – 12

（13）使用公式 H2 = POWER(E2, 0.5)，计算北部湾城市群中南宁市第一产业中间项（Lij – 均值开根号），见图99 – 13。

	E	F	G	H	I	J
	第一产业中间项（L_{ij}-均值）	第二产业中间项（L_{ij}-均值）	第三产业中间项（L_{ij}-均值）	第一产业中间项（L_{ij}-均值开根号）	第二产业中间项（L_{ij}-均值开根号）	第三产业中间项（L_{ij}-均值开根号）
2	21588.3	268581	348571	=POWER(E2,0.5)	590.398	
3	28752.3	69028.2	119331		345.443	
4	22214.3	94577.2	138757	**POWER**(number, power)		

图 99 – 13

（14）同理可计算北部湾城市群中北海市、防城港市等城市第一产业中间项（L_{ij} – 均值开根号），见图99 – 14。

	A	B	C	D	E	F	G	H
1	城市	第一产业（农、林、牧、渔业）（人）	第二产业（人）	第三产业（人）	第一产业中间项（L_{ij}-均值）	第二产业中间项（L_{ij}-均值）	第三产业中间项（L_{ij}-均值）	第一产业中间项（L_{ij}-均值开根号）
2	南宁市	12551	395559	551404	21588.3	268581	348571	146.9295
3	北海市	5387	57950	83502	28752.3	69028.2	119331	169.565
4	防城港市	11925	32401	64076	22214.3	94577.2	138757	149.0445
5	钦州市	3011	91371	113930	31128.3	35607.2	88903.2	176.4321
6	玉林市	7260	143262	195123	26879.3	16283.8	7710.18	163.949
7	崇左市	13365	33667	89918	20774.3	93311.2	112915	144.1328
8	湛江市	17534	189967	302803	16605.3	62988.8	99969.8	128.8614
9	茂名市	7915	202178	246527	26224.3	75199.8	43693.8	161.9391
10	阳江市	4037	111170	121045	30102.3	15808.2	81788.2	173.5001
11	海口市	53142	94690	343788	19002.7	32288.2	140955	137.8504
12	儋州市	239405	44545	119049	205266	82433.2	83784.2	453.0626

图 99 – 14

（15）使用公式 I2 = POWER(F2, 0.5)，计算北部湾城市群中南宁市第二产业中间项（L_{ij} – 均值开根号），见图99 – 15。

	F	G	H	I	J	K
1	第二产业中间项（L_{ij}-均值）	第三产业中间项（L_{ij}-均值）	第一产业中间项（L_{ij}-均值开根号）	第二产业中间项（L_{ij}-均值开根号）	第三产业中间项（L_{ij}-均值开根号）	
2	268581	348571	146.9295	=POWER(F2,0.5)		
3	69028.2	119331	169.565			
4	94577.2	138757	149.0445	**POWER**(number, power)		
5	35607.2	88903.2	176.4321			

图 99 – 15

（16）同理可计算北部湾城市群中北海市、防城港市等城市第二产业中间项（L_{ij} – 均值开根号），见图 99 – 16。

	A	B	C	D	E	F	G	H	I
1	城市	第一产业（农、林、牧、渔业）（人）	第二产业（人）	第三产业（人）	第一产业中间项（L_{ij}-均值）	第二产业中间项（L_{ij}-均值）	第三产业中间项（L_{ij}-均值）	第一产业中间项（L_{ij}-均值开根号）	第二产业中间项（L_{ij}-均值开根号）
2	南宁市	12551	395559	551404	21588.3	268581	348571	146.9295	518.24783
3	北海市	5387	57950	83502	28752.3	69028.2	119331	169.565	262.73215
4	防城港市	11925	32401	64076	22214.3	94577.2	138757	149.0445	307.53403
5	钦州市	3011	91371	113930	31128.3	35607.2	88903.2	176.4321	188.69865
6	玉林市	7260	143262	195123	26879.3	16283.8	7710.18	163.949	127.60806
7	崇左市	13365	33667	89918	20774.3	93311.2	112915	144.1328	305.46879
8	湛江市	17534	189967	302803	16605.3	62988.8	99969.8	128.8614	250.97573
9	茂名市	7915	202178	246527	26224.3	75199.8	43693.8	161.9391	274.22585
10	阳江市	4037	111170	121045	30102.3	15808.2	81788.2	173.5001	125.73059
11	海口市	53142	94690	343788	19002.7	32288.2	140955	137.8504	179.68913
12	儋州市	239405	44545	119049	205266	82433.2	83784.2	453.0626	287.11179

图 99 – 16

（17）使用公式 J2 = POWER(G2, 0.5)，计算北部湾城市群中南宁市第三产业中间项（L_{ij} – 均值开根号），见图 99 – 17。

	G	H	I	J	K	L
1	第三产业中间项（L_{ij}-均值）	第一产业中间项（L_{ij}-均值开根号）	第二产业中间项（L_{ij}-均值开根号）	第三产业中间项（L_{ij}-均值开根号）		
2	348571	146.9295	518.24783	=POWER(G2,0.5)		
3	119331	169.565	262.73215			
4	138757	149.0445	307.53403	**POWER**(number, power)		
5	88903.2	176.4321	188.69865			

图 99 – 17

（18）同理可计算北部湾城市群中北海市、防城港市等城市第三产业中间项（L_{ij} – 均值开根号），见图 99 – 18。

（19）在 Sheet2 表中，把 Sheet1 表中北部湾城市群中各城市及其第一产业的数据粘贴到 Sheet2 表，见图 99 – 19。

（20）对"第一产业"内的数据"框选"，单击右键选择"筛选"这个选项中的"按所选单元格的值筛选"，点击后出现"数据筛选"，选中"大于或等于"，对应的"平均值"数值"34139.27"，见图 99 – 20。

	城市	第一产业(农、林、牧、渔业)(人)	第二产业(人)	第三产业(人)	第一产业中间项(L$_{ij}$-均值)	第二产业中间项(L$_{ij}$-均值)	第三产业中间项(L$_{ij}$-均值)	第一产业中间项(L$_{ij}$-均值开根号)	第二产业中间项(L$_{ij}$-均值开根号)	第三产业中间项(L$_{ij}$-均值开根号)
	A	B	C	D	E	F	G	H	I	J
2	南宁市	12551	395559	551404	21588.3	268581	348571	146.9295	518.24783	590.39886
3	北海市	5387	57950	83502	28752.3	69028.2	119331	169.565	262.73215	345.44346
4	防城港市	11925	32401	64076	22214.3	94577.2	138757	149.0445	307.53403	372.50125
5	钦州市	3011	91371	113930	31128.3	35607.2	88903.2	176.4321	188.69865	298.16637
6	玉林市	7260	143262	195123	26879.3	16283.8	7710.18	163.949	127.60806	87.807641
7	崇左市	13365	33667	89918	20774.3	93311.2	112915	144.1328	305.46879	336.02854
8	湛江市	17534	189967	302803	16605.3	62988.8	99969.8	128.8614	250.97573	316.18004
9	茂名市	7915	202178	246527	26224.3	75199.8	43693.8	161.9391	274.22585	209.03066
10	阳江市	4037	111170	121045	30102.3	15808.2	81788.2	173.5001	125.73059	285.98633
11	海口市	53142	94690	343788	19002.7	32288.2	140955	137.8504	179.68913	375.4395
12	儋州市	239405	44545	119049	205266	82433.2	83784.2	453.0626	287.11179	289.45497

图 99-18

	A	B
1	城市	第一产业(农、林、牧、渔业)(人)
2	南宁市	12551
3	北海市	5387
4	防城港市	11925
5	钦州市	3011
6	玉林市	7260
7	崇左市	13365
8	湛江市	17534
9	茂名市	7915
10	阳江市	4037
11	海口市	53142
12	儋州市	239405

图 99-19

	A	B
1	城市	第一产业(农、林、牧、渔业)(人)
11	海口市	53142
12	儋州市	239405

图 99-20

（21）在 Sheet3 表中，把 Sheet1 表中北部湾城市群中各城市及其第二产业的数据粘贴到 Sheet3 表，见图 99-21。

	A	B
1	城市	第二产业（人）
2	南宁市	395559
3	北海市	57950
4	防城港市	32401
5	钦州市	91371
6	玉林市	143262
7	崇左市	33667
8	湛江市	189967
9	茂名市	202178
10	阳江市	111170
11	海口市	94690
12	儋州市	44545

图 99 – 21

（22）对"第二产业"内的数据"框选"，单击右键选择"筛选"这个选项中的"按所选单元格的值筛选"，点击后出现"数据筛选"，选中"大于或等于"，对应的"平均值"数值"126978.18"，见图 99 – 22。

	A	B
1	城市	第二产业（人）
2	南宁市	395559
6	玉林市	143262
8	湛江市	189967
9	茂名市	202178

图 99 – 22

（23）在 Sheet4 表中，把 Sheet1 表中北部湾城市群中各城市及其第三产业的数据粘贴到 Sheet4 表，见图 99 – 23。

	A	B
1	城市	第三产业（人）
2	南宁市	551404
3	北海市	83502
4	防城港市	64076
5	钦州市	113930
6	玉林市	195123
7	崇左市	89918
8	湛江市	302803
9	茂名市	246527
10	阳江市	121045
11	海口市	343788
12	儋州市	119049

图 99 – 23

（24）对"第三产业"内的数据"框选"，单击右键选择"筛选"这个选项中的"按所选单元格的值筛选"，点击后出现"数据筛选"，选中"大于或等于"，对应的"平均值"数值"202833.18"，见图 99-24。

	A	B
1	城市	第三产业（人）🔽
2	南宁市	551404
8	湛江市	302803
9	茂名市	246527
11	海口市	343788

图 99-24

（25）在 Sheet1 表中，将（20）、（22）和（24）中对应的数据在"Sheet1 表"中分别标注颜色，见图 99-25。

	A	B	C	D
1	城市	第一产业（农、林、牧、渔业）（人）	第二产业（人）	第三产业（人）
2	南宁市	12551	395559	551404
3	北海市	5387	57950	83502
4	防城港市	11925	32401	64076
5	钦州市	3011	91371	113930
6	玉林市	7260	143262	195123
7	崇左市	13365	33667	89918
8	湛江市	17534	189967	302803
9	茂名市	7915	202178	246527
10	阳江市	4037	111170	121045
11	海口市	53142	94690	343788
12	儋州市	239405	44545	119049
13	m	11		
14	总量	375532	1396760	2231165
15	平均值	34139.273	126978	202833

图 99-25

（26）由标注后的上图可知第一产业、第二产业、第三产业的 k 值，见图 99-26。

（27）使用公式 $B17 = SUM(H2:H12)/(2 * B14 * ((\$B\$13 - B16)/\$B\$13))$，计算北部湾城市群中第一产业的产业集聚指数，见图 99-27。

（28）同理可计算北部湾城市群中第二产业、第三产业的产业集聚指数，见图 99-28。

	A	B	C	D
1	城市	第一产业（农、林、牧、渔业)（人）	第二产业（人）	第三产业（人）
2	南宁市	12551	395559	551404
3	北海市	5387	57950	83502
4	防城港市	11925	32401	64076
5	钦州市	3011	91371	113930
6	玉林市	7260	143262	195123
7	崇左市	13365	33667	89918
8	湛江市	17534	189967	302803
9	茂名市	7915	202178	246527
10	阳江市	4037	111170	121045
11	海口市	53142	94690	343788
12	儋州市	239405	44545	119049
13	m	11		
14	总量	375532	1396760	2231165
15	平均值	34139.273	126978	202833
16	k	2	4	4

图 99－26

	A	B	C	D	E	F	G	H
1	城市	第一产业（农、林、牧、渔业)（人）	第二产业（人）	第三产业（人）	第一产业中间项（L_{ij}-均值）	第二产业中间项（L_{ij}-均值）	第三产业中间项（L_{ij}-均值）	第一产业中间项（L_{ij}-均值开根号）
2	南宁市	12551	395559	551404	21588.3	268581	348571	146.9295
3	北海市	5387	57950	83502	28752.3	69028.2	119331	169.565
4	防城港市	11925	32401	64076	22214.3	94577.2	138757	149.0445
5	钦州市	3011	91371	113930	31128.3	35607.2	88903.2	176.4321
6	玉林市	7260	143262	195123	26879.3	16283.8	7710.18	163.949
7	崇左市	13365	33667	89918	20774.3	93311.2	112915	144.1328
8	湛江市	17534	189967	302803	16605.3	62988.8	99969.8	128.8614
9	茂名市	7915	202178	246527	26224.3	75199.8	43693.8	161.9391
10	阳江市	4037	111170	121045	30102.3	15808.2	81788.2	173.5001
11	海口市	53142	94690	343788	19002.7	32288.2	140955	137.8504
12	儋州市	239405	44545	119049	205266	82433.2	83784.2	453.0626
13	m	11						
14	总量	375532	1396760	2231165				
15	平均值	34139.273	126978	202833				
16	k	2	4	4				
17	产业集聚指数	=SUM(H2:H12)/(2*B14*(($B$13-B16)/$B$13))						
18		SUM(**number1**, [number2], …)						

图 99－27

◢	A	B	C	D	E	F	G	H	I	J
1	城市	第一产业(农、林、牧、渔业)(人)	第二产业(人)	第三产业(人)	第一产业中间项(L_{ij}-均值)	第二产业中间项(L_{ij}-均值)	第三产业中间项(L_{ij}-均值)	第一产业中间项(L_{ij}-均值开根号)	第二产业中间项(L_{ij}-均值开根号)	第三产业中间项(L_{ij}-均值开根号)
2	南宁市	12551	395559	551404	21588.3	268581	348571	146.9295	518.24783	590.39886
3	北海市	5387	57950	83502	28752.3	69028.2	119331	169.565	262.73215	345.44346
4	防城港市	11925	32401	64076	22214.3	94577.2	138757	149.0445	307.53403	372.50125
5	钦州市	3011	91371	113930	31128.3	35607.2	88903.2	176.4321	188.69865	298.16637
6	玉林市	7260	143262	195123	26879.3	16283.8	7710.18	163.949	127.60806	87.807641
7	崇左市	13365	33667	89918	20774.3	93311.2	112915	144.1328	305.46879	336.02854
8	湛江市	17534	189967	302803	16605.3	62988.8	99969.8	128.8614	250.97573	316.18004
9	茂名市	7915	202178	246527	26224.3	75199.8	43693.8	161.9391	274.22585	209.03066
10	阳江市	4037	111170	121045	30102.3	15808.2	81788.2	173.5001	125.73059	285.98633
11	海口市	53142	94690	343788	19002.7	32288.2	140955	137.8504	179.68913	375.4395
12	儋州市	239405	44545	119049	205266	82433.2	83784.2	453.0626	287.11179	289.45497
13	m	11								
14	总量	375532	1396760	2231165						
15	平均值	34139.273	126978	202833						
16	k	2	4	4						
17	产业集聚指数	0.0032632	0.00159	0.00123						

图 99 – 28

4. 结论

通过对"产业集聚指数"进行计算，获得计算结果，北部湾城市群第一、第二、第三产业的产业集聚水平分别为 0.00326、0.00159 和 0.00123。第一产业的产业聚集水平相对其他两个产业来说更高一些，第三产业的集聚水平相对其他两个产业来说更低一些。

100 区位商公式

一、通式

1. 应用价值

区位商是指一个地区特定部门相关因素的产值在地区总产值中所占的比重与整个城市群内该部门该因素产值在城市群内总产值中所占比重之间的比值。区位商可以判断一个产业是否构成地区专业化部门。计算某一区域产业的区位商，可以找出该区域在城市群中具有一定地位的优势产业，并根据区位商的大小来衡量其专门化率。它对丰富所研究区域的区位优势的科学认识有着重要的应用价值。

2. 数据说明

（1）所需数据：可以选择交通运输仓储和邮电通信业、批发和零售业、金融业、房地产业、社会服务业、教育文化广播业、科学研究和技术服务业共 7 类行业中的城市从业人数进行城市间城市流强度分析。

（2）数据获取途径：所研究区域相关年份的统计年鉴。

3. 模型详解

$$L_{qij} = \frac{G_{ij}/G_i}{G_j/G}$$

其中，G_{ij} 为 i 城市 j 部门从业人数；G_i 为 i 城市总从业人数；G_j 为所在区域 j 部门的从业人数；G 为所在区域城市总从业人数。

4. 相关结论

读者可将"区位商"的计算结果进行等级划分，区位商大于1，城市群各城市某产业存在外向功能，可以认为该产业是地区的专业化部门；区位商越大，专业化水平越高；如果区位商小于或等于1，城市群各城市某产业不存在外向功能，则认为该产业是自给性部门，该区域整体的集聚和辐射能力比较弱，还处于发展的初期阶段。各城市内部区位商极差较大，说明城市内部各产业的分配存在差距。一般来讲，如果产业的区位商大于1.5，则该产业在当地就具有明显的比较优势。并以此结合实际研究目标进行进一步分析。

二、算例

1. 应用价值

在此，选取2015年北部湾城市群中南宁市、北海市等11个城市的第一产业（农、林、牧、渔业）就业人数、第二产业就业人数、第三产业就业人数数据作为例子计算区位商。

2. 数据说明

（1）所需数据：选取2015年北部湾城市群中南宁市、北海市等11个城市的第一产业（农、林、牧、渔业）从业人数、第二产业从业人数、第三产业从业人数数据。

（2）数据获取途径：2016年的中国城市统计年鉴。

3. 在 Excel 表中的具体步骤

（1）在 Sheet1 表中，录入二维原始数据，即录入2015年北部湾城市群中南宁市、北海市等11个城市的第一产业（农、林、牧、渔业）从业人数、第二产业从业人数、第三产业从业人数数据，见图100－1。

	A	B	C	D
1	城市	第一产业（农、林、牧、渔业）（人）	第二产业（人）	第三产业（人）
2	南宁市	11337	408954	554190
3	北海市	4827	56059	84450
4	防城港市	11632	29975	55687
5	钦州市	3019	96457	118302
6	玉林市	7075	136273	196026
7	崇左市	12744	31335	90925
8	湛江市	15394	197948	309823
9	茂名市	7958	203862	252820
10	阳江市	3862	114854	123753
11	海口市	45622	100946	367590
12	儋州市	237842	40680	125160

图 100－1

（2）使用公式 E2 = SUM(B2: D2)，计算北部湾城市群中南宁市总从业人员数，见图 100 - 2。

	A	B	C	D	E	F	G
1	城市	第一产业（农、林、牧、渔业）（人）	第二产业（人）	第三产业（人）	G_i	第一产业（农、林、牧、渔业）区位商	第二产业区位商
2	南宁市	11337	408954	554190	=SUM(B2:D2)		1.201357
3	北海市	4827	56059	84450	SUM(**number1**, [number2], ...)		4188
4	防城港市	11632	29975	55687	97294	1.34255393	0.88195

图 100 - 2

（3）同理可计算北部湾城市群中北海市、防城港市等城市的总从业人员数，见图 100 - 3。

	A	B	C	D	E
1	城市	第一产业（农、林、牧、渔业）（人）	第二产业（人）	第三产业（人）	G_i
2	南宁市	11337	408954	554190	974481
3	北海市	4827	56059	84450	145336
4	防城港市	11632	29975	55687	97294
5	钦州市	3019	96457	118302	217778
6	玉林市	7075	136273	196026	339374
7	崇左市	12744	31335	90925	135004
8	湛江市	15394	197948	309823	523165
9	茂名市	7958	203862	252820	464640
10	阳江市	3862	114854	123753	242469
11	海口市	45622	100946	367590	514158
12	儋州市	237842	40680	125160	403682

图 100 - 3

（4）使用公式 B13 = SUM(B2: B12)，计算北部湾城市群中第一产业（农、林、牧、渔业）从业人员总数，见图 100 - 4。

（5）同理可计算北部湾城市群中第二、第三产业从业人员总数，见图 100 - 5。

（6）使用公式 B14 = SUM(B2: D12)，计算北部湾城市群中总从业人员数，见图 100 - 6。

	A	B	C	D
1	城市	第一产业(农、林、牧、渔业)(人)	第二产业(人)	第三产业(人)
2	南宁市	11337	408954	554190
3	北海市	4827	56059	84450
4	防城港市	11632	29975	55687
5	钦州市	3019	96457	118302
6	玉林市	7075	136273	196026
7	崇左市	12744	31335	90925
8	湛江市	15394	197948	309823
9	茂名市	7958	203862	252820
10	阳江市	3862	114854	123753
11	海口市	45622	100946	367590
12	儋州市	237842	40680	125160
13	G_j	=SUM(B2:B12)	1417343	2278726
14	G	SUM(**number1**, [number2], ...)		
15				

图 100 – 4

	A	B	C	D
1	城市	第一产业(农、林、牧、渔业)(人)	第二产业(人)	第三产业(人)
2	南宁市	11337	408954	554190
3	北海市	4827	56059	84450
4	防城港市	11632	29975	55687
5	钦州市	3019	96457	118302
6	玉林市	7075	136273	196026
7	崇左市	12744	31335	90925
8	湛江市	15394	197948	309823
9	茂名市	7958	203862	252820
10	阳江市	3862	114854	123753
11	海口市	45622	100946	367590
12	儋州市	237842	40680	125160
13	G_j	361312	1417343	2278726

图 100 – 5

	A	B	C	D
1	城市	第一产业(农、林、牧、渔业)(人)	第二产业(人)	第三产业(人)
2	南宁市	11337	408954	554190
3	北海市	4827	56059	84450
4	防城港市	11632	29975	55687
5	钦州市	3019	96457	118302
6	玉林市	7075	136273	196026
7	崇左市	12744	31335	90925
8	湛江市	15394	197948	309823
9	茂名市	7958	203862	252820
10	阳江市	3862	114854	123753
11	海口市	45622	100946	367590
12	儋州市	237842	40680	125160
13	G_j	361312	1417343	2278726
14	G	=SUM(B2:D12)		
15		SUM(**number1**, [number2], ...)		
16				

图 100 – 6

（7）使用公式 F2 =（B2/$E2)/（B$13/$B$14），计算北部湾城市群中南宁市第一产业（农、林、牧、渔业）的区位商，见图100 – 7。

	A	B	C	D	E	F	G
1	城市	第一产业（农、林、牧、渔业）（人）	第二产业（人）	第三产业（人）	G_i	第一产业(农、林、牧、渔业)区位商	第二产业区位商
2	南宁市	11337	408954	554190	974481	=(B2/$E2)/(B$13/$B$14)	
3	北海市	4827	56059	84450	145336	0.372964504	1.104188
4	防城港市	11632	29975	55687	97294	1.34255393	0.88195
5	钦州市	3019	96457	118302	217778	0.15567272	1.267916
6	玉林市	7075	136273	196026	339374	0.23410532	1.149482
7	崇左市	12744	31335	90925	135004	1.06004068	0.664437
8	湛江市	15394	197948	309823	523165	0.330427516	1.083137
9	茂名市	7958	203862	252820	464640	0.192331645	1.256003
10	阳江市	3862	114854	123753	242469	0.178862565	1.356003
11	海口市	45622	100946	367590	514158	0.996416999	0.562035
12	儋州市	237842	40680	125160	403682	6.616260081	0.288478
13	G_j	361312	1417343	2278726			
14	G	4057381					

图100 – 7

（8）同理可计算北部湾城市群中北海市、防城港市等城市的第一产业（农、林、牧、渔业）区位商，见图100 – 8。

	A	B	C	D	E	F
1	城市	第一产业（农、林、牧、渔业）（人）	第二产业（人）	第三产业（人）	G_i	第一产业(农、林、牧、渔业)区位商
2	南宁市	11337	408954	554190	974481	0.130643611
3	北海市	4827	56059	84450	145336	0.372964504
4	防城港市	11632	29975	55687	97294	1.34255393
5	钦州市	3019	96457	118302	217778	0.15567272
6	玉林市	7075	136273	196026	339374	0.23410532
7	崇左市	12744	31335	90925	135004	1.06004068
8	湛江市	15394	197948	309823	523165	0.330427516
9	茂名市	7958	203862	252820	464640	0.192331645
10	阳江市	3862	114854	123753	242469	0.178862565
11	海口市	45622	100946	367590	514158	0.996416999
12	儋州市	237842	40680	125160	403682	6.616260081

图100 – 8

（9）使用公式 G2 =（C2/$E2)/（C$13/$B$14），计算北部湾城市群中南宁市第二产业（农、林、牧、渔业）的区位商，见图100 – 9。

	A	B	C	D	E	F	G	H	I
1	城市	第一产业（农、林、牧、渔业）（人）	第二产业（人）	第三产业（人）	G_i	第一产业(农、林、牧、渔业)区位商	第二产业区位商	第三产业区位商	
2	南宁市	11337	408954	554190	974481	0.130643611	=(C2/$E2)/(C$13/$B$14)	1.034618	
3	北海市	4827	56059	84450	145336	0.372964504	1.104188	1.034618	
4	防城港市	11632	29975	55687	97294	1.34255393	0.88195	1.019111	
5	钦州市	3019	96457	118302	217778	0.15567272	1.267916	0.967234	
6	玉林市	7075	136273	196026	339374	0.23410532	1.149482	1.028463	
7	崇左市	12744	31335	90925	135004	1.06004068	0.664437	1.199197	
8	湛江市	15394	197948	309823	523165	0.330427516	1.083137	1.054456	
9	茂名市	7958	203862	252820	464640	0.192331645	1.256003	0.968832	
10	阳江市	3862	114854	123753	242469	0.178862565	1.356003	0.908768	
11	海口市	45622	100946	367590	514158	0.996416999	0.562035	1.272978	
12	儋州市	237842	40680	125160	403682	6.616260081	0.288478	0.552052	
13	G_j	361312	1417343	2278726					
14	G	4057381							

图 100 – 9

（10）同理可计算北部湾城市群中北海市、防城港市等城市的第二产业（农、林、牧、渔业）区位商，见图 100 – 10。

	A	B	C	D	E	F	G
1	城市	第一产业(农、林、牧、渔业)（人）	第二产业（人）	第三产业（人）	G_i	第一产业(农、林、牧、渔业)区位商	第二产业区位商
2	南宁市	11337	408954	554190	974481	0.130643611	1.201357
3	北海市	4827	56059	84450	145336	0.372964504	1.104188
4	防城港市	11632	29975	55687	97294	1.34255393	0.88195
5	钦州市	3019	96457	118302	217778	0.15567272	1.267916
6	玉林市	7075	136273	196026	339374	0.23410532	1.149482
7	崇左市	12744	31335	90925	135004	1.06004068	0.664437
8	湛江市	15394	197948	309823	523165	0.330427516	1.083137
9	茂名市	7958	203862	252820	464640	0.192331645	1.256003
10	阳江市	3862	114854	123753	242469	0.178862565	1.356003
11	海口市	45622	100946	367590	514158	0.996416999	0.562035
12	儋州市	237842	40680	125160	403682	6.616260081	0.288478

图 100 – 10

（11）使用公式 H2 =（D2/$E2)/(D$13/$B14），计算北部湾城市群中南宁市第三产业（农、林、牧、渔业）的区位商，见图 100 – 11。

（12）同理可计算北部湾城市群中北海市、防城港市等城市的第三产业（农、林、牧、渔业）区位商，见图 100 – 12。

	A	B	C	D	E	F	G	H	I
1	城市	第一产业(农、林、牧、渔业)(人)	第二产业(人)	第三产业(人)	G_i	第一产业(农、林、牧、渔业)区位商	第二产业区位商	第三产业区位商	
2	南宁市	11337	408954	554190	974481	0.130643611	1.20136	=(D2/$E2)/(D$13/$B$14)	
3	北海市	4827	56059	84450	145336	0.372964504	1.10419		
4	防城港市	11632	29975	55687	97294	1.34255393	0.88195	1.01911	
5	钦州市	3019	96457	118302	217778	0.15567272	1.26792	0.96723	
6	玉林市	7075	136273	196026	339374	0.23410532	1.14948	1.02846	
7	崇左市	12744	31335	90925	135004	1.06004068	0.66444	1.1992	
8	湛江市	15394	197948	309823	523165	0.330427516	1.08314	1.05446	
9	茂名市	7958	203862	252820	464640	0.192331645	1.256	0.96883	
10	阳江市	3862	114854	123753	242469	0.178862565	1.356	0.90877	
11	海口市	45622	100946	367590	514158	0.996416999	0.56203	1.27298	
12	儋州市	237842	40680	125160	403682	6.616260081	0.28848	0.55205	
13	G_j	361312	1417343	2278726					
14	G	4057381							

图 100 – 11

	A	B	C	D	E	F	G	H
1	城市	第一产业(农、林、牧、渔业)(人)	第二产业(人)	第三产业(人)	G_i	第一产业(农、林、牧、渔业)区位商	第二产业区位商	第三产业区位商
2	南宁市	11337	408954	554190	974481	0.130643611	1.201357	1.012602
3	北海市	4827	56059	84450	145336	0.372964504	1.104188	1.034618
4	防城港市	11632	29975	55687	97294	1.34255393	0.88195	1.019111
5	钦州市	3019	96457	118302	217778	0.15567272	1.267916	0.967234
6	玉林市	7075	136273	196026	339374	0.23410532	1.149482	1.028463
7	崇左市	12744	31335	90925	135004	1.06004068	0.664437	1.199197
8	湛江市	15394	197948	309823	523165	0.330427516	1.083137	1.054456
9	茂名市	7958	203862	252820	464640	0.192331645	1.256003	0.968832
10	阳江市	3862	114854	123753	242469	0.178862565	1.356003	0.908768
11	海口市	45622	100946	367590	514158	0.996416999	0.562035	1.272978
12	儋州市	237842	40680	125160	403682	6.616260081	0.288478	0.552052
13	G_j	361312	1417343	2278726				
14	G	4057381						

图 100 – 12

4. 结论

通过对"区位商"进行计算，获得计算结果，分析北部湾城市群第一、第二、第三产业的产业优势性。如图 100 – 12 所示，在该城市群中，儋洲市在第一产业（农、林、牧、渔业）的区位商值约为 6.6163，远比其他城市大，表明该城市在第一产业专业化水平较高；阳江市在第二产业的区位商值为 1.356，表明该城市在第二产业专业化水平较高；海口市在第三产业的区位商值约为 1.27298，表明该城市在第三产业专业化水平较高。利用北部湾城市群的区位商，可以为该城市群发展区域经济提供定量分析数据参考依据。

参 考 文 献

[1] 曾永明, 张利国. 新经济地理学框架下人口分布对经济增长的影响效应——全球 126 个国家空间面板数据的证据: 1992 - 2012 [J]. 经济地理, 2017, 37 (10): 17 - 26.

[2] 刘会. 当代中国农村土地流转的工业条件研究——基于全局莫兰指数与空间计量模型的研究 [J]. 财经理论研究, 2017 (6): 20 - 29.

[3] 周蕾, 熊礼阳, 王一晴, 周秀慧, 杨莉. 中国贫困县空间格局与地形的空间耦合关系 [J]. 经济地理, 2017, 37 (10): 157 - 166.

[4] 朱慧, 周根贵. 国际陆港物流企业空间格局演化及其影响因素——以义乌市为例 [J]. 经济地理, 2017, 37 (2): 98 - 105.

[5] 吴娜琳, 李小建. 村域视角下农业区域专业化的空间特征及其影响因素——以河南省西峡县香菇产业为例 [J]. 经济地理, 2017, 37 (9): 143 - 151.

[6] 李在军, 管卫华, 柯文前. 中国区域消费与经济、人口重心演变的时间多尺度研究 [J]. 经济地理, 2014, 34 (1): 7 - 14.

[7] 荣朝和. 交通—物流时间价值及其在经济时空分析中的作用 [J]. 经济研究, 2011, 46 (8): 133 - 146.

[8] 赵烁, 钱晓彤, 胡心磊, 史峰. 高铁出行的分时段区域可达性评价方法——以湖南省为例 [J]. 经济地理, 2017, 37 (7): 40 - 45.

[9] 盖美, 张丽平, 田成诗. 环渤海经济区经济增长的区域差异及空间格局演变 [J]. 经济地理, 2013, 33 (4): 22 - 28.

[10] 朱惠斌. 基于航空客流的中国城市功能网络研究 [J]. 经济地理, 2014, 34 (4): 59 - 63.

[11] 于涛方, 顾朝林, 李志刚. 1995 年以来中国城市体系格局与演变——基于航空流视角 [J]. 地理研究, 2008 (6): 1407 - 1418.

[12] 周德才, 谢尧, 卢晓勇. 基于引力模型视角下的"昌九一体化"实证分析 [J]. 现代城市研究, 2015 (5): 84 - 88, 118.

[13] 赵雪雁, 江进德, 张丽, 侯成成, 李昆阳. 皖江城市带城市经济联系与中心城市辐射范围分析 [J]. 经济地理, 2011, 31 (2): 218 - 223.

[14] 万庆, 曾菊新. 基于空间相互作用视角的城市群产业结构优化——以武汉城市群为例 [J]. 经济地理, 2013, 33 (7): 102 - 108.

[15] 李一曼, 修春亮, 魏冶, 孙平军. 长春城市蔓延时空特征及其机理分析 [J]. 经济地理, 2012, 32 (5): 59 - 64.

[16] 赵亮, 张贞冰. 基于人口规模分布的武汉城市圈空间自组织演化评价 [J]. 经

济地理，2015，35（10）：82 – 87.

[17] 王益澄，杨阳，马仁锋，周宇，王腾飞，方茹茹，袁雯. 浙江省滨海城镇带的中心—边界识别 [J]. 经济地理，2017，37（4）：92 – 98.

[18] 杨传开，张凡，宁越敏. 山东省城镇化发展态势及其新型城镇化路径 [J]. 经济地理，2015，35（6）：54 – 60.

[19] 曹宗平，朱勤丰. 广东省制造业集聚与转移及其影响因素 [J]. 经济地理，2017，37（9）：111 – 117.

[20] 万世龙，马芸燕. 宁夏国内旅游客源市场空间结构分析 [J]. 合作经济与科技，2021（9）：60 – 64.

[21] 孟德友，陆玉麒. 基于县域单元的江苏省农民收入区域格局时空演变 [J]. 经济地理，2012，32（11）：105 – 112.

[22] 崔万田，王淑伟. 京津冀区域经济联系强度与网络结构分析 [J]. 技术经济与管理研究，2021（4）：117 – 121.

[23] 蔺国伟. 基于引力模型的甘肃省地级市旅游经济联系度分析 [J]. 经济研究导刊，2020（19）：148 – 152.

[24] 刘和涛，田玲玲，田野，罗静，朱丽霞. 武汉市城市蔓延的空间特征与管治 [J]. 经济地理，2015，35（4）：47 – 53.

[25] 秦丰林，杨丽. 基于 Ripley's K 函数的昆山市景观格局时空变化特征研究 [J]. 中国资源综合利用，2014，32（11）：51 – 56.

[26] 王海军，张彬，刘耀林，刘艳芳，徐姗，邓羽，赵雲泰，陈宇琛，洪松. 基于重心—GTWR 模型的京津冀城市群城镇扩展格局与驱动力多维解析 [J]. 地理学报，2018，73（6）：1076 – 1092.

[27] 陈蕾，郭熙，韩逸，朱青. 基于 BRT 模型的南昌市城市扩展时空特征及驱动因素研究 [J]. 长江流域资源与环境，2020，29（2）：322 – 333.

[28] 罗瑾，刘勇，岳文泽，黄经南. 山地城市空间结构演变特征：从沿河谷扩展到多中心组团式扩散 [J]. 经济地理，2013，33（2）：61 – 67.

[29] 蒋子龙，樊杰，陈东. 2001～2010 年中国人口与经济的空间集聚与均衡特征分析 [J]. 经济地理，2014，34（5）：9 – 13，82.

[30] 朱丽霞，罗逍，罗静，胡娟. 武汉市人口扩散与就业扩散的时空关系研究 [J]. 经济地理，2014，34（5）：69 – 75.

[31] 刘耀彬，王英，谢非. 环鄱阳湖城市群城市规模结构演变特征 [J]. 经济地理，2013，33（4）：70 – 76.

[32] 刘志强，刘俪胤，王俊帝，洪亘伟. 中国市际绿地与广场用地——人口的空间集聚及均衡特征 [J]. 中国城市林业，2020，18（5）：7 – 12.

[33] 李喆，赵静，伍文. 城区水系演替及其土地利用优化研究 [J]. 经济地理，2014，34（7）：123 – 128.

[34] 韩增林，温秀丽，刘天宝. 中国人口半城镇化率时空分异特征及影响因素 [J]. 经济地理，2017，37（11）：52 – 58，108.

[35] 熊国平，尤方璐，曹伯威. 大城市绿色隔离地区规划策略研究——以石家庄为

例［J］.中国园林，2019，35（3）：46－51.

［36］邓保彪，王雅琪，翁睿，苏敏，鲍捷.快速城镇化背景下迅速扩张型城市空间演化时空特征及驱动力机制——以合肥市为例［J］.资源开发与市场，2019，35（10）：1280－1287.

［37］丁金学，金凤君，王姣娥，刘东.高铁与民航的竞争博弈及其空间效应——以京沪高铁为例［J］.经济地理，2013，33（5）：104－110.

［38］李小军，方斌.基于突变理论的经济发达地区市域城镇化质量分区研究——以江苏省13市为例［J］.经济地理，2014，34（3）：65－71.

［39］陈建军，郑广建，刘月.高速铁路对长江三角洲空间联系格局演化的影响［J］.经济地理，2014，34（8）：54－60，67.

［40］李涛，陶卓民，李在军，魏鸿雁，琚胜利，王泽云.基于GIS技术的江苏省乡村旅游景点类型与时空特征研究［J］.经济地理，2014，34（11）：179－184.

［41］张宇，曹卫东，梁双波，李影影.西部欠发达区人口城镇化与产业城镇化演化进程对比研究——以青海省为例［J］.经济地理，2017，37（2）：61－67.

［42］陈伟，吴群.长三角地区城市建设用地经济效率及其影响因素［J］.经济地理，2014，34（9）：142－149.

［43］潘爱民，刘友金.湘江流域人口城镇化与土地城镇化失调程度及特征研究［J］.经济地理，2014，34（5）：63－68.

［44］王嫚嫚，刘颖，高奇正，刘大鹏.湖北省水稻种植模式结构和比较优势时空变化［J］.经济地理，2017，37（8）：137－144.

［45］杨慧莲，王海南，韩旭东，郑风田.我国玉米种植区域比较优势及空间分布——基于全国18省1996~2015年数据测算［J］.农业现代化研究，2017，38（6）：921－929.

［46］陈光燕，司伟，蓝红星.中国糖料生产布局变动及其影响因素分析［J］.中国农业资源与区划，2021，42（3）：158－166.

［47］张延吉，秦波.非正规就业的空间集聚及与正规就业的共栖关系——基于全国工业和生活服务业的实证研究［J］.经济地理，2015，35（8）：142－148.

［48］李恩康，陆玉麒，黄群芳，文玉钊.泛珠江—西江经济带经济差异时空演变及其驱动因素［J］.经济地理，2017，37（5）：20－27.

［49］赵睿，韦翠，傅巧灵.京津冀地区科技金融生态比较研究［J］.科技促进发展，2021（4）：1－13.

［50］孙黄平，黄震方，徐冬冬，施雪莹，刘欢，谭林胶，葛军莲.泛长三角城市群城镇化与生态环境耦合的空间特征与驱动机制［J］.经济地理，2017，37（2）：163－170，186.

［51］赵磊，方成，丁烨.浙江省县域经济发展差异与空间极化研究［J］.经济地理，2014，34（7）：36－43.

［52］蔡青青，傅娟，克魁，张文中.中国省域制度环境的区域差异及动态演进——基于金融集聚的制度影响因素考察视角［J］.技术经济与管理研究，2021（4）：110－116.

［53］芦惠，欧向军，李想，叶磊，孙东琪.中国区域经济差异与极化的时空分析

[J]. 经济地理, 2013, 33 (6): 15 – 21.

[54] 尚正永, 张小林, 卢晓旭, 侯兵. 安徽省区域城市化格局时空演变研究 [J]. 经济地理, 2011, 31 (4): 584 – 590.

[55] 郑长娟, 邹德玲, 王琳. 浙江服务业发展的时空演化和行业集聚特征 [J]. 经济地理, 2015, 35 (4): 114 – 122.

[56] 陈雯, 吴琦. 海峡两岸产业内贸易动态变化特征分析 [J]. 经济地理, 2011, 31 (5): 787 – 792.

[57] 陈巧慧, 戴庆玲. 中国与日韩服务业产业内贸易水平分析 [J]. 国际贸易问题, 2014 (5): 75 – 84.

[58] 任英华, 邱碧槐. 现代服务业空间集聚特征分析——以湖南省为例 [J]. 经济地理, 2010, 30 (3): 454 – 459.

[59] 闫东升, 杨槿. 长江三角洲人口与经济空间格局演变及影响因素 [J]. 地理科学进展, 2017, 36 (7): 820 – 831.

[60] 潘裕娟, 曹小曙. 城市物流业的基本—非基本经济活动分析——以广州市为例 [J]. 经济地理, 2011, 31 (9): 1483 – 1488.

[61] 沈惊宏, 孟德友, 陆玉麒. 皖江城市带承接长三角产业转移的空间差异分析 [J]. 经济地理, 2012, 32 (3): 43 – 49.

[62] 鲁金萍, 杨振武, 孙久文. 京津冀城市群经济联系测度研究 [J]. 城市发展研究, 2015, 22 (1): 5 – 10.

[63] 刘长生, 简玉峰. 区域旅游开发与城乡协调发展的内在影响研究 [J]. 经济地理, 2012, 32 (1): 153 – 158.

[64] 李健, 王尧, 王颖. 京津冀区域经济发展与资源环境的脱钩状态及驱动因素 [J]. 经济地理, 2019, 39 (4): 43 – 49.

[65] 刘友金, 曾小明, 刘京星. 污染产业转移、区域环境损害与管控政策设计 [J]. 经济地理, 2015, 35 (6): 87 – 95.

[66] 冉端, 李江风. 中国人口集聚与生态集聚的空间协调度研究 [J]. 统计与决策, 2020, 36 (18): 54 – 57.

[67] 齐蘅, 吴玲. 我国粮食主产区粮食生产与收入水平的协调度分析 [J]. 经济地理, 2017, 37 (6): 156 – 163.

[68] 宗会明, 郑丽丽. "一带一路" 背景下中国与东南亚国家贸易格局分析 [J]. 经济地理, 2017, 37 (8): 1 – 9.

[69] 江孝君, 杨青山, 张郁, 等. 中国经济社会协调发展水平空间分异特征 [J]. 经济地理, 2017, 37 (8): 17 – 26.

[70] 冯彦, 郑洁, 祝凌云, 辛姝玉, 孙博, 张大红. 基于 PSR 模型的湖北省县域森林生态安全评价及时空演变 [J]. 经济地理, 2017, 37 (2): 171 – 178.

[71] 邓丹青, 杜群阳, 冯李丹, 贾玉平. 全球科技创新中心评价指标体系探索——基于熵权 TOPSIS 的实证分析 [J]. 科技管理研究, 2019, 39 (14): 48 – 56.

[72] 陈永林, 谢炳庚, 李晓青, 邓楚雄, 朱彦光. 2003 ~ 2013 年长沙市土地利用变化与城市化的关系 [J]. 经济地理, 2015, 35 (1): 149 – 154.

[73] 杨勇，任志远，樊新生. 中原城市群土地利用综合评价与分区研究 [J]. 经济地理，2017，37（9）：177－184.

[74] 戢晓峰，李俊芳，陈方. 区域旅游客运与班线客运的空间运输联系耦合特征 [J]. 公路交通科技，2018，35（2）：137－143.

[75] 胡文海，程海峰，余菲菲. 皖南国际文化旅游示范区旅游经济差异分析研究 [J]. 地理科学，2015，35（11）：1412－1418.

[76] 戢晓峰，李俊芳，陈方. 云南省公路旅游客运的空间特征 [J]. 经济地理，2017，37（8）：192－196.

[77] 王公为. 中国城市居民出境旅游时空演化及影响因素——以北京市为例 [J]. 内蒙古民族大学学报（社会科学版），2020，46（5）：77－87.

[78] 李慧. 基于 IPA 二维视角的西藏入境旅游市场演化研究 [J]. 贵州民族研究，2016，37（4）：166－169.

[79] 王佳果，吴忠军，曹宏丽. "一带一路" 背景下民族地区入境旅游时空特征 [J]. 经济地理，2017，37（7）：208－215.

[80] 尹鹏，刘曙光，段佩利. 海岛型旅游目的地脆弱性及其障碍因子分析——以舟山市为例 [J]. 经济地理，2017，37（10）：234－240.

[81] 李保超，王朝辉，李龙，刘琪，王美. 高速铁路对区域内部旅游可达性影响——以皖南国际文化旅游示范区为例 [J]. 经济地理，2016，36（9）：182－191.

[82] 刘军胜，马耀峰. 河南省城市入境旅游规模与位序差异化 [J]. 经济地理，2012，32（6）：150－155，172.

[83] 赵磊，丁烨，杨宏浩. 浙江省旅游景区空间分布差异化研究 [J]. 经济地理，2013，33（9）：177－183.

[84] 靳诚，徐菁. 江苏省旅游景点空间分布差异定量化研究 [J]. 地域研究与开发，2012，31（6）：92－96.

[85] 李龙，杨效忠，鄢方卫. 中国入境旅游目的地时空地域格局分异研究 [J]. 资源开发与市场，2019，35（1）：112－116.

[86] 林海英，孟娜娜，李文龙. "一带一路" 倡议下内蒙古入境旅游客源市场时空演化 [J]. 地域研究与开发，2016，35（2）：101－107.

[87] 方世敏，邓丽娟. 基于亲景度与竞争态分析的湖南入境旅游市场 [J]. 经济地理，2014，34（12）：182－187.

[88] 何调霞. 长三角旅游中心地等级体系及其评价 [J]. 城市问题，2013（4）：37－41，88.

[89] 于正松，莫君慧，李同昇，孙东琪. 入境旅游业发展的居民收入响应强度省际差异 [J]. 经济地理，2014，34（12）：188－193.

[90] 马洪福，郝寿义. 产业转型升级水平测度及其对劳动生产率的影响——以长江中游城市群 26 个城市为例 [J]. 经济地理，2017，37（10）：116－125.

[91] 陈兢. 乡村振兴视角下电子商务发展对农业产业集聚的影响——以广西为例 [J]. 商业经济研究，2021（8）：123－127.

[92] 王欢，乔娟. 中国生猪生产布局变迁的经济学分析 [J]. 经济地理，2017，37

（8）：129 – 136，215.

[93] 居祥，肖智. 近70年来全球茶叶贸易空间格局演变及其趋势 [J]. 经济地理，2020，40（8）：123 – 130.

[94] 维平，杨正东，李京文，方磊. 第二亚欧大陆桥国内通道制造业集聚测度研究 [J]. 科技进步与对策，2017，34（8）：58 – 65.

[95] 胡剑波，郭凤. 中国与南非产业内贸易实证研究——基于2001~2014年的数据分析 [J]. 国际经贸探索，2017，33（2）：17 – 28.

[96] 孙东琪，朱传耿，周婷. 苏、鲁产业结构比较分析 [J]. 经济地理，2010，30（11）：1847 – 1853.

[97] 石忆邵，吴婕. 上海城乡经济多样化测度方法及其演变特征 [J]. 经济地理，2015，35（2）：7 – 13.

[98] 曾鹏，李洪涛. 中国十大城市群产业结构及分工比较研究 [J]. 科技进步与对策，2017，34（6）：39 – 46.

[99] 曾鹏，阙菲菲. 川渝城市群形成和发展的空间变化规律 [J]. 经济地理，2010，30（5）：744 – 750，783.

后　记

　　本书经过创作团队的辛苦工作，并且进行多次斟酌修改和仔细校对，终于顺利付梓。感谢广大学者前辈所提供的研究成果和参考资料，感谢团队编写人员、资料搜集整理人员以及指导教师和所有为本书"诞生"做出努力和贡献的工作人员。

　　本书以极简的阐述模式和计算模式，力求将复杂的数学模型揪出重点，梳理成最简洁的应用指南，通过最简单的计算工具将复杂的数学模型学习和应用过程简单化，使读者通过 Excel 即可进行相关运算和操作，将本书打造成为能够快速应用于研究和写作的"数学模型工具箱"，希望本书能够完成它在区域经济发展研究领域数学模型手册的使命，达成本书创作团队的创作初衷，能够发挥它的功效，为广大学子及区域经济发展研究者提供研究支持与写作帮助，帮助相关数学模型使用者最大限度简化模型使用流程，提高科研效率，充分发挥数学模型在区域经济社会发展研究中的工具作用。

　　本书创作团队自知能力和水平有限，加之资料搜集、整理可能不够全面，概括总结能力不够优秀，同时在举例过程中力求简单易理解，只采用了北部湾城市群数据作为算例的原始数据，在编写过程中难免有所疏漏和不足，甚至错误，如若出现错误或文字语言总结造成理解偏差的情况，望广大读者海涵和指正，对于所存在的不足必将在后续修订中进行完善和优化。

　　若本书对于读者在数学模型应用和区域经济发展的研究与学习有所助益，将是本书创作团队的最大荣幸！

曾　鹏

2021 年 5 月